改正戸籍法註解　全

澤野民治著

大正三年發行

改正戸籍法註解 全

日本立法資料全集 別巻 1432

信山社

澤野民治著

改正
戸籍法註解　全

東京　有斐閣書房

自序

法律は公秩保障の樞機なり。民人權利の消長は咸一に之によりて左右せらる。戸籍法は一の手續法に過きずと雖も實體法たる親族・相續の法規と相表裏し我が國の基礎たる家の成立と身分權の得喪に關する事項とを悉く綱羅せるものにして最も民生に切實なる關係を有す。殊に今回改正せられたる戸籍法は舊法に比し一層我か國古來の習俗慣例を斟酌制定せるものにして歐米各國に於けるそれと全く其趣を異にす。是れ其の局に當る者と否とに論なく一般民人の均しく留意すへき點なりとす。

惟ふに舊法は泰西に於ける個人制度の思潮を汲める製鹽に成り我か國情に顧るなく煩瑣複雜なる規定を設け徒

に繁文・縟禮の弊を助長せるの傾向ありき。新法は之に鑑る處あり明を尙び簡を旨とし我が國特有の家族制度を助長せしむるに努めたり。是れ吾人が平生抱懷する主義と一致する所にして又此の著ある所以なり。然れとも著者學淺く識足らず加ふるに匇忙の間筆を執りたるを以て固より杜撰の點尠からざるべく繁簡其の宜しきを得ざるものあらん。幸に諸賢の批正を得、斯界の研究に貢獻する所あらば余の本懷とするところなり。

大正三年六月

著　者　識

凡例

一、本書は戸籍法の改正要旨を闡明ならしめんが爲め逐條解釋の方法を採り且つ各章節の冒頭に於て其の要旨を說述し尙難解なる術語及び複雜なる事項につきては鼇頭に於て說明せり。

二、改正戸籍法は舊戸籍法と其の主義を異にするを以て之が對照比較は研究上頗る重要にして興味あるものなれば鼇頭を設け改正及び新設條文等については其の趣旨を明にせり。

三、本書は實務家及び一般民人の參考たらしめんことを主眼とせるを以て可成平易簡明に敍述せんことを努めたり。

四、戸籍法は手續法に屬すれども其の手續の因つて起りたる所以を明にせずんば隔靴搔痒の感なき能はさるを以て實體法たる親族・相續及び其の他の關係法の大要をも述べて讀者の了解に便せり。

五、本書は實際の便に資せんか爲め附錄として屆出書式を例示し、尙之に戶籍法の對照條文を揭げ實務家及び一般民人に其の屆出事項の因由を知らしめんとせり。

六、本書中舊法とあるは現行法を指すものなるも右は改正法實施と共に廢止せらるべきを以て便宜の爲め舊法なる字句を用ひたり

改正 戸籍法註解 目次

改正 戸籍法註解 目次終

改正戸籍法註解

澤野民治著

緒論

我國に於て戸籍法なる法令を制定したるは實に明治四年四月頒布せられたる太政官布告に始まる抑明治維新前に於ける我國の戸籍の事務は宗門改なる名稱を以て行はれしと雖ども其制度は漠然として周知するに由なし而して維新の初年は尙ほ舊慣改められず極めて紛亂の狀態にありき。太政官布告發布せらるゝに及び全國劃一制度を採用し舊來の因襲を打破するに至れり。爾後幾多の改正法令發布せられしと雖も就中重要なる者は明治十九年內務省令第十九號の出生死亡出入に關する屆出並に寄留者屆出方法及同年同省令二拾二號を以て發布せられたる戶籍取扱手續なりとす。戶籍取扱手續には戶籍簿登記目錄、寄留簿の編製及記入方法に關する事實に付き詳細なる規定を設けたり。其後明治三十一年舊戶籍法發布せられ從來の制度を根本より改正せり、即ち從來の戶籍制度の外に特に身分登記なるものを設け家を本として制定したる戶籍簿の外に人の身分關係を規定せる身分登記簿なるものを作り兩者を以て戶籍法を編成するものとせり、蓋し舊法制定當時に於ては歐米に於ける個人制度の思想上下に浸潤し哲學に宗教に文學となく法律となく總ての文物は此思想に囚はるゝ所となりき。從つて當時制定せられたる戶籍法の如きも其影響を受け戶籍と身分關係とは別種の觀念なり苟くも生を天地の間に享く家族制度によると個人制度たるとに論なく身分關係は別種のものなるを以て所謂戶籍登記と身分登記とは是を區別せざるべからずとの議論多く我國固有の家族制度を本とせる戶籍法以外に身分に關する屆出を記入する身分登記簿なるものを制定するに到りたるものにして身分登記簿の特設は蓋し泰西諸國の風潮を汲める製鹽たりしのみ然るに爾來十有餘年是を實際に徵するに身分登記に記載する所の大部分は又戶籍簿に轉載することとなり戶籍事務を取扱ふ市町村の如き重複なる事務を取扱ふの結果其煩累に堪へざるものあり加ふるに其實用の如き極めて少く多くは戶籍簿によりて總ての身分關係を證明するの實情にありき。是に於て戶籍簿中に身分關係を規定し身分登記簿を廢し一面に於ては吾國固有の美風たる家族制度を尊重し他面に於ては其手數と費用とを節減せしめんとの趣旨より改正法案は提起せらるるに至りたり故に身分登記簿の撤廢は改正戶籍法の骨子眼目なりと云ふべし。

改正戶籍法の骨子眼目は右述べたる如く身分登記簿の撤廢にありと雖も尙是に附隨して改正せられたる主要なる事項あり即ち其一は從來華士族なる族稱の外に平民なる稱號を登錄し來りし弊風を打破し平民なる稱號を廢し世人が平民なる一種の特別階級を存するが如き感を抱きし誤謬を矯正したるに在り其二は從來屆出は書面を以てするを原則とせるを改め書面又は口

頭の何れによるも可なりとし繁文縟禮の弊を除去したること是れなり。

此外戸籍法に附隨し改正せられたる重要なる法案あり寄留法即ち是れなり從來行はれたる寄留法なるものは明治四年四月發布せられたる太政官布告を基本とし其後數次公布せられたる內務省令を附加したるものに過ぎずして其多くは二十餘年前の制定にかかり頗る澁解複雜にして到底今日の如く發達進步せる時代に適合すべきものにあらず故に今回母法とも稱せらるべき戸籍法の改正に伴ひ茲に寄留法を制定するに到りたり。

第一章　戸籍事務の管掌

國家が或政務を行はんとするに當つてや必ず先づ其政務を行ふ吏員及び場所を確定せざるべからず之れ本法が劈頭第一に戸籍事務の管掌に付て規定したる所以なり、即ち本章に於ては戸籍に關する登記の事務を管掌する者は何人なるか又如何なる場所に於て是を行ふかを規定し併せて其事務の監督及び其事務を行ふ吏員の責任を規定し其收入せらるる手數料の所屬を明にしたるなり。

第一條　戸籍ニ關スル事務ハ市町村長之ヲ管掌ス。

本條は戸籍に關する事務を管掌する吏員及び場所を規定するものなり舊戸籍法に於ては其事務を戸籍に關する事務及び身分登記に關する事務の二種に分ち戸籍及び身分登記簿の二者を備へしめたりと雖ども戸籍簿に記載せられざる事項にして身分登記簿に記載せらるるものは纔かに家督相續人の指定、胎兒の認知及び否認、胎兒認知の取消等に止まり其他の記載事項は殆ん

舊戸籍法に於ては戸籍吏及戸籍役場なる名稱の下に市町村役場に於て市町村長をして其事務を取扱はせ來りしも改正法に於

ては其の名稱を廢し名實共に市町村長をして市町村役場に於て取扱はしむることゝせり

と同一にして身分登記簿を別に備へたるの實益なきが故に改正法に於ては此等の事項をも戸籍簿に併記し其煩を避け市町村長をして其事務を管掌せしめ市役所及び町村役場に於て取扱はしむ。

第二條　市町村長ハ自己又ハ自己ト家ヲ同シクスル者ニ關スル戸籍事件ニ付キ其職務ヲ行フコトヲ得ス。

本條は市町村長が戸籍に關する事務を行ふこと能はざる場合を規定したるものなり。

戸籍及び身分に關する登記は最も嚴正確實を要するものにして寸毫の虚僞を許さざる所なり故に市町村長が其事務を行ふに當りては最も公平無私の心を以て之に從はざるべからず然るに市町村長が自己又は自己と家を同じくするものの戸籍或は身分登記に關する事件を取扱ふ場合に於て若し其事件が自己又は自己と家を同じうするものに利害の切なるもののある時は其記載の變改粉飾をなし其利益を保全せんとするは人情の免れざる所なり此くの如くんば市町村長は職務上の義務を果す能はざると同時に戸籍の嚴正確

如何なる近親者と雖も市町村長と同一家籍内にあらざれは戸籍に關し事務を取扱ふ事を得、同一家籍内にあらば近親ならざるも是等事件を取扱ひ得さるは不權衡の如きも若し前者を許さゞる時は一市町村内に多數の近親を有する市町村長は事務を行ふことを得ざる結果を生ず又如何に近親なればとて同一家籍にあらざる時は届出をなすものと受理するものと別人なるが故に

實を保する能はず是れ本條を設けたる所以なり、而して本條に於て疑問となるは自己ト家ヲ同ジクスル者とは如何なる人を指すかにあるを以て今其範圍を說明せん。

自己と家を同じくするものとは市町村長と家を同じくするものを指稱せるものにして即ち市町村長の家に籍を有するものを指稱す而して市町村長の同籍者は通常その家族なること多かるべきも市町村長は必ず戸主たるべきものにあらず是れ即ち法文に市町村長の家族と記載せざる所以なり又市町村長の同籍者は通常市町村長の親族なること多かるべしと雖ども親族と家族とは同一ならず親族にあらずして家族なる場合あり即ち民法七百三十二條に曰く戸主の親族にして其家にあるもの及び其配遇者は之を家族とすと此に配遇者と稱するは戸主の配遇者にあらずして其家にあるものの配遇者を指す故に戸主の家にある者の配遇者は必ずしも戸主の親族にあらざるなり例へば戸主の從兄弟にして戸主の家にありとせば此從兄弟は戸主に對しては四親等の血族なるを以て戸主の親族にして又其家族なること勿論なり

同一家籍内にありて受理するものと届出るものと同一なる場合よりも虚構僞作の届出及び記載をなすは困難なり故に第二條の如き規定を設けたるなり

と雖ども其從兄弟に配遇者ありとせば其配遇者は戸主に對し四親等の姻族なるを以て戸主の親族にあらず而も民法第七百三十二條によりて戸主の家族たるなり既に親族にあらずして家族たるものありとせば市町村長の同籍者は悉く其親族なりといふことを得ず是れ亦本條に於て市町村長の親族と規定せざる所以なり、而して市町村長と同一戸籍内にあれば假令居を同じくせざるも此に所謂市町村長と家を同じくするものなり反之假令居を同じくするも同一戸籍内にあらざるものは家を同じくするものにあらず、蓋し禁止の法文は人の自由權利を制限するものなるを以て嚴正に解釋すべきものなり。

所在地を管轄する區裁判所と監督する區裁判所とは大に異れる意義を有す即ち監督區裁判所なる文字を使用せる時は其裁判所の行政事務を取扱ふ意味にして市

第三條　戸籍事務ハ市役所又ハ町村役場ノ所在地ヲ管轄スル區裁判所ノ一人ノ判事又ハ監督判事之ヲ監督ス。

戸籍事務ノ監督ニ付テハ司法行政ノ監督ニ關スル規定ヲ準用ス。

本條は戸籍に關し市町村長の職務の監督を規定せるものなり。

市町村長が戸籍に關し其事務を行ふに當り全く其自由に放任し之を監督指

町村が戸籍の訂正を爲すに付て許可を求むる如き場合是れなり而して管轄區裁判所と云ふ時は司法權發動に關する場合を指すなり

法文に一人の判事と記し判事の一人と記載せざりしは理由の存することなり即ち「判事の一人」と云ふ時には二人以上の判事ある場合に執れにても云ふ意味にして「一人の判事」とあるは區裁判所に判事一人のみある場合に於て用ふるなり

揮するものなき時は市町村長は果してよく法律に違背することなくして完全に其職務を執行することを得べきか勿論明敏老練なる市町村長にありては巧みに法律の規定を運用して澁滯することなかるべしと雖も多數の市町村長中には或は法律の適用を誤り失體を釀すの虞なしとせず故に常に其職務を監督して違法の場合あらば是を矯正せしむる機關なかるべからず是れ本條の規定ある所以なり。

本條第一項に於ては戸籍事務を監督するものは區裁判所の一人の判事又は監督判事なることを規定す區裁判所は往々一人の判事のみを以て其事務を行ふことあるが故に此場合に於ては其一人の判事直ちに監督の任に當るものとす、而して區裁判所に於て判事二人以上ある場合に於ては必ず其中の一人を以て監督判事と定め其事務を統轄せしむるものなり、此場合に於ては監督判事が市町村長の職務を監督すべきものとす抑々市町村長の一般の行政に對して監督するものは町村にありては第一次に郡長第二次に府縣知事第三次に内務大臣之を監督し市にありては第一次に府縣知事第二次に内務大

司法行政とは裁判所か訴訟事件の外に於て非訟事件として取扱ふ所の政務をいふものにして例へば公證人執達吏の監督末成

臣之を監督する順序にして戸籍事務に付きても舊法發布以前は是等上級行政官廳に於て監督したるものなり、然るに舊法以來其監督を司法官廳たる裁判所に移したるものは戸籍事務は人の權利義務に關すること多く一度身分上の爭を生じたる時は必ず裁判所の裁判を仰がざるべからずして行政官廳の指揮命令は之れに關して何等の權威をも有せざるものなるが故に寧ろ初より裁判所の監督に屬せしめて二重の手續を省き且つ成るべく爭訟を未發に防止するの愈れるに如かずと爲せるによる而して戸籍事務を監督する區裁判所は何處の區裁判所なるやといふに市役所又は町村役場等の所在地を管轄する區裁判所なりとす。

本條第二項に於ては戸籍を取扱ふべき場合の市町村長の職務の監督に付て司法行政の監督に關する規定を準用する旨を規定す司法行政の監督に就ては裁判所構成法第百三十四條以下に規定せらるゝも之によれば市町村長は區裁判所の判事の監督の下に立ち區裁判所の判事は地方裁判所長の監督を受け地方裁判所長は控訴院長の監督を受け而して各裁判所は等しく司法大

臣の最高の監督權に服從するものとす而して監督方法に就ては同法第百三十六條第一號に官吏不適當又は不充分に取扱ひたる事務に付き其注意を促し茲に適當に其事務を取扱ふことを之に訓令することゝあるを以て區裁判所の判事は常に市町村長の戸籍に關する職務の執行を監視し不適當不充分の處置ある時は之に注意し訓令するの職權を有するものとす。

第四條　市町村長カ其職務ノ執行ニ付キ届出人其他ノ者ニ損害ヲ加ヘタルトキハ其損害カ市町村長ノ故意又ハ重大ナル過失ニ因リテ生シタル場合ニ限リ之ヲ賠償スル責ニ任ス。

本條は市町村長の戸籍事務を行ふに當り其職務の執行より生じたる損害賠償の責任を規定せるものなり。

民法第七百九條に曰く「故意又は過失によりて他人の權利を侵害したるものは之によりて生じたる損害を賠償する責に任ず」と故に何人と雖も他人を害するの意思を以て又は其意思なきも過失によりて他人の生命身體財産名譽自由を侵害したる時は其損害を賠償すべき義務を負ふ是れ一般原則にして

年者瘋癲白痴者失踪者及び禁治産者の後見人若しくは管財人の監督其他各般の登記事務等この類なり。

損害が如何なる事情に原因するとも加害者は常に被害者に對して其損害を賠償すべきものとす今市町村長が戸籍に關する職務を行ふに付て他人に損害を加へたる時は其如何なる場合たるを論ぜず一般の原則に從ひ市町村長に個人として之を賠償するの義務を負はしむべきや否やは大に議論の存する處なるを以て本條は其賠償の範圍を限定せり。市町村長が戸籍を取扱ふ場合に於て損害賠償の責任を負擔するは左の條件が具備せられたる場合に限る。

第一、市町村長が損害を加へたること。

市町村長以外の人が届出で若しくは申請を怠り詐欺の届出若しくは申請をなしたるが爲め或る人に損害を加ふることあるも固より其責に任ずべきものにあらず但し市町村長が詐欺の届出若しくは申請なることを知りて之を受理登錄したる時は責任を免れざるものとす(第一七六條、第一七八條、第一八〇條、參照)

第二、市町村長が其職務に付きて損害を加へたること。

市町村長が職務以外の行爲によりて或人に損害を加へたる時は民法上一般の原則に從ひ賠償の責に任ずべきも本條の責任を負ふには必ず市町村長が其戸籍事務の執行に付て或人に損害を加へたる場合ならざるべからず職務の執行に付て損害を加ふる場合とは例へば嫡出子出生の届出ありたるに市町村長が怠りて是を戸籍簿に登錄せざりしが爲め其子は嫡出子たる身分を取得すること能はず後日其身分を證明するが爲めに裁判所に出訴する等種々の手數と費用とを要したる場合に於て市町村長が其費用等の損害を賠償せざるべからざるが如し其他婚姻、養子緣組、隱居、後見の届出等に關しても亦皆同樣なり。

第三、届出人其他のものに損害を加へたること。

届出人其他のものと稱するときは其範圍甚だ廣し例へば婚姻の届出の如きは結婚者より之をなすべきものなるが故に市町村長が正當に其戸籍事務を行ふ事を怠りたる爲め損害を受くる者は結婚者即ち届出人なるべし然れども後見の届出の如きは寧ろ被後見人の利益の爲めにする者なるが故に之を

故意とは他人を害するの意思を以て或事をなし又は必ずしも他人を害するの意思あるにあらずと雖も他人を害するの結果を生ずべきことを知りつゝ或ことをなすをいふ。

届出るものは後見人なるも其手續の不當なりしが爲め損害を受くるものは届出人たる後見人に非ずして反りて被後見人たること多かるべし又被後見人の債權者等も後見人の何人たるかを知ること能はざるが如き場合に於ては是れ亦損害を受くることあるべし此等の場合に於ては總て市町村長が其損害を賠償すべきものにして本條に届出人其他のものと記せるは即ち是が爲なり要するに戸籍に關する登記に就て利害の關係を有するものは其何人たるを問はず市町村長が不當に其職務を行ひたるが爲めに損害を受けたるときは市町村長に對して其の賠償を請求することを得べきものとす。

第四、損害が市町村長の故意又は重大なる過失によりて生じたること。

此條件は市町村長の責任の程度を定むるに付きて最も重要なるものなり市町村長は其職務の執行につき届出人其他のものに損害を加ふることあるも其損害が市町村長の故意又は重大なる過失に基きて生じたるものにあらざれば市町村長は之を賠償するの責任あらざるなり故に輕少なる過失に付ては市町村長は其責に任せざるを以て民法の一般原則に對しては其責任を輕

過失とは他人を害するの意思なくして爲したることが偶然にも他人を害するの結果を生ずることをいふ、而して過失には重大なる過失と輕少なる過失とあり重大なる過失とは最も不注意なる人の犯すことあるべき過失にして僅少なる注意をなすときは避け得るものをいふ而して輕少なる過失とは通常注意深き人と雖も尚且つ免れ得ざる程度の過失をいふ。

減したるものなり何となれば一般の原則に從ふ時は故意又は過失に依りて他人を害したるものは賠償の責任あるものとし過失の輕重を區別することあらざるを以て輕少なる過失に付ても亦其責を免れざるなり蓋し市町村長が戸籍に關する職務を行ふに當り輕少なる過失に付ても其責を負はしむるは苛酷に失し市町村長は殆んど其職務を行ふこと能はざるに至るべきを以て斯る規定を設けたるなり。

市町村長は右に擧げたる四箇の條件を具備する場合に限りて損害賠償の責に任ずべきものにして其他の場合に於ては全く責任を負ふことなし故に市町村長が正當に其職務を執行したる場合に於ては假令之が爲めに届出人其他のものに損害を加ふることあるも市町村長は之を賠償するの義務あらざるなり。

抑市町村長は其職務の執行につきて届出人其他のものに損害を加へたるときは之を賠償するの責に任ずべきのみならず尚ほ其職務に不法のことあるときは本法第百七拾八條以下の規定により過料の罰に處せらるべきものな

準用は適用に對する語なり、總て一の法規を適用すと云ふは本來他の場合に對して規定せられたる法規を其儘更に他の場合に應用するを謂ふ然るに準用は之と異り或場合について設けられたる條規を類似せる他の場合に幾分の變更を加へ之を當嵌むるを謂ふ。

り此くの如く市町村長の戸籍を取扱ふ場合に對し嚴重の規則を設けたるの理由は前述せる如く戸籍に關する事項は人の權利義務の得喪に關し世上一般に對して重大なる影響を及ぼすものにして其利害の繋る所決して尠からざるを以て嚴正なる職務を行はしめんとする結果なり。

第五條　市制第六條及ヒ第八十二條第三項ノ市ニ在リテハ本法中市、市長及ヒ市役所ニ關スル規定ハ區、區長及ヒ區役所ニ之ヲ準用ス。

本條は區域廣濶人口稠密なる市に於ては市制によりて區に分割することあるを以て斯る區には市、市長及市役所に關する規定を準用すべき旨を規定せるなり。

市制第六條には「勅令ヲ以テ指定スル市ノ區ハ之ヲ法人トス其財產及營造物ニ關スル事務其他法令ニヨリ區ニ屬スル事務ヲ處理ス、區ノ廢置分合又ハ境界變更其他區ノ境界ニ關シテハ前二條ノ規定ヲ準用ス但シ第四條ノ規定ヲ準用スル場合ニ於テハ關係アル市會ノ意見ヲモ徵スヘシ」とあり又其第八十二條三項には「內務大臣ハ前項ノ規定アルニ拘ラズ區長ヲ有給吏員トナスヘ沖縄縣は府縣の一なれども府縣制を施行せざるを以て縣としては自治體に非ず只其中の區及び町村のみ地方自治團體として取扱はる然れども一般府縣他の町村と比較せんか自治の範圍狹し。

キ市ヲ指定スルコトヲ得」とあり、故に本法の適用を受くるは勅令を以て指定せられたる市の區及び其他内務大臣の指定により區長を有給となせる市の區にして右二種の市に於ては區長をして戸籍事務を管掌せしむ、而して其他の市に於ては假令區長の存するあるも市長自ら此戸籍事務を管掌せざるべからざるなり。

第六條　市町村制を施行セサル地ニアリテハ本法中市町村、市町村長及ヒ市役所並ニ町村役場ニ關スル規定ハ之ニ相當スル地區、吏員及公署ニ之ヲ準用ス。

前項ノ場合ニ於テ市町村長ノ職務ヲ行フ吏員ノ事務ヲ代理スル吏員ナキ地ニアリテハ其地ヲ管轄スル地方裁判所ノ長司法大臣ノ認可ヲ得テ豫メ其代理者ヲ定ム。

本條は市町村制を施行せられざる地に於て戸籍事務を行ふ場合に對し之を行ふべきものを特定したるものなり。

本法第一條は市町村長を以て又第五條に於ては區長を以て戸籍事務を管掌

北海道に於ては地方を區及び町村に分割し區には區制を布き町村には一級二級の階級を設け第一級町村には第一級町村制第二級町村には第二級町村制を施行す是れ府縣の町村制と異り特別なる町村制なり。

せしむべきことを規定したり然れども市町村制の施行せられざる北海道、沖繩縣、島嶼等の地方に於ける戸籍事務は市町村長に代るべき吏員の手によりて取扱はるべきものとし本條第一項の規定を設けたるなり。

市町村制を施行せざる地に於て市町村長の職務を行ふ吏員の事務を代理する吏員なき地にありては何人か戸籍事務を取扱ふものなかるべからず是れ第二項の規定ある所以にして斯る場合には其地を管轄する地方裁判所の長は司法大臣の認可を得て豫め其事務を代理すべきものを定むべきことを規定せり。

第七條　第二條及ヒ第四條ノ規定ハ戸籍事務ヲ管掌スル吏員ノ代理者ニ之ヲ準用ス。

本條は第二條及び第四條は市町村長及び區長に代りて戸籍事務を取扱ふものに對して準用せらるゝことを規定せるものなり。

第二條に於ては前述せる如き市町村長自身又は市町村長と同一戸籍内にあるものゝ戸籍事務に關しては其職務を行ふことを得ざる旨を規定し第四條

に於ては市町村長が其職務を執行するに當り屆出人又は其他のものに損害を加へたる時の賠償責任を規定したるものなれども是等規定は其代理者が戸籍事務を管掌する場合に是等代理者に對しても準用せらるべき旨を規定したるものにして畢竟嚴正確實を保持せんとする主義を一貫したるに過ぎざるなり。

第八條　本法ノ規定ニ依リテ納付スル手數料ハ之ヲ市町村ノ收入トス
手數料ノ額ハ勅令ヲ以テ之ヲ定ム。

本條は本法の規定によりて納付する手數料の歸屬する所を定めたるものなり。

本法の施行は市町村長に任じ其役場を以て戸籍事務を取扱はしむる場所と定めたるを以て戸籍事務に關する經費は其市町村の負擔に歸すべきや言を俟たず故に其收入せらるゝ手數料を市町村に歸屬せしむること至當なり。

手數料の金額は時勢に應じ變更を要することなしとせず故に容易に變更し得べき命令を以て定むることを便宜となすを以て本條第二項に於て手數料

本條は舊法第二百十七條に該當せるものなるが改正法に於ては「國庫より戸籍役場の經費を支辨する地にありては之を國庫の收入とす」との但書を削除せり是れ國庫より支給する金額は僅少なるを以て手數料を國庫に收納するの必要あらずとの事由により削除したるなり

の額は勅令を以て定むることを規定したる所以ならん。

第二章　戸籍簿

舊戸籍法に於ては戸籍簿は身分登記簿と對立して存在したりしも前既に述べたるが如く其實益なきを以て改正法に於ては戸籍簿のみを作成することゝなれり戸籍簿とは一家の構成員に關する身分關係を總括して市町村長の作成せる帳簿を稱す、而して其帳簿には如何なる家に屬し如何なる戸主の治下にありて如何なる家族と如何なる關係にあるや又如何なる身分を有するや等の事項を記載すべきなり元より純然たる個人制度の國に於ては個人直ちに國家の要素をなし各獨立するものなるを以て戸籍の必要なく單に身分登記の存するのみ然れども我國の如く國家要素の單位を家と爲し家族制度を存する以上は戸主と家族との關係及び其身分等を一目瞭然たらしむべき便宜なかるべからず是れ本法に於て身分登記簿を捨て戸籍簿中に一切の身分關係をも包容せしめたる所以なり。

本章に於ては第一に戸籍編成の基本及び戸籍簿の作成法を規定し第二戸籍

本條は舊法第百七十條に該當するものなるも本條に於ては第百七十條第二項を削除せり是れ本條には戸主を本としてといふ文字あれば外國人が日本に國籍を定むるを得ざるは當然判明すべきにつき第二項を削除せるなり。

簿の保存法を規定し第三戸籍簿が公の性質を有する旨を規定し終りに戸籍簿の滅失に對する救濟方法を規定せり。

第九條 戸籍ハ市町村ノ區域内ニ本籍ヲ定メタル者ニ付キ戸主ヲ本トシテ一戸毎ニ之ヲ編製ス。

本條は戸籍の基本を規定したるものなり本籍とは家の所在を指す。

抑戸籍は國家構成の要素たる家の所在を確定し且つ之を組織する戸主と家族との關係を證明するものにして家を基本とするものなれば不動産登記が其所在地に付き編製せらるゝが如く家の所在地に付き編製せらるべきものなることは明なり而して此處に所謂家とは民法親族篇上の用語と等しく無形のものを指すは勿論にして家長たる戸主を本として家族が定まれる場合に限り一戸毎に戸籍を編製せざるべからざるなり是れ本條に於て戸籍は市町村の區域内に本籍を定めたるものに付き戸主を本として一戸毎に之を編製すべきものなる旨を規定したる所以なり。

第十條 戸籍ハ地番號ノ順序ニ從ヒ之ヲ編綴シテ帳簿ト爲ス。

一ノ市町村内ニ各別ニ地番號ヲ附シタル二個以上ノ區畫アル場合ニ於テハ其區畫ノ順序ハ市町村長之ヲ定ム。

本條は編製したる戸籍を帳簿となすの手續を規定したるものなり。地番號の順序とは土地に付したる番號の前後をいふものにして一番地を先とし二番地三番地と次第を追ふて續かしむるをいふ故に一番地に本籍を定めたるものゝ戸籍を第一の地位に置き二番地に本籍を定めたる者の戸籍を之につがしめ以下之に傚ひ順序を立つるが如し而して編綴とは各戸に付き編製したる戸籍書面を集合し綴込むを云ふ故に戸籍は斯くの如くして簿冊となすべきものなり尚ほ其地番號内に符號を以て區別しある時は其符號の順序に從ひ先づ是れを編製し他の次位の地番號に接續するの方法に從ふべきものなり。

市町村役場の管轄は其市町村の境域にまで及ぶものなるを以て其市町村内各別に地番號を付したるもの夥多あるを見るべし蓋し市町村制實施に際し從來各獨立したる數區町村を合して一區町村となしたるもの尠からざるを

以てなり斯くの如く一の市町村内に同一の地番號を附したるものあるに於ては其間に順序を定めがたし是本條第二項の規定ある所以なり即ち一の市町村内に各別に地番號を附したる二個以上の區劃あるとき例へば麴町一丁目一番地と麴町二丁目一番地と各丁に一番地を有する場合に於ては其一丁目の戸籍と二丁目の戸籍との編綴に付き何れを先にし何れを後にするかに付ては市町村長に於て便宜是を定むべきものなることを規定す。

第十一條 戸籍ハ正副二本ヲ設ク。

正本ハ之ヲ市役所又ハ町村役場ニ備ヘ副本ハ監督區裁判所之ヲ保存ス。

本條は現に效力を有する戸籍の保存手續を規定したるものなり。

戸籍簿は正本副本二通を設くべきものとす其正本とは戸籍に關する届出に從ひ記載したる帳簿をいひ副本とは正本に記載したる後每時其正本より謄寫したる帳簿をいふ。

戸籍簿の正本は其戸籍を編製したる市町村長の屬する市町村役場に置き之

を公衆の商議に備へ其の副本は該市町村役場を監督する區裁判所に於て保存せざるべからず斯く正本副本所を異にして保存すべきものとなしたるは後日不正なる變更又は挿入等をなし得ざらしむる爲めのみならず場所を異にしたる地に分離保存する時は水火震災其他の事變ありて紛失若しくは滅失する虞ある場合に於ても其の何れか是を免れ殘存するに庶幾が爲めなり。

本條は舊法第百七十二條に規定せらろゝ所なるも舊法に於ては副本は地方裁判所に於て保存すべきものなることを規定せるが本法に於ては區裁判所に於て保存せしむることゝせり是れ區裁判所の數は地方裁判所の數より多きを以て之に保存せしむる方便利ならんとの旨趣により變更したるものなり。

第十二條 新ニ戸籍ヲ編製シタルトキハ市町村長ハ遲滯ナク其副本ヲ監督區裁判所ニ送付スルコトヲ要ス。

本條も前條と等しく戸籍保存の手續を規定したるものなり。改正法に於ては戸籍簿は絶えず使用し終結するものにあらずとの前提により從來あらざりし戸籍を作りたる時は前條の規定により副本は常に監督區裁判所に保存せらるべきを以て市町村長は遲滯なく其副本を監督區裁判所に送付せざるべからず而して遲滯なくとは或期間内にといふ義にして通例戸籍作製の手續を了りたる日若しくは其翌日中に納付すべきものなり。

第十三條 戸籍簿ハ事變ヲ避クル爲メニスル場合ヲ除ク外市役所又ハ

町村役場外ニ之ヲ持チ出スコトヲ得ス。

本條は戸籍簿は濫りに市役所又は町村役場外に持ち出すべからざることを規定せるものなり。

蓋し戸籍を濫りに外間に持ち出すことを許す時には大に散亂紛失の虞あるのみならず之を持ち出す時は同日の執務に差支を生ずるを以て之を禁じたるものなれども水火災戰亂其他滅失の危險を避くる爲め已むを得ざる場合に於ては固より之を持ち出さゞるべからざるを以て此の場合には特に持ち出すことを許したり。

第十四條 戸籍簿ヲ閲覽シ又ハ戸籍ノ謄本若クハ抄本ノ交付ヲ受ケントスル者ハ手數料ヲ納付シテ之ヲ請求スルコトヲ得。

手數料ノ外郵送料ヲ納付シテ謄本又ハ抄本ノ送付ヲ請求スルコトヲ得。

市町村長ハ正當ノ理由アル場合ニ限リ前二項ノ請求ヲ拒ムコトヲ得此場合ニ於テハ書面ヲ以テ其旨ヲ請求者ニ告知スルコトヲ要ス。

謄本又ハ抄本ハ市町村長之ヲ作リ原本ト相違ナキ旨ヲ附記シ且ツ之ニ職氏名ヲ署シ職印ヲ押捺スルコトヲ要ス。

本條は戸籍簿の閲覽及び戸籍謄本若しくは抄本の交付に關する手續を規定したるものなり。

本條第一項に於ては戸籍簿閲覽及其謄本若しくは抄本の交付を請求するの手續及ひ義務を規定せるものなり蓋し戸籍は何人と雖も之を援用することを得べきものにして又假令之を援用するの必要なしとするも之を知悉するの必要あり斯る場合に於ては何人と雖も市町村役場に抵りて戸籍簿の閲覽を求め其謄本若しくは抄本の交付を請求することを得べし然れども登記簿の閲覽を求め又は其謄本抄本の交付を請求するは公署の手數を勞するものなるが故に必ず一定の手數料を納付せざるべからざるなり。是れ本項の規定ある所以なり。

第二項に於ては手數料の外郵送料を納付し郵便を以て謄本又は抄本の交付を請求し得ることを規定せり是れ大に人民の利便を圖りたるものにして謄

謄本とは戸籍の全部を謄寫したるものをいひ抄本とは戸籍の一部を抄錄したるものをいふ而して原本とは市町村役場にある戸籍簿其ものをいふ。

手數料とは私人の利益の爲め國家或は公共團體が或行爲をなしたる場合又は營造物を使用したる場合に其行爲又は使用に對して報償として徵收する料金なり

本若しくは抄本の交附を請求するものは必ず自己又は代理人を出頭せしむべきものとする時は遠隔の地にあるものは其實行甚た困難にして不便極りなし之れ本項の規定せられたる所以にして當を得たる規定といふべし然れども市役所及び町村役場に於て其交付に要する郵送料を負擔すべきものにあらざるが故に此場合に於て請求者は成規の手數料の外相當の郵便料を納付すべきことを明規せるなり。

第三項は市町村長が戸籍簿の閲覽若しくは交付を拒み得る場合及其手續を規定せるものなり既に本條第一項に規定せるが如く何人と雖ども必要ある場合には戸籍簿の閲覽又は交付を請求することを得るものにして市町村長は其請求に應するの義務あるものなり然れども此請求を拒むべき正當の理由あるとき例へば名譽毀損又は强請の材料と爲すが如き場合若くは市町村長を困らしむる爲めに其市町村全部の戸籍謄本を請求するが如き場合に於ては之を拒絶し得るなり尤も斯の場合に於ては書面により其旨を請求者に通知すべきなり而して請求者に於て右市町村長の處分を不當とする時は關

係書類を添へて市役所又は町村役場所在地を管轄する區裁裁判所に抗告をなすことを得るものなるが故に請求者は市町村長が其請求を拒絶したる時は其旨を記載せる證書を請求する權利あり又市町村長は之を與ふるの義務あるものとす若し之を與へざる時は市町村長は三十圓以下の過料に處せらるべし(第一六九條第一七〇條第一七八條)

第四項に於ては謄本には抄本交付に關する手續を規定す謄本又は抄本の交付を請求するものある場合に於ては市町村長之を作り原本と相違無き旨を附記し且つ之に職氏名を署し職印を押捺して之を請求者に交付すべきものとす、之れ其謄本又は抄本の眞正なることを證するが爲なり。

第十五條 戸籍簿ノ全部若クハ一部カ滅失シタルトキ又ハ滅失ノ虞アルトキハ司法大臣ハ其再製又ハ補完ニ付キ必要ナル處分ヲ命ス但シ滅失ノ場合ニ於テハ其旨ヲ告示スルコトヲ要ス。

本條は戸籍簿滅失の場合又は滅失の虞ある場合に於ける處分を規定したるものなり。

戸籍簿の保存に付ては法律は愼重の規定を設くと雖ども天變人事の測るべからざる如何なる異變災害起りて烏有たらしむることなきを保せず若し斯る場合のあらんか如何なる處分に出づべきやといふに其滅失の場合に於ては司法大臣は其旨を一般に告示し利害關係人に其事實を知らしめ次に其再製又は補完に付きて必要なる處分を命ずべきものとす而して再製とは戸籍簿の全部滅失せる場合に新に之を作製するをいひ補完とは其一部滅失したる場合に其滅失せる部分を補作するをいふ而して之に對する必要なる處分とは例へは區裁判所に保存せる副本により再製又は補完するか正本副本及其他の關係書類共に滅失せる場合に於ては關係人民に命令し一定の期間内に戸籍に關する届出をなさしむる等臨機の處置を執るべきものにして此に豫め限定するを得さるなり又滅失する虞ある場合に於ては其の危險を避けんが爲め必要なる手段を講ぜさるべからず例へば虫害若しくは手垢にて汚れ分明ならさるに至るが如き場合には適當なる處分をなさゞるべからずと雖も豫め其方法を定むること能ざるを以て本條に於ては單に必要なる處分

と云ひて其處分の如何なるものなるやを示さゞるなり。

第十六條 家督相續、廢絶家其他ノ事由ニヨリ戸籍ノ全部ヲ抹消シタルトキハ其戸籍ハ之ヲ戸籍簿ヨリ除キ別ニ編綴シ除籍簿トシテ之ヲ保存ス。

除籍簿ノ保存期間ハ司法大臣之ヲ定ム。

本條は抹消したる戸籍の保存方法を規定したるものなり。

家督相續に因り戸主が變更したるときは前戸主の家族は新戸主の戸籍に入るものなるを以て前戸主の戸籍は全部不用となるにより之を抹消すべきものなり又廢家あるときは其家の戸籍は不用となるにより抹消すべきものたり絶家ありたるときも之を抹消すべきものなること敢て言を竢たず其他甲市町村内に本籍を有したるものが乙の市町村内に轉籍するときの如きは舊本籍地に於て編製したる戸籍は不用となり抹消すべきものたり斯くの如く抹消をなし效用なきものとなりたる戸籍は戸籍簿より取り除き別に抹消せらるべき戸籍のみを編綴して除籍簿と稱し市町村役場に於て之を保存すべ

本條は新設條文にして十六條に依て除籍簿を作るも之に對して閲覽を求め謄本抄本を請求するものあらん故に本條を設け除籍簿に就て十三條乃至十五條を準用すべき旨を規定せるなり而して本條に除かれたる戸籍

きものとす是れ一旦不用なりとして取り除きたるものと雖も家督相續の無效なるが爲め前戸主が其身分を回復すべき時の如きは前戸主の戸籍が有用なるものなるが故に之を廢棄することなく別に帳簿として保存すべきことを規定したるものなり

戸籍簿は永久に保存すべきものなりと雖も戸籍簿より除き別に編綴したる除籍簿の保存期間は司法大臣之を定む。

第十七條　第十三條乃至第十五條ノ規定ハ除籍簿及ヒ除カレタル戸籍ニ之ヲ準用ス。

本條は除籍簿及除籍せられたる戸籍に付て戸籍簿に對する規定を準用すべき旨を規定したるものなり。

除籍簿は戸籍簿より抹消せられたるものなりと雖も後に必要ある場合生ずることあるを以て常に市役所又は町村役場内に備へ置き事變を避くる外は之を外部に持出すことを許さず又閲覽の必要も生じ謄本抄本の交付を請求する場合もあらん又除籍簿のみならず除かれたる戸籍に對しても右の如き

とは未だ除籍簿として編綴せられざる除かれたる一戸毎の戸籍を云ふなり。

必要を見るを以て除籍簿及び除かれたる戸籍に付て十三條乃至十五條を準用する旨を本條に規定したる所以なり。

第三章　戸籍の記載手續

戸籍の記載手續とは市町村長が戸籍に關する届出又は届出の廻送に從ひ戸籍簿に記載する方法をいふ。

本章に於ては先づ記載すべき事項を規定し以て其順序を定め終りに種々の記載方法及び其始末を規定せり。

第十八條　戸籍ニハ左ノ事項ヲ記載スルコトヲ要ス。

一、戸主、前戸主及ヒ家族ノ氏名、

二、戸主ノ本籍、

三、戸主カ華族又ハ士族ナルトキハ其族稱、

四、家族カ戸主ト族稱ヲ異ニスルトキハ其族稱、

五、戸主及ヒ家族ノ出生ノ年月日、

六、戸主又ハ家族ト爲リタル原因及ヒ年月日、

七、戸主竝ニ家族ノ實父母ノ氏名及ヒ戸主竝ニ家族ト實父母トノ

續柄、

八、戸主又ハ家族カ養子ナルトキハ其養親竝ニ實父母ノ氏名及ヒ養子ト養親竝ニ實父母トノ續柄、

九、戸主ト前戸主及ヒ家族トノ續柄、

十、家族ノ配遇者又ハ家族ヲ經テ戸主ト親族關係ヲ有スル者ニ付テハ其家族トノ續柄、

十一、他家ヨリ入リテ家族ト爲リタル者カ他ノ家族トノミ親族關係ヲ有スルトキハ其續柄、

十二、他家ヨリ入リテ戸主又ハ家族ト爲リタル者ニ付テハ其原籍、原籍ノ戸主ノ氏名及ヒ其戸主ト戸主又ハ家族ト爲リタル者トノ續柄、

十三、後見人又ハ保佐人アル者ニ付テハ後見人又ハ保佐人ノ氏名本籍及ヒ其就職竝ニ任務終了ノ年月日、

十四、其他戸主又ハ家族ノ身分ニ關スル事項、

本條は戸籍に記載すべき事項の如何なるものなるやを示したるものなり。戸籍は家を基本とし其代表者とも稱すべき戸主の身分を明にし且つ之に從ふ家族の身分と其家族と戸主との關係を明にすべきものたり即ち本條は此旨趣に從ひ第一號乃至第十四號に於て戸籍に記載すべき事項を示したり。

一、戸主前戸主及び家族の氏名、

戸主は家の長にして主要のものなるにより之を記載事項の一となすべきは當然なり前戸主は現戸主が出で來りし處なるのみならず其身分と財産とを繼承したるものなるを以て現に家族たると否とを問はず是れ亦記載事項の一とせざるべからず又家族は戸主に屬するものなるを以て其戸主の戸籍に記載すべきは當然なる所なり之れ本號に於て是等の氏名を記載し明にせしめたる所以なり。

二、戸主の本籍、

戸主の本籍地を記載するは其家の所在を明ならしめんが爲なり。

三、戸主が華族又は士族なる時は其族稱、

戸主が華族若しくは士族なる時は其族稱を記載せざるべからず是れ其の戸主の何人なるかを明にし且つ族稱は我社會上に於ける一の地位にして待遇を異にする場合あるが故に之れを記載せしむることゝせり而して改正法に於ては華族士族のみを記載せしむることゝし平民なる稱號は記載せざることゝせり。

四、家族が戸主と族稱を異にするときは其族稱、

家族が戸主と族稱を異にする場合に家族の族稱を記載すべきことを命じたるは特に其者の社會上の地位を明かならしめんとするの旨趣に外ならず而して同一族稱の場合には戸主の族稱の記載により家族の族稱を知り得ると雖も其異る場合には殊更に記載するに非ざれば知ることを得ざるを以て斯る規定を設けたるなり。

家族が戸主と族稱を異にする場合とは例へは戸主が從來の所謂平民にして其同一家族內にある家族の或者が士族なる場合の如きを云ふ斯かる場合は往々にして是れあるを見る。

改正法に於て平民を戸籍簿に記載せざるに至りしは平民は華士族と異り族稱にあらずして名稱に過ぎず又何等の特權をも有せざるが故なり此點につきては士族も亦何等特權なきも這は歷史的因襲により今日尚ほ一の族稱として取扱はるゝを以て華族と共に記載せしむるなり。

五、戸主及家族の出生年月日、

戸主及び家族の年齢を明にせんが爲めなり、蓋し戸主は六十歳以上に達するにあらずんば隱居するを得ざるが如き又二拾歳に達せずんば能力者とならざるが如き又家族は戸主の指定する居所に住せずんば離籍せらるゝが如き種々の點に於て之を明確にするの必要あればなり。

六、戸主又は家族となりたる原因及び年月日、

戸主となりたる原因とは家督相續又は分家或は廢絶家再興其他の事由によりて戸主となりたる事を記載するを云ふ又家族となりたる原因とは出生、婚姻、養子縁組、戸主が私生子の認知又は戸主が他家の戸主の同意を得て其家にある自己の親族を引取りたる場合等を云ふものにして是等の事情は皆家族たらしむるものなるを以てなり而して是等の原因及び其年月日を記載するを要すとしたるは之を明になし置くは戸主の責任の起點を知り家族が家督又は遺産相續權の順序を知る等に於て必要なるが故なり。

七、戸主並に家族の實父母の氏名及び戸主並に家族と實父母との續柄、

戸主の實父母の氏名、家族の實父母の氏名、及び戸主と實父母との續柄及ひ家族と實父母との續柄を記載せしめ其關係を明らかならしむるは戸籍の性質上當然のことなるのみならず扶養の義務等に付特に之を證明するの必要あるによるなり。

八、戸主又は家族が養子なるときは其養親並に實父母の氏名及び養子と養親並に實父母との續柄、

戸主又は家族が養子なる時は養子たる戸主の養親並に實父母の氏名及び養子たる家族の養親並に實父母の氏名及び養子と養親並に養子と實父母との續柄とを記載せざるべからず斯る記載を必要とせるは戸主又は家族の出所を明ならしめんが爲めなり。

九、戸主と前戸主及び家族との續柄、

戸主と前戸主との續柄とは例へば戸主が前戸主の孫ならんか前戸主第何孫といふが如き前戸主が妻にして戸主が入夫ならんか前戸主夫といふが如きを指稱するなり又家族と戸主との續柄とは家族が戸主の母、妻、長男、次

女又は戸主の弟ならんか母、妻、長男、次男、次女又は弟といふが如きを指すなり。

族との續柄、
十、家族の配偶者、又は家族を經て戸主と親族關係を有するものに付ては其家

家族の配偶者にして戸主と親族關係を有する者とは例へば甲なる戸主に乙丙丁の三子ありて其長男乙が婚姻したるにより其妻戊が他家より入籍したる場合の如し此場合に於ては家族乙と戊との續柄即ち長男乙妻戊と記載すべきが如きを云ふ。(本號前段)

次に家族を經て戸主と親族關係を有する者とは例へは甲なる戸主の長男乙が丙男を養子と爲したるが如き場合にして養子丙と戸主とは元來何等の親族關係を有せざりしも長男乙の養子となりたる爲め戸主と二等親族關係を有するに至りし如きを云ふものにして斯かる場合には本號前段の場合と同しく長男乙養子某と記載すべきものとす。(本號後段)

十一、他家より入りて家族となりたる者が他の家族とのみ親族關係を有する

ときは其續柄、

他家より入りて家族となりたるものにして他の家族とのみ親族關係を有するものとは例へば婿養子、婚姻又は養子緣組により他家より入りて家族となりたるものが戸主たる養父又は配遇者の同意を得て自己の親族を他家より呼び迎へたるものゝ如きをいふ蓋し戸主の婿養子となり又は戸主の子の妻となりたるもの又は戸主の養子となりたるものは戸主と法律上親子の親族關係を生ずと雖も婿養子が他家に於て有せる子の如き戸主の子の妻が曾つて他家に嫁したる際出產せし子の如きは婿養子又は子の妻とは各親子の親族關係あるべきも戸主と親族關係なきは勿論、他の家族たる配遇者とも亦何等の親族關係あるものにはあらず(民七二五條)斯かる場合には其家族と他より呼び迎へられたる者との親族關係をのみ記載せば可なりとするものなり、

十二、他家より入りて戸主又は家族となりたる者に付ては其原籍、原籍の戸主の氏名及び其戸主と戸主又は家族となりたる者との續柄、

本第十二項は舊法第百七十六號第七項に該當するものなるも族稱さいふ文字を削除せり而して其理由は前戸主の氏名を知れば其出所は原籍を見て直に判然するを以て記載を省畧する爲めに削除したるなり

他家より入りて戸主となりたる者とは入夫婚姻により戸主となりたる者、養子、婿養子として入り後に戸主となりたる者又は指定家督相續人として他家より入り戸主となりたる者は勿論或は他家より入りて其家の家族となりたる者にして選定により其家の家督を相續して戸主となりたる者等をも包含すべし而して他家より入りて戸主又は家族となりたる者に付ては現在の家に入りし前の原籍地竝に其原籍の戸主の氏名及び其戸主と戸主又は家族となりたる者との續柄例へば兄弟なるか姉妹なるか又は孫なるかの如き續柄を記載すべきものたり是等の記載を要したるは戸主又は家族の出所を明にせんが爲なり、

十三、後見人又は保佐人ある者に付ては後見人又は保佐人の氏名本籍及び其就職竝に任務終了の年月日

後見人は被後見者の法律行爲に同意を與へ又は代つて處理すべきものなるにより之を登記し其氏名住所等を明にし且つ其責任の終始を正確ならしむる爲め其就職の時期及び任務終了の年月日を登記すべきこと必要な

る所なり又保佐人は準禁治產者が民法第十二條に規定せられたる行爲をなすに付て同意を與ふるものなる故に之れを登記し其氏名住所を明にし且つ其責任の終始を正確ならしむる爲めに就職の時日及び任務終了の年月日を明確に爲ざるべからず、而して又是等を登記するは一面に於ては法律行爲無能力者なり或は準禁治產者なることを表明するにあり。

十四、其他戸主又は家族の身分に關する事項、

前項までに種々列擧し來りし戸主若しくは家族に付き記載後種種身分上の異動を來すことあらん例へは死亡或は失踪宣告の如き事件の發生せんか之を記載せざるべからざるを以て斯く規定せるなり、而して身分といふ文字の解譯は種々議論せらるゝ所なるも戸籍法に於ては屆出により戸籍簿に記載せらるゝ事項を以て其範圍を定めんとするなり。

第十九條 戸主及ヒ家族ノ氏名ノ記載ハ左ノ順序ニヨル、

第一、戸主、

第二、戸主ノ直系尊屬、

本條は舊法第百七十七條に該當するものなるも其三項を消りたる理由

は親族間の順位を戸籍簿上に記載することは非常の困難なる事にして實母嫡母養母の同一家籍にある場合に如何なる順位によるべきやを決定するは困難なり然れども法文に規定せらるる上は其順序を定めざるべからざるにより難を責むるが如きを以て改正法に於ては適宜是を定むることとして法律上該文字を避けたるなり。

第三、戸主ノ配遇者、
第四、戸主ノ直系卑屬及ヒ其配遇者、
第五、戸主ノ傍系親及ヒ其配遇者、
第六、戸主ノ親族ニ非サル者、
直系尊屬ノ間ニ在リテハ親等ノ遠キ者ヲ先ニシ直系卑屬又ハ傍系親ノ間ニ在リテハ親等ノ近キ者ヲ先ニス。
戸籍ヲ編製シタル後家族トナリタル者ニ付テハ戸籍ノ末尾ニ記載スルコトヲ要ス、

本條は戸籍に戸主及び家族の氏名を記載すべき順序を定めたるものなり、登記事項を記載すべき順序は家を代表する戸主を基本とし特に尊敬すべき直系尊屬を記載し他の家族に付ては戸主と親等の遠近に從ひ定むべきは至當といふべし是れ本條第一項に於て其順序を下の如く定めたる所以なり。

第一、戸主、戸主は家の長にして家政を統督し家族を監督すべき職責と家族をして其指定の場所に住せしめ婚姻に同意を與ふる權利等を有するものなるを以て第一位に置くべきは當然なり。

第二、戶主の直系尊屬、戶主の直系尊屬とは血族なると養親なるとを問はず戶主と家を同じくする父母祖父母等を指したるものにして他家にある戶主の父母祖父母等を指すものにあらず、戶主と家を同じうする是等のものは家族中最も尊敬すべきものなるにより之を第二位に置くは至當の順序なり。

第三、戶主の配遇者、戶主の配遇者とは普通戶主の妻を指すと雖も女戶主なる時は其夫も是に包含せらる是等のものは戶主と同一體をなし常に之を賛助すべきものなれば第三位に置くこと正當なり。

第四、戶主の直系卑屬及其配遇者、戶主の直系卑屬とは戶主の子、孫、曾孫、玄孫等を言ひ血族なると養子なると庶子なると私生なると嫡出子なるとは問ふ所にあらず又戶主が他家より呼び迎へて家族となしたる卑屬をも包含す然れども既に他家に入りて戶主の家族にあらさるものは包含せざるなり又其配遇者とは家族たる直系卑屬の妻又は婿養子を指すものなり而して直系卑屬及ひ其配遇者は普通前の第二第三に揭ぐるものに次で最も戶主が親愛すべきものなるのみならず家督相續に付き先順位を有する者なれば第四位に置きたるなり。

第五、戸主の傍系親及び其配遇者、戸主の傍系親とは戸主の伯叔父母、戸主の兄弟姉妹、從兄弟姉妹、甥姪等を云ひ其配遇者とは是等のもの丶妻又は夫をいふ是等の者は戸主との親族關係最も遠きものなれば第五位に置きたるなり。

第六、戸主の親族にあらざる者、戸主の親族にして家族たるべき者は右説明の如し然れども戸主の親族に非ずして家族たるもの丶親族も亦家に入る場合あるは前條第十一號に於て其一斑を説明したるが如くにして即ち民法第七百三十八條又は第七百三十五條に從ひ戸主の同意を經て呼び迎へたるものに付是れあるを見るべし。

然れども以上に於て定めたる同順位の者數人ある場合に於て是等同順位者相互間の記載順序を定むるにあらずんば未だ充分ならず是れ本條第六號の規定ある所以なり。

本條は舊法第二十八條に該當するものにして舊法に於ては一、二、三號に分割し詳細なる規定を設けたりと雖ども改正法に於ては簡潔を主とせ

直系尊屬なる父母、祖父母、高祖父母等の間にありては戸主より親等の最も遠き者は最も尊敬すべきものなれば親等の最も遠き者より順次記載すべきは至當なり直系卑屬又は傍系親の間に於ては戸主と親等の最も近き者が先順位に於て記載せられ順次列叙せらるべきは相當なり例へば高祖父母を第一とし曾祖父母を第二とし祖父母、父母是に次ぐが如く又子を第一とし孫を第二とし曾孫を第三に置くが如く又兄弟姉妹を第一とし從兄弟從姉妹を第二に置くが如し。

右は市町村長が届出により戸籍を編製する場合に於て採るべき順序にして其編製後に於て新に家族となりたるものについては尊屬卑屬に關せず順次戸籍の末尾に記載すべきものとす、

第二十條 戸籍ノ記載ハ届出、報告、申請若シクハ請求證書若クハ航海日誌ノ謄本又ハ裁判ニヨリテ之ヲナス。

本條は戸籍に登記すべき場合を規定したるものなり。

本法は戸籍の記載を最も整齊明確ならしめんが爲めに登記をなすべき場合

ろを以て各場合を他の條文に讓り單に項目を擧げたるに過ぎざるなり

及び事項等を一々詳密に規定し本法に規定なき場合は固より本法中各條に規定するものにても本條に於て其場合を一括して其注意を一層明確ならしめたるものなり

第一に擧げられたる屆出とは市町村長が戸籍に關する屆出即ち本法第四章第二節乃至第十九節に規定せられたる事項の屆書を受理したる場合を指すものにして直接に受理する場合と送附を受くる場合とあり送附を受くる場合とは即ち轉籍の如き場合にして本籍地を變更するものが除籍地の市町村長に屆出てだる場合に其市町村長より入籍地の市町村長に正本を送附する場合の如きをいふ。（第三一條乃至第三三條第六一條參照）次に市町村長か報告を受けたるときとは例へは死刑の執行ありたる時に監獄の長より監獄所在地の市町村長に死亡の報告をなしたる場合の如し（第一一九條第一二〇條第一二二條第一五七條但書參照）次は市町村長か登記の取消又は變更の申請若くは請求を受けたるときにして申請とは人民より登記の取消又は變更を求むることをいひ請求とは檢事より之を求むることをいふ（第七四條第七九

條、第八四條、第八六條、第九三條、第一〇二條、第一二八條、第一二九條、第一三二條第一三四條、第一三五條、第一三六條等參照)

次は市町村長か身分に關する事項を記載したる航海日誌の謄本の送附を受けたるときにして航海日誌とは艦長又は船長か航海中に生じたる各般の事件を記載する爲めに備ふる帳簿を云ふなり(第二〇條第七五條第一二二條第一五七條但書)次に市町村長が身分に關する謄本を受け又は其謄本の送附を受けたるとき例へは外國にある日本人か其國の法式に從ひ届出てたる事件に關する證書を作らしめ日本の公使又は領事か駐在せざるときに一ケ月內に本籍地の市町村長に其謄本を差出したる場合又は其證書の謄本を公使又は領事に差出し公使又は領事より外務大臣を經て本籍地の市町村長に送附したる場合の如し、而して最後に列擧せられたるは市町村長が登記をなすべき旨の裁判を受けたるときにして例へば市町村長の處分を不當として抗告をなしたる者ありたるときに區裁判所が其抗告を理由ありとして市町村長に登記を命じたる場合の如き是なり(第一七三條)

本條は舊法第二十八條に該當するものにして其異る點は屆出人若しくは申請人の資格氏名を戸籍に記載する點なり、之れ單に是等の人々の資格を記載せしめんとの旨趣に出でたるものなり。

第二十一條 戸籍ニハ第十八條ニ揭ケタルモノヽ外左ノ事項ヲ記載スルコトヲ要ス。

一、屆出又ハ申請ノ受附ノ年月日、事件ノ本人ニ非サル者ノ屆出又ハ申請ニ係ル場合ニ於テハ屆出人又ハ申請人ノ資格及ヒ氏名、他ノ市町村長又は官廳ヨリ屆出又ハ申請書ノ送附ヲ受ケタル場合ニ於テハ其受附ノ年月日及ヒ發送者ノ職氏名。

二、報告又ハ請求ノ受附ノ年月日及ヒ報告者又ハ請求者ノ職氏名、

三、證書又ハ航海日誌ノ謄本ノ受附ノ年月日及ヒ證書又ハ航海日誌ノ作製者竝ニ謄本發送者ノ職氏名、

四、戸籍ノ記載ヲ命シタル裁判ノ年月日及ヒ裁判所。

本條は附隨の記載事項とも稱すべきものを規定するものなり。記載事項は既に第十八條にも規定する所なりと雖も第十八條に規定する所は記載の本體をなすべき主要の事項にして本條に規定する所は記載の外形をなすべき附隨の事項なり然れども是れ只記載事項の性質より見て謂ふも

のにして法律が均しく是を記載することを命じたる以上權衡を失したる取扱をなすべきにあらず。

本條第一號より第四號までの規定は極めて明白にして殆んど是を説明するの必要なし唯茲に一言すべきことは本條各號に於て必ず届出報告其他の書類の受附の年月日を記載せしむるものは既に説明せるが如く受付の年月日は或は法律行爲成立の時期となり或は届出、報告等が適法の期間内に爲されたるや否やを知るの標準となるものにして最も之を明にするの必要あるが故に之を受付けたる書類に記載せしむるのみに止めずして戸籍簿にも必ず之を記載せしむることとせるなり又書類の發送者報告者等の官職氏名を記載せしむるは届出送附其他の手續は必ず本法の規定に適合することを必要とするが故に其手續の不適法ならざることを明ならしめんが爲なり。

第二十二條　市長村町カ届書報告書其他ノ書類ヲ受理シタル時ハ其書類ニ受付ノ番號及ヒ年月日ヲ記載スルコトヲ要ス。

本籍地ノ市町村長ハ前項ノ手續ヲ爲シタル後遲滯ナク戸籍ノ記載ヲ

ナスコトヲ要ス。

本條は市町村長が受理したる書類に受附の番號及び年月日を記載し直ちに戸籍簿に記載すべき旨を規定せるなり。

届出報告其他記載に關する書類とは第二十條に規定せる所にして市町村長が是等の書類を受理したるときは先づ是に受附の番號及び年月日を記載すべきものとせり受附の番號を附するの理由は記載は受付の順序により是をなすを以て原則とするが故なり又年月日を記載するものは届出は其事件の發生したる日より一定の期間内になさゞるべからざるものなるが故に届出の果して適法の期間内になされたるや否やを知るに付きて年月日を明にするの必要あり例へば出生届は出生の日より十四日内に爲すべきものにして是を過ぐるときは十圓以下の過料に處せらるゝことあり(第六九條第一七六條)又婚姻養子緣組の如きは市町村長に届出るによりて始めて成立するものなるが故に其年月、日を知ること更に肝要なり(民第七七五條、八四七條)但し記載には受附の年月日を記入すべきものとす而して受附の番號及び年月日を

本條の規定は舊法百七十九條に該當するものにして舊第百七十九條には單に家督相續或は家督相續回復の登記を爲したるこきは云々こあるも此外の原因により新戸籍を編製するの規定なし而して新戸籍を編製する場合は前二者に限らるゝものにあらず隱居の取消失踪宣告の取消等によりても亦編製すべきなり故に「其他戸籍に變更を生ずべき事項につき」こいふことを加へ

記載したるときは直ちに其記載事件を戸籍簿に登記すべきものとす此に遲滯なきとあるが故に止むを得ざる場合の外は其日に受理したる事件は大抵其日に登錄を了すべきものなり。

第二十三條　家督相續。家督相續回復其他戸主ノ變更ヲ生スヘキ事項ニ付キ屆出申請又ハ請求アリタルトキハ其屆出申請又ハ請求及ヒ前戸主又ハ戸主ノ名義ヲ有セシ者ノ戸籍ニ依リテ新戸籍ヲ編製スルコトヲ要ス。

前項ノ場合ニ於テハ前戸主又ハ戸主ノ名義ヲ有セシ者ノ戸籍ニ事由ヲ記載シテ是ヲ抹消スルコトヲ要ス。

家督相續人カ胎兒ナル時ハ其出生ノ記載ヲ爲スマテハ前二項ノ手續ヲ爲スコトヲ要セス此場合ニ於テハ前戸主ノ戸籍中戸主ニ關スル部分ヲ抹消シ家督相續人カ胎兒ナル旨ヲ記載スルコトヲ要ス、

本條は家督相續又は家督相續權回復其他戸主に變更を生ずる場合に記載を爲したるときに當り戸籍を編製し又は之に記載すべき手續を示したるもの

たるなり又本條第三項は舊法百七十九條第三項に當るものなるも出生して出生屆なき場合あるを以て「出生に至るまで前二項の手續をなすを要せず」とありしを明かに「出生の記載をなすまで」と改めたり。

なり、

家督を相續したるものあり又は家督相續權を回復したるものあるとき或は失踪宣告の取消しの如き戸主に變更を生すべき屆出、申請又は請求ありたるときは前戸主又は一時戸主の名義を有したるものを基礎として作りたる戸籍は其效を失す從つて新戸籍を編製せざるべからざるなり而して家督相續又は家督相續回復其他戸主に變更を生ずる事項に對する屆出申請又は請求は家督相續又は家督相續權の回復其他戸主に變更を生ずる事件を主としたるものなるが故に該登記のみにより一家全體の關係を知ることを得ず是れ本條第一項に於て家督相續に付ては前戸主の戸籍、家督相續權回復並に戸主に變更を生ずる事件に付ては是れまで戸主の名義を有せし者の戸籍に基きて新戸主の戸籍を編製することを命じたるなり、而して戸主の名義を有したる者とは家督相續權回復の訴により又は失踪宣告取消によりて戸主を罷められたるもの即ち家督相續を爲すの資格なくして一時相續を爲しゐたりしものをいふ。

右の如く新戸主の戸籍を編製するに付ては市町村長に於て新舊戸籍の關係を示さんが爲め家督相續により戸主たるの身分を取得したる場合に於ては舊戸主の戸籍に其家督相續により新戸主の戸籍を編成したる旨を記載し其戸籍を抹消し又家督相續回復若しくは戸主に變更を生ずる事由によりて戸主となりたる場合に於ても戸主の名義を有せしもの丶戸籍に家督相續回復若しくは其他の事情によりて新なる戸籍を編製したる旨を記載し其戸籍を抹消すべきものとす、

本條第一項に於て家督相續を爲したる時は新に戸籍を編製すべきことを命じたり然れども胎兒が相續人たる場合に於ては法律上より見るときは家督相續に相違なきも是れ假定にして事實上胎兒は尙母の胎內にあるものにして戸籍に記載すべき氏名をも有せざるを以て戸籍を編製する手續を爲す能はず、また出生するも出生の届出でなき間を存するを以て出生の届出であるまでは新なる戸籍を編製するを要せざる旨を規定し此場合に於ては前戸主に關する部分を戸籍中より抹消し其家督相續人は胎兒なる旨を記載すべき

本條二項三項は新設規定なり、是れ復籍拒絶を戸籍に登錄し其登錄せられたる戸籍により新戸籍を作る時は抹消せられたる部分は移記せざるを以て復籍拒絶といふ事柄を知ること能はざるに至る然るに此事實は被復籍拒絶者の生存中又は一家創立までは存續するものなるが故に假令新戸籍を作る場合にも之れを移記すべく而して死亡又は一家創立せる後は復籍といふ問題起らざる故に抹消するも可なりといふにあり

ものと規定す。

第二十四條 復籍拒絶ノ届出テアリタルトキハ復籍拒絶者ノ戸籍ニ届出ノ要旨ヲ記載スルコトヲ要ス。

前項ノ手續ヲ記載シタル後新戸籍ヲ編製スルトキハ之ニ復籍拒絶ニ關スル事項ヲ移記スルコトヲ要ス。

復籍ヲ拒絶セラレタルモノカ死亡シ其他復籍スルコトナキニ至リタルトキハ復籍拒絶ニ關スル事項ヲ抹消スルコトヲ要ス。

本條は復籍拒絶の身分登記を爲したるに際し復籍を拒絶したる者の戸籍に其要旨を記載すべきものなることを規定せるものなり。

復籍拒絶の何ものなるやに付ては第四章第十四節に於て詳説せんも要は其出でたる家に復するを豫め拒絶するを云ふものにして其復籍拒絶の登記をなしたりとするも其要旨を復籍拒絶者の戸籍に記載し置かざるときは戸籍簿を一覽したるのみにては復籍を拒絶せられたるものあるを知ること能はずして被復籍拒絶者に圖らざる迷惑を蒙らしむることあるべきのみならず

市町村長に於ても過ちて被復籍拒絶者を入籍せしむることなきを保せず是れ本條第一項の規定ある所以なり。

第二項に於ては前項の手續を爲したる後新戸籍を編製するときは之に復籍拒絶に關する事項を移記すべし是れ新戸籍編製の際に抹消せられたる事項は移記せざるを原則とするが故に拒絶者の生存せる間は拒絶せざるべからざるに新戸籍に於て知ることを得ざる故に其趣旨を貫徹することを得ず故に斯る規定を設け復籍拒絶の事實を明かならしめんとしたるなり。

然れども被復籍拒絶者の死亡若くは復籍することなきに至りたる場合即ち一家新立、廢絶家再興等を爲したる場合には復籍拒絶に關する事項を抹消すべきことを要す。

第二十五條 家督相續人指定ノ屆出テアリタルトキハ其指定ヲ爲シタル者ノ戸籍ニ屆出テノ要旨ヲ記載スルコトヲ要ス。

本條は家督相續人指定の屆出でありたる時の手續を規定したるものなり。

舊法に於ては本條の如き規定を見ざる所なり是れ身分登記簿の存するとき

には之を見ず是れ舊法に於ては別に身分登記簿なるもの存在したりしを以て本條の如き規定の必要を認めざりしが身分登記簿を廢したる改正法に於ては身分を明かになす必要上此規定を新設したるなり。

舊戸籍法には本條に該當する規定なし本條に於て此の規定を設けたるは一瞬時たりとも無籍者を存在せしめざる趣旨に基けるなり。

はその必要を認めざるを以て規定せられざりしが本法に於ては身分登記簿を廢したるを以て指定の届出を明晰ならしむる爲めに本條を設けたるなり、而して家督相續人指定の届出でありたるときは其指定をなしたるものゝ戸籍に指定の要旨を記載し其趣旨を明かにせざるべからず是れ身分取得は社會上の地位に對し重要なる關係を有するものなるが故に公平正確を要するを以て斯かる規定を設け其措置を明かならしめんとしたるなり。

第二十六條　離籍又ハ廢家ニ因ル除籍ノ手續ハ離籍セラレタルモノヽ一家創立又ハ廢家ヲナスモノヽ入籍ノ手續アリタル後之ヲ爲スコトヲ要ス。

本條は離籍又は廢家による除籍の手續を規定したるものなり。除籍の届出又は廢家による除籍の届出でありしとき其離籍せられたるもの若くは、廢家したるものが新に一家を創立するか或は他の家に入籍せざる以前に離籍又は除籍の手續をなさんか一時無籍者を生することゝなるべし本條は此の結果を避けんが爲めに設けたるものなり。

第二十七條 一戸ノ全員又ハ一戸内ノ一人若クハ數人ヲ戸籍ヨリ除クヘキトキハ事由ヲ記載シ戸籍ノ全部又ハ一部ヲ抹消スルコトヲ要ス。

除籍セラルヘキ者トノ本籍カ他ノ市町村ニ轉屬スル場合ニ於テハ前項ノ手續ハ入籍ノ通知ヲ受ケタル後之ヲ爲スコトヲ要ス但入籍地ノ市町村長カ届出ヲ受理シタルトキハ此限ニアラス。

前項ノ規定ハ一家創立ノ届出ニヨリ除席ヲ爲スヘキ場合ニ之ヲ準用ス。但入籍地ノ市町村長カ届出ヲ受理シタルトキハ此限ニアラス。


本條は一戸の全員又は一戸内の一人若しくは數人を除籍すべき時の手續を規定したるものなり。

一戸の全員を戸籍より除く時とは戸主が國籍喪失の際元來單身なりしか又は家族も亦當然外國の國籍を取得して我國籍を喪失したる時の如き又單身戸主若くは家族を有する戸主が其家族と共に其の管轄外に本籍地を移轉したるときの如き及び複本籍を有する戸主の其地の本籍を除くべき時との如きをいふ又一戸内の一人若くは數人を戸籍より除くべき時とは要するに家

族の一人若くは數人に身分の變更ありて他家に入るべき時をいふ斯かる場合は多々にして枚擧に遑あらさるを以て以下一、二を例示するに止めん即ち女戸主の私生子にして其家にある者又は或家族たる母の私生子にして母の家にあるものを他家の戸主又は家族たる父の認知により其子が父の家に入り母の屬する戸籍より除くべき時の如き家族の一人又は數人が婚姻又は養子縁組によりて他家に入り或は他家より婚姻又は養子縁組に因りて入りたる家族の一人又は數人が離婚若くは離縁によりて去る時の如し又家族にして妻子を有する者が日本の國籍を喪失し妻子も共に日本の國籍を喪失するときの如きは全く數人を戸籍より除くべきときなり是等の場合に於ては其等の者に係はる戸籍の部分は無用に歸するを以て戸籍の全部又は一部は之を抹消すべきは當然なり但如何なる理由により抹消したるやは之を明かに爲し置くこと至當なれば本條に於て國籍喪失、轉籍、複本籍なるにより戸籍の全員を除くことの事由又は認知によりて他家に入り婚姻又若くは養子縁組によりて他家に入り離婚離縁により復籍又は國籍喪失者たる夫又は父に從ひ或外國の國籍を取得したるによる等の理由を記載して除籍すべき一戸の全員又は一人若くは數人に係る戸籍の記載即ち戸籍の全部又は一部を抹消すべきことを命じたるなり。

二項は除籍を爲すべき場合に特に盡さゞるべからざる手續を規定したるものなり蓋し一般的除籍手續は前項に規定したりと雖も除籍をなすべき者の本籍が或る市町村より他の市町村に轉籍すべき特別の場合には單に前項に從ひ除籍すべきもの、戸籍に關する部分を抹消するのみにては無籍者を生ずる虞あるのみならず縱令他に入籍したりと雖も從來其入籍者に關し記載せられたる事項の正當に轉寫せられたるや否やを明確にする能はざるを以て本項の規定を設けたるなり。除籍の手續をなすべき場合に於て除籍をなすべき者の本籍が一市町村より他市町村に轉ずるは例へば甲村に本籍を有する家族が乙村に本籍を有する戸主又は其家族の戸籍に入夫又は婿養子として入籍すべき時の如き又乙村より甲村に人の妻又は養子として入り來りし者が離婚又は離緣により實家に復籍すべき時の如き或は甲村に本籍を有

本項及び次項は新設にし舊第百八十七條には斯る規定はあらざりしなり是れ入籍の通知を受けざる以前に於て是を除籍せんが一時無籍者を生ずるの觀を呈するを以て斯る狀態なからん爲め入念なる規定をなしたるなり、第三項に於ては一家創立の際にも適用すべきことを規定したるものなれども復籍拒絕等の事項により一家を創立する場合に於て離緣又は離婚せられて出で

たる者が未だ一家を創立せざる以前に於て戸籍を抹消せんか無籍の觀を呈するが故に斯くは規定せるなり。

する者の家族が家督相續人に指定せられ乙村に本籍を有する被相續人の家に入る時の如き又は甲村に本籍を有せし戸主が乙村に其本籍を移轉する時の如し、是等の場合に於ては去りて他の市町村に移るもの丶戸籍の記載は全く不用のものなれば之を抹消すべきは當然なり然れども單に抹消せんか前述せる如き危險あるを以て本項は市町村長に對し次の如き手續を履踐すべきことを命じたるなり即ち除籍を爲すべき市町村長は入籍の記載を爲すべき市町村長より入籍を爲したる旨の通知を受けたる後除籍すべきもの丶戸籍を抹消すべきなり但し此場合に入籍地の市町村長が轉籍の届出を受理したる場合は此限にあらず。

右述べたる規定は一市町村より他の市町村に轉じ一家を創立する場合に準用すべきことを其三項に於て規定せり。

第二十八條　戸籍ノ記載ヲ爲スニハ略字又ハ符號ヲ用ヒス字畫明瞭ナルコトヲ要ス。

年月日ヲ記載スルニハ壹貳參拾ノ文字ヲ用ウルコトヲ要ス。

文字ハ是ヲ改竄スルコトヲ得ス若シ訂正挿入又ハ削除ヲ爲シタルトキハ其字數ヲ欄外ニ記載シ又ハ文字ノ前後ニ括弧ヲ附シ市町村長之ニ認印シ其削除ニ係ル文字ハ尚ホ明ニ讀得ヘキ爲メ字體ヲ存スルコトヲ要ス。

本條は登記に使用する文字の字體改竄の禁止及び訂正挿入又は削除の方式を規定せるなり。

第一項は登記の文字は字畫の明瞭ならざるべからざることを規定す登記は屢々述べたるが如く最も嚴正確實ならんことを欲するが故に其字體の如きも亦明瞭ならざるべからず此に畧字とは字畫を省畧したる文字を謂ふ例へば婚姻を昏姻、證書を証書、裁判を才判と記する類の如し符號とは文字に代用する形象を謂ふ例へば男女生死等を現はすに△〇等の形象を用ふるが如し此くの如き略字又は符號は登記に使用することを許さず又字畫明瞭とあるを以て文體は必ず楷書を用ふべきことを知るべし又凡そ法文中「……することを要す」とあるは市町村長は必ず斯くするの義務を負ふといふの義なり故に是に違背するは即ち職務上の義務に反するものにして或は責罰を受け或は監督官の矯正を受くべきものなり。

第二項は年月日を記載するには一二三十の數字を用ひず必ず壹、貳、參、拾、の文字を用ふべきものとす之れ年月日は正確なることを必要とするものなるを以て變改し易き一二三十の數字を避けたるなり。

第三項は文字の改竄を禁じ及訂正挿入又は削除の方式を規定す改竄とは誤記の文字を塗抹して正誤するをいひ訂正とは誤記の文字を削除して別に正字を記することをいふ挿入とは文字と文字との間に文字を記入することをいふ削除とは誤記の文字を單に抹消して別に文字を加へざることをいふ此等の場合には訂正挿入又は削除したる文字の字數を欄外に記載して市町村長之に認印するか又は訂正挿入又は削除したる文字の前後に括孤を附して市町村長之に認印するか記載の便宜によりて其一を擇ぶことを得るものとす如此必ず字數を欄外に記載し又は文字の前後に括孤を附し市町村長をして之に認印せしむるものは後日に至り更に訂正挿入又は削除することを得

舊法に於ては屆書にも壹、貳、參、拾等の數字を用ふべしとせしも改正法に於ては申請人の利便を圖り、一、二、三、十の略字にても不可なしとせり（第五十五條參照）

ざらしめ且つ市町村長以外の者に於て之を爲すことを得ざらしめんが爲めなり要するに皆登記は正確を保つの趣意に出づ、而して訂正の爲め削除し又は單に削除したる文字は尙ほ明かに讀得べき爲め其字體を存すべきものとす故に漆黑に塗抹することを得ず通例朱線を其上に引く等の方法に由ることなるべし。

本條第一項前段に「戸籍ノ記載ヲ爲スニハ」とあるを以て最初登記を爲す際にのみ適用せらるゝものとす、故に一旦登記を爲し終りたる時は假令錯誤又は遺漏あるも最早市町村長は任意に訂正挿入又は削除を爲すことを得ざるなり。

第二十九條 戸籍ノ記載ヲ爲ス每ニ市町村長ハ其文末ニ認印スルコトヲ要ス。

本條も亦戸籍簿記載の體裁を規定するものにして市町村長は每登記の文末に必ず認印すべき旨を規定せるものなり。

戸籍を記載したる時は市町村長は其文末に必ず認印すべきなり是れ其登記

は市町村長が責任を以てなしたる眞正のものなることを證明せしめ且つ後日に至り其登記に追記することを得ざらしめんが爲めなり。

第三十條　戸籍用紙中ノ一部分ヲ用ヰ盡シタルトキハ掛紙ヲ爲スコトヲ得此場合ニ於テハ市町村長ハ職印ヲ以テ掛紙ト本紙トニ契印ヲナスコトヲ要ス。

本條は舊法第三十二條及第百九十二條とを併せて規定したるものにして舊法に於ては身分登記簿と戸籍簿とありし故に二箇條の規定ありたるものなれども改正法にはかゝる區別なきを以て一條となしたるものなり。

本條は戸籍簿の登記に關する特別の手續を規定せるものなり。

登記をなすべき場合は前述したる所なるが戸籍用紙面には限りあるを以て其登記事項の多數なるときは終には其用紙の一部分を用ひ盡して登記をなすを得ざるに至る斯る場合には其上に掛紙を貼附し之に登記をなすことを得るものとす、掛紙とは附箋の謂にして帳簿の紙上に貼付する紙片なり而して掛紙を要したる場合に於ては市町村長は必ず職印を以て掛紙と本紙とに割印をなすべきものとす是れ後日其附箋を剝ぎ去り又は變更することを得ざらしめんが爲めなり。

第三十一條　届出事件ノ本人ノ本籍カ一ノ市町村ヨリ他ノ市町村ニ轉

屬スル場合ニ於テハ屆出ヲ受理シタル市町村長ハ戸籍ノ記載ヲ爲シタル後遲滯ナク屆書ノ一通ヲ他ノ市町村長ニ送附スルコトヲ要ス。

本條は登記手續の附隨事項とも稱すべきものにして轉籍の場合屆書其他の書類を一の市町村長より他の市町村長に送付すべき事に付て規定したるものなり。

本籍人が本籍地の市町村長に戸籍に關する屆出をなし且つ其屆出事件の性質が當事者本人をして本籍地に移動を生せしめざる時は當該登記手續は甚だ單純なるものにして他の市町村長との間に何等の交涉關係を生せざるなり然るに本籍人は其の本籍を他市町村に移轉せしむることあり斯る場合には二以上の市町村長間に登記手續の交涉關係を生ず。

右の如き場合に於て其屆出を受理したる市町村長は戸籍の記載をなしたる後遲滯なく屆書の一通を他の市町村長に送附することを要す是れ其の送達を怠りたる時は重籍者又は無籍者を生ずるの虞あるを以てなり。

第三十二條 前條ノ場合ヲ除ク外他ノ市町村長カ戸籍ノ記載ヲ爲スヘ

本條は新設條文にして本籍分明ならざるもの又は本籍なきものに付き届出を受理したる後に其者就籍し又

キ必要アル場合ニ於テハ届出ヲ受理シタル市町村長ハ遅滞ナク届書ノ一通ヲ他ノ市町村長ニ送附スルコトヲ要ス。

本條は前條の規定以外につき市町村長が届出によりて登記をなしたる場合に届書を他市町村長に送附すべき旨を規定せるなり。

前條の場合とは被登記者の本籍に異動を生ずる場合なり然るに本條に於ては右の場合を除外するが故に市町村長が届出によりて單純に登記をなす場合にして本籍移動の問題を生ぜざるものとす而して本籍の異動を生ぜざる場合は總て本條により支配せらるゝものなり例へば出生、死亡、隱居、相續、失踪等の届出を爲したる場合にして是等の場合には其届出を受けたる市町村長は之によりて戸籍簿に登記をなしたる後遅滯なく其届書の一通を他の市町村長に送附すべきものとす。

第三十三條　本籍分明ナラサルモノ又ハ本籍ナキモノニ付キ届出ヲ受理シタル後其者ノ本籍カ分明ト爲リタル旨又ハ其者カ本籍ヲ有スルニ至リタル旨ノ届出アリタル場合ニ於テハ前二條ノ規定ハ其届書又

は本籍分明となりたる場合は其旨を届出でしめ其届書及前届書とを他の市町村に送附せしむべき旨を規定したるなり

ハ前ニ受理シタル届書ニ付キ之ヲ適用ス。

本條は本籍分明ならざる者又は本籍なきもの丶届出を受理したる後其者が本籍を有するに至りたる場合を規定せるものなり。

「本籍分明ならざるもの」とは其有無分明ならざる場合を指すものにして「無きもの」とは無籍者を指す斯るもの丶届出を受理したる後其の者の本籍が分明せる場合又は其者の届出により本籍を有するに至りたる場合は前二條の規定は其届書及び前に受理したる届書に付きても適用せらる丶ものなれば其届書を受理したる市町村長は其一通を他の市町村長に送附すべきなり。

第三十四條　前三條ノ規定ハ届書ニ非サル書面ニ因リ戸籍ノ記載ヲ為ス可キ場合ニ之ヲ準用ス此場合ニ於テハ市町村長ハ其受附ケタル書面ノ謄本ヲ作リ其謄本ヲ送付スルコトヲ要ス。

本條は届出以外の事由によりて戸籍の記載をなす場合に於ても市町村長は其書類の謄本を他の市町村長に送附すべき旨を規定せるなり。

届出以外の事由によりて戸籍の記載をなす場合とは第二十條に記載せられ

たる報告申請若しくは請求或は航海日誌の謄本又は裁判によつて戸籍法に登記せざるべからざる事由生じたる場合を指すものなれども斯かる場合には届書によらず書面を以て為す故に他の市町村長に送附せざるべからざる場合は謄本を作り其謄本を送附すべきなり。

第三十五條　届出事件ノ本人ノ本籍カ他ノ市町村ニ轉屬スル場合ニ於テハ入籍地ノ市町村長ハ戸籍ノ記載ヲナシタル後除籍地ノ市町村長ニ入籍ノ通知ヲ為スコトヲ要ス、但入籍地ノ市町村長ガ届出ヲ受理シタルトキハ此限ニアラス。

前項ノ規定ハ市町村長カ一家創立ノ届出ニヨリ除斥ヲ為スヘキ場合ニ之ヲ準用ス。

本條は轉籍の場合に入籍地の市町村長の執るべき手續を規定したるものなり。

改正法第二十七條に於ても轉籍の場合を規定せり然れども第二十七條は除籍地の市町村長の取扱ふべき手續を規定したるものにして第三十五條は入

籍地の市町村長のなすべき手續を規定したるものなり即ち届出事件の本人の本籍が移轉する場合に入籍地の市町村長は戸籍の記載をなしたる後直に除籍地の市町村長に入籍したる者の通知を發せざるべからず若し此通知を發せざらんか除籍地の市町村長は被登記者の戸籍を抹消することを得ずして重籍者の存在を見又は除籍地の市町村長が自由に其戸籍を抹消せんか無籍者の存在を見るに至るを以て斯る規定を設けたるなり然れども但書に於て入籍地の市町村長に届出をなしたる場合は此限にあらざることを規定す是れ入籍地の市町村長に届出でんか届書一通を除籍地の市町村長に送附するを以て入籍手續の終了したることの推測難からざるを以て別に入籍の通知を發するの必要なきに由るなり。

其第二項に於ては一家創立の届出により除籍をなす場合にも準用すべき旨を記定したるなり。

第三十六條　戸籍記載手續ヲ完了シタルトキハ届出其他受理シタル書類ハ本籍人及ヒ非本籍人ニ區別シ本籍人ニ關スルモノハ戸籍編綴ノ

順序ニ從ヒテ之ヲ編綴シ且各目錄ヲ附スルコトヲ要ス。

戸籍ノ記載ヲ要セサル事項ニ付キ受理シタル書類ハ之ヲ合綴シ且目錄ヲ附スルコトヲ要ス日本ノ國籍ヲ有セサル者ニ關スル事項ニツキ受理シタル書類又同シ。

本條は登記に關し受付けたる届書其他の書類及登記を要せざる書類に關する事項にして是等届書及び書類を編綴し且つ目錄を附すべきことを規定したるなり。

登記は届書其他の書類に基づきて之を爲すものなり然るに既に登記を終りたる時は其の書類は如何にすべきや本條第一項の規定する所なり是等届書及書類は登記を完了したる時は本籍人及非本籍人に區別し本籍人に關するものは登記の順序に從ひ之を編綴し目錄を調製すべきなり非本籍人に關するものに付ては事件の種類により是を分ち各別に編綴し之に付きて各目錄を作成して之に附すべきものとす。

第二項は戸籍の記載を要せざる事項に付き受理したる書類は之を合綴し且

つ目録を附すべきことを規定せり而して日本の國籍を有せざるものに關する事項について受理したる書類も亦同一手續を爲すべきことを規定せるなり。

第三十七條　前條第一項ノ書類ハ一ヶ月毎ニ遲滯ナク之ヲ監督區裁判所ニ送附スルコトヲ要ス。

本條は登記を終了したる届書其他の書類の保存方法を規定せるものなり。届書其他の書類は一ヶ月毎に遲滯なく之を監督區裁判所に送附することを必要とし同所に於ては規定期間内之を保存せざるべからず、

第三十八條　第三十六條ノ書類ノ保存期間ハ司法大臣是ヲ定ム。

本條の規定は第三十六條に規定せられたる書類保存期間を規定したるものなり。

第三十六條に於て規定せらるゝ書類は戸籍簿に錯誤遺漏なきやを檢査し且つ戸籍簿の滅失等ありたる場合に之によりて新戸籍を作製するに必要なるも戸籍簿の正本副本の如く重要なるものにあらず故に司法大臣に於て之か

必要なる程度に於て適當なる保存期間を定むることとせり。

第三十九條　戸籍ノ記載ガ法律上許スヘカラサルモノナルコト又ハ其記載上錯誤若シクハ遺漏アルコトヲ發見シタル場合ニ於テハ市町村長ハ遲滯ナク届出人又ハ届出事件ノ本人ニ其旨ヲ通知スルコトヲ要ス但シ其錯誤又ハ遺漏カ市町村長ノ過誤ニ出テタルトキハ此限ニアラス。

前項ノ通知ヲ爲スコト能ハサルトキ又ハ通知ヲ爲シタルモ戸籍訂正ノ申請ヲ爲ス者ナキトキハ市町村長ハ監督區裁判所ノ許可ヲ得テ戸籍ノ訂正ヲ爲スコトヲ得、前項但書ノ場合亦同シ。

裁判所其他ノ官廳、檢事又ハ吏員カ其職務上戸籍ノ記載ニ錯誤又ハ遺漏アルコトヲ知リタルトキハ遲滯ナク届出事件ノ本人ノ本籍地ノ市町村長ニ其旨ヲ通知スルコトヲ要ス。

本條第一項は舊戸籍法第四拾條に該當するものにし

本條の規定は法律上許すべからざる事實を記載せるとき或は錯誤遺漏のありたる場合に市町村長の依るべき手續を規定したるものなり。

て第二項第三項は新設したるものなり、而して第二項に於ては第一項の規定により通知を爲すことを得ざる場合に市町村長は監督區裁判所の許可を得て訂正すべきことを規定し其儘放棄し置きて戸籍と事實と合致せざるが如き事なからしめんとの主旨に出で第三項は裁判所其他の官廳、官吏が遺漏錯誤を見出したる時の取扱手續を規定し以て第一、二項の趣旨を貫徹せしめんとするにあり。

錯誤とは登記が届出其他の事實に反することをいひ遺漏とは登記すべき事項を登記せざりし事をいふ、市町村長が法律にて許されざる事項及錯誤又は遺漏の記載ありし事を發見したりとて擅に之を變改補充することを得ず必ず遲滯なく届出人又は届出事件の本人に是を通知することを要す、然れども其錯誤遺漏にして市町村長の過誤に出でたる場合は此の限にあらず、

第二項は訂正をなすべき場合を規定したるものにして前項の規定により本人に通知するも本人に於て尙ほ戸籍の訂正をなさゞりし場合或は本人の所在不明にして通知をなすの餘地なき場合の如きに於て何れも放棄し置かんか戸籍面上と事實と相違するの不都合を生ずるを以て訂正の手續を定め市町村長は監督區裁判所の許可を得て戸籍の訂正をなすことを得、而して前項の但書なる市町村長の過誤に出でたる錯誤遺漏も亦同一手續を以て訂正すべきものとせり。

第三項は裁判所其他の官廳、吏員が職務上戸籍の記載に錯誤又は遺漏を發見したる場合には遲滯なく届出事件の本人の本籍地の市町村長に其旨を通知

本條は新設條文にして同一事件に對し數人より届出でありたる場合に於て其の調和法を設けたるものにして前に受理したる届書に基きて戸籍の實際と照合し相違ありたる場合に於ては訂正せざるべからずとの趣旨により規定したるなり

し第一項の手續を執らしめんとせるなり。

第四十條　同一ノ事件ニ付キ數人ノ届出テ義務者ヨリ各別ニ届出テアリタル場合ニ於テ後ニ受理シタル届出ニ因リテ戸籍ノ記載ヲ爲シタルトキハ前ニ受理シタル届出ニ基キ其戸籍ノ訂正ヲナスコトヲ要ス。

本條は同一事件につき數人より届出でありたる場合の手續を規定するものたり。

同一事件に付き届出義務者が數人ある場合に於て甲より届出がありたるに未だ届出なきものと誤信して乙より届出でたる場合或は外國に在る者が其國に駐在する大公使に届出でたるを內國に居る者未だ届出なきものと誤想して同一事項に就て届出でたる場合を調和せん爲めに前に届出でたる届書に基き戸籍の相違ありたる場合は其戸籍を訂正すべきものとす。

第四十一條　行政區畫又ハ土地ノ名稱ノ變更アリタルトキハ戸籍ノ記載ハ訂正セラレタルモノト看做ス但其記載ヲ更正スルコトヲ妨ケス。

地番號ノ變更アリタル時ハ戸籍ノ記載ヲ更正スルコトヲ要ス。

本條は舊法百九十三條に該當し少しく改正せられたり舊法に於ては行政區畫土地の名稱地番號の變更ありし時は戸籍に記載したる區畫名稱又は地番號は當然改正せられたるものと見做すとせるも地番號變更を以て當然改正せられたりとするは不可なり地番號は必ず押竝びて改正するものにあらず行政區劃の變更は土地の名稱の變更と異り一冊の簿冊全部更ることとなし反之行政區畫の變更は一冊の簿冊を變更せは可なり、故に行政區畫又は土地の名稱の變更したる場合に於ては當然

本條は其の第一項に於て行政區畫又は土地に變更ありたるときは戸籍に記載せられたる是等の事項は別に改めざるも訂正せられたるものと見做すべきことを規定し第二項に於て地番號の變更ありたる場合には更正を必要とする旨を規定せるなり、

行政區畫とは府縣郡市町村の如きを云ひ土地の名稱とは神田區三崎町日本橋區通一丁目麴町區飯田町といふが如きを指す行政區劃は度々變更すべきものにあらずと雖ども或縣の一郡を割き隣縣に合するが如き一郡を割きて二郡となすが如き數町村を併せ一町村となすが如きこと稀なりとせず斯かる場合に於ては一冊の簿冊を變更せば可なるを以て當然變更せられたるものと見做すを以て一般とし特に必要ある場合には更正するも差支なき旨を規定せるなり。

第二項に於ける地番號とは一番地の一號、二號、二番地のい、ろ、は、三番地といふが如きを指すものなるも戸籍は地番號の順序に從ひ編綴すべきものなることは第十條第一項の明言する處又各人の戸籍には其本籍地又は住所を記載

すべきものなるや言を待たず。されば地番號の變更ありたる時は戸籍の記載を改めざるべからざるに舊法に於ては行政區畫及土地の名稱と等しく更正せられたるものと見做せり然るに改正法に於ては地番號は必ず押並べて改正せらるゝものにあらず一冊の簿冊に於て全部變更といふ場合あらざるを以て地番號に變更ありたる場合は必ず戸籍の記載を變更せざるべからざるものとせり。

第四十二條 市町村ノ區域ノ變更アリタルトキハ戸籍及ヒ之ニ關スル書類ハ之ヲ當該市町村ニ引繼クコトヲ要ス。

本條は市町村の區域に變更ありたる場合に戸籍及之に關する書類に付いての手續を規定したるものなり。

市町村の區域に變更ありたるときには當該市町村に其戸籍及之に關する書類を引渡すべきものなることは言を俟たざる所なるを以て斯る規定を設けたるなり。

登記が變更せられたるものと見做し別に更正せざるも可なるも地番號の場合には必ず登記を變更せざるべからざるを以てかかる改正を見たるなり。

本條は新設條文にして即ち市町村の區域に變更ありし時には當該市町村に戸籍を引渡さゞるべからざることは明なるべく而かも舊法に此規定を欠きたるを以て改正法にては之を補ひたるに過ぎず。

第四章　届出

前三章に於ては市町村長の事務管掌戸籍簿の編成及記載手續等規定したり、斯くて登記の準備は整ひたりといふ可きも登記は市町村長自ら進みて之を行ふべきものにあらずして必ずや届出其他の事由の發生するを竢ちて然る後之を行ふべきなり是前三章の規定に次ぎて本章の規定ある所以なり蓋し自然の順序よりせは先づ届出ありたる後市町村長が記載手續によりて登記簿に記載するものなるが故に先づ届出の事を規定し次に市町村長の事務を規定し第三に記載手續を規定し終りに戸籍簿を規定すべきものにして恰も本法編纂順序の反對を爲すべきものなり然れども強いて此順序に拘泥するの要なく登記事務取扱の上よりいへば本法の如き排列を以て便宜とす。

本章の規定する事項は極めて多くして全章を十九節に分ち其第一節に於て一般的届出に關する規則を定め第二節以下に於て特別的届出に關する規定を定めたり。

第一節　通則

本節に於ては第二節以下に規定する總ての届出に通ずる規則を定むるものなり故に第二節以下各種の届出に關して特別の規定あるものは其規定に從ふべきものなりと雖ども特別の規定なきものは本節の規定に從ふべきものなり、例へば出生の届出をなさんと欲するものは先づ第二節出生の規定に從ふべきものなれども第二節に規定なきものに付ては本節の規定に從はざるべからざるが如し、而して特別の規則と一般の規則と牴觸する塲合に於ては特別の規則に從ふを以て原則とす、本節は主として届出の塲所届出の方式及期間等に付きて一般的に規定したるものなり。

第四十三條　届出ハ届出事件ノ本人ノ本籍地又ハ届出人ノ所在地ニ於テ之ヲ爲スコトヲ要ス。

本條の規定は届出をなすべき場所を規定するものなり。

凡そ戸籍に關する届出は届出事件の本人の本籍地の市町村長に爲すを以て

本則とすれども届出事件の本人及届出人が本籍地にあらざる場合に於ては其所在地の市町村長に届出でざるべからず、而して此に所謂所在地とは寄留地のみならず滯在地をも指稱するものなり。

右の如く本籍地に在らざるものに對し所在地の市町村長に届出づべきことを命じたるは法律が届出人の利便を圖りたるものなるを以て届出人は其選擇に從ひ本籍地の市町村長に届出るも所在地の市町村長に届出るも自由にして本籍地以外にあるものは必ず、所在地の市町村長に届出でざるべからずといふにあらず、然れども出生、養子、緣組、婚姻、後見、保佐、死亡等の如き届出づべき場所の特別に規定せられ居る場合は之れに從ふべきなり(第七〇條、第九二條第一〇一條第一一三條第一一四條、第一一八條)

第四十四條 日本ノ國籍ヲ有セサル者ニ關スル届出ハ其寄留地又ハ届出人ノ所在地ニ於テ之ヲ爲スコトヲ要ス。

所在地ノ市町村長カ届出ヲ受理シタルトキハ之ヲ寄留地ノ市町村長ニ送付スルコトヲ要ス。

本條第一項は舊法四十二條二項に該當するものなれども舊法には寄留地については規定する處なく唯所在地とせり改正法は寄留地を入るゝ方便利なる場合多しとの理由により附加したるものなり尙舊法に於ては本籍を有せざる者即ち無籍者の屆出に關しては所在地を以て本籍と見做すべき旨の規定ありたれども改正法に於ては單に所在地に於て屆出をなすべしと規定したるに過ぎずして當然所在地を本籍地となすものにあらず。

本條は本籍を有せざる者即ち無籍者が屆出を爲す場合に關する特別の規定なり。

各人は必ず何れかの地に於て本籍を有するを原則とす、然れども或事情例へば出生の屆出をなさずして過ぎたるにより本籍地を有せざる者あるは稀有の事にあらず、斯る者に對しても尙ほ本籍地に屆出をなすべしとすれは遂に屆出を爲すの地なかるべし故に本條は此等無籍者の爲めに便法を設け屆出人が本籍を有せざる時は其屆出に關しては寄留地或は屆出人の所在地即ち屆出人の現に居る地の市町村長に屆出でをなすべきものとせり、而して本籍の知れざるものも本籍を有せざるものと見るの外なきを以て本籍の知れざるものに對しても亦本項の規定を準用すべきなり。

所在地の市町村長にして屆書を受理したるときは之を寄留地の市町村長に送付せざるべからず是れ寄留地の市町村長は之を戶籍に記載するの必要あるを以てなり。

第四十五條　本籍分明ナラサル者又ハ本籍ナキ者ニ付キ屆出アリタル

舊法に於ては書面を以て届出るを原則とし特種の場合に口頭を以て届出るを許したるも

後其者ノ本籍カ分明トナリタルトキ又ハ其者カ本籍ヲ有スルニ至リタルトキハ届出人又ハ届出事件ノ本人ハ其事實ヲ知リタル日ヨリ十日内ニ届出事件ヲ表示シテ届出ヲ受理シタル市町村長ニ其旨ヲ届出ツルコトヲ要ス。

本條は本籍不分明の者の戸籍か分明となり又は無籍者が戸籍を有するに至りたる場合を規定するものなり。

本籍の有無判然せず又本籍なきものに付き届出ありたる後其者の本籍存在せること分明となり又は本籍を有するに至りたる場合は届出人又は届出事件の本人は本籍の分明又は存在の事實を知りたる日より十日以内に届出事件を表示し届出を受理したる市町村長に其旨を届出ることを要す。

第四十六條　届出ハ書面又ハ口頭ヲ以テ之ヲナスコトヲ得。

本條は届出の一般の方式を規定するものなり。

届出人又は届出事件の本人に於て書面を以て爲すか又は口頭を以て爲すべきなり而して口頭を以て届出を爲すときは第五十七條に從ふべく書面にて

改正法に於ては書面又は口頭何れをを以ても届出をなすを得ると規定し届出人をして煩鎖なる手數を要することなからしめたり。

本條は舊法四十四條に規定せらるる所なるも第二項は舊法より增加したり是れ舊法に於ては各論に於て是を規定せるものなれども本法に於ては通則に一括して規定したるなり。

なす場合は次條以下に規定せり舊法に於ては書面を以て届出をなすを原則とし口頭を以てなす場合は正當の理由あらざるべからざる事を規定せるも本法に於ては斯る制限をば削除したるなり。

第四十七條　届出ニハ左ノ事項ヲ記載シ届出人之ニ署名捺印スルコトヲ要ス。

一　届出事件

二　届出ノ年月日

三　届出人ノ出生ノ年月日及ヒ本籍

届出事件ニ因リ届出事件ノ本人ニ隨ヒテ家ヲ去リ他家ニ入リ其他身分ニ變更ヲ生スル者アル場合ニ於テハ届書ニ其者ノ氏名出生ノ年月日並ニ本籍及ヒ身分變更ノ事由ヲ記載スルコトヲ要ス。

本條は届書の記載事項及び其方式に付きて規定するものなり。

届書に記載すべき事項は第一に届出事件なり届出事件とは本章第二節より第十九節までに揭ぐる所の事件にして即ち出生婚姻死亡等の事件之れなり

第二に届出の年月日第三に届出人の出生の年月日及び本籍を記載せざるべからず。

本條第二項に於ては届出事件により本人に隨ひて家を去り他家に入りたる場合例へば一家創立の場合に新戸主に從ひて家族が去りたるとき其他身分に變更を生ずるものある場合に於ては届書に其者の氏名出生の年月日及び本籍並に身分變更の事由を記載せざるべからず、本項に於て規定せる事項をも舊法に於ては各論に於て規定したれども改正法に於ては通則に一括して規定したり。

第四十八條 届出人ト届出事件ノ本人ト異ルトキハ届書ニ其續柄ヲ記載スルコトヲ要ス。

届出人カ家族ナルトキハ届書ニ戸主ノ氏名及ヒ届出人ト戸主トノ續柄ヲ記載スルコトヲ要ス。

本條も亦届書の方式に關する規定にして或特別の場合に於ける記載手續を規定するものなり。

届出人と届出事件の本人とは或は合致することあり或は然らざることあり例へば婚姻養子緣組等の場合に於ては届出人と届出事件の本人とは合致すれども出生死亡等の場合に於ては合致せざるものなり如斯届出人と届出事件の本人と合致せざる場合に於ては必ず其等の續柄を記載することを必要とす、續柄は人と人との身分上の關係にして通常夫婦親子兄弟姉妹等の親族關係を指稱するものなり例へば父が子の出生を届出るときは其父たることを記載すべきが如し。

第二項は家族が届出をなすとき届書に戸主の氏名及届出人と戸主との續柄を記載すべき旨を規定す故に此場合には(一)戸主の氏名と(二)届出人即ち家族と戸主との續柄の二事項を記載するを要す例へば家族が自己の子の出生を届出る時に戸主の氏名及自己と戸主との續柄を記載すべきが如し最初制定せられたる戸籍法に於ては届出は總て戸主より爲すべきものとしたれども舊法及改正法は家族よりも亦届出をなすことを得るものとしたるが故に從つて本條の規定を見るに到りたるなり。

本條但書は特設の規定なり即ち單純なる事實關係に付ては未成年者及禁治產者に於ても自身にてなすことを得る旨を規定したるものにして便宜を圖りたるものなり。

第四十九條 屆出ヲナスヘキモノカ未成年者又ハ禁治產者ナルトキハ親權ヲ行フ者又ハ後見人ヲ以テ屆出義務者トス但出生死亡其他單純ノ事實ニ關スル屆出ハ未成年者又ハ禁治產者モ亦之ヲ爲スコトヲ得。

親權ヲ行フ者又ハ後見人カ屆出ヲ爲ス場合ニ於テハ屆書ニ左ノ事項ヲ記載スルコトヲ要ス。

一 屆出ヲナスヘキ者ノ氏名、出生ノ年月日及ヒ本籍、

二 無能力ノ原因

三 屆出人カ親權ヲ行フ者又ハ後見人ナルコト。

本條は未成年者又は禁治產者に代りて屆出を爲すべき者及此場合に關する屆書の記載事項を規定するものなり。

未成年者とは滿二十歲以下のものをいふ(民三條)禁治產者とは瘋癲白痴其他心神喪失の狀況にあるものにして裁判所より禁治產の宣告を受けたるものをいふ(民七條)共に之を無能力者と稱す親權を行ふものとは未成年者の家に

ある父又は母をいふ親權とは父又は母が其家にある子に對して之を監督懲戒し及其財產を管理するの權利をいふ(民八七七條以下)後見人とは未成年者又は禁治產者を保護し代表し及其財產を監理する人をいふ但未成年者の後見人は通常未成年者に父又は母なき場合に限りて存するものとす(民法九〇〇條以下)親權を行ふもの及後見人を稱して法定代理人といふ蓋し法律の定めたる代理人といふ義なり故に未成年者の代理人は父母又は後見人にして禁治產者の法定代理人は後見人なり抑々未成年者及禁治產者は獨立して契約其他の法律行爲を爲すことを得ざるものにして多くは其法定代理人代りて之を行ふものなり法定代理人の同意若くは許可を受くる時には自ら法律行爲をなすことを得るものなりと雖ども禁治產者の如きは自ら之を爲すことは殆んどなかるべし斯の如く未成年者及禁治產者は民法上の行爲即ち個人相互の關係に付て獨立して之をなすことを得ざるものなり況んや公署に對して屆出をなすが如きは決して自ら之をなすことを許すべきものにあらず故に未成年者又は禁治產者が屆出をなすべき場合に於ては法定代理人た

る親權者又は後見人が代りて之を屆出づべきものとす但改正法に於ては出生死亡其他單純なる事實に關する屆出は未成年者又は禁治產者も亦是を爲すことを得る旨を規定せり而して單純なる事實とは社會に關係少く第三者に對し利害の關係なき事實を指稱するなり。

第二項に於ては未成年者又は禁治產者の法定代理人が屆出を爲す場合には特に左の三事項を記載することを要する旨を規定せり。

一、屆出をなすべき者の氏名出生の年月日及ひ本籍地、こゝに屆出を爲すべきものとは未成年者又は禁治產者を指す。

二、無能力の原因　無能力の原因とは未成年者たること又は禁治產者たることをいふ。

三、屆出人が親權を行ふ者又は後見人たること、屆出人が未成年者の爲めにする時は其親權者又は後見人たることを禁治產者の爲めにする時は其後見人なることを記載すべきものとす。

第五十條　無能力者カ其法定代理人ノ同意ヲ得スシテ爲スコトヲ得ヘ

無能力者が法定代理人の同意を得ず獨立して行爲し得る場合は隱居、婚姻、養子緣組、私生子認知の場合等なり（民法七五六條七七四條八四七條）

キ行爲ニ付テハ無能力者之ヲ届出ツルコトヲ要ス。
禁治產者カ届出ヲ爲ス場合ニ於テハ届書ニ届出事件ノ性質及ヒ其效果ヲ理會スルニ足ルヘキ能力ヲ有スルコトヲ證スヘキ診斷書ヲ添附スルコトヲ要ス。

本條は無能力者が届出を爲す場合に於ける特別の手續を規定するものなり。無能力者即ち未成年者又は禁治產者が届出を爲すべき場合に於ては法定代理人が其届出をなすを以て原則となせども或行爲は未成年者又は禁治產者が法定代理人の同意を得ることを要せず獨立して之を爲すことを得るものなり既に無能力者が獨立して之を行ふことを得るものとするが故に其届出も亦法定代理人に賴ることを要せず無能力者自ら之をなすことを得ざるへからず故に是等の届出は無能力者自ら之を爲すことを得るものとす是れ本條第一項の規定ある所以なり。

第二項は禁治產者が届出をなす場合に於ける特別の手續を規定す禁治產者は心神喪失の狀況にあるものに對し一定の人の請求により裁判所が禁治產

の宣告を下し之に後見人を附して其諸般の行爲を代理せしむるものなり故に禁治產者は何事も自ら之を行ふことを得ざるを以て本則とす然れとも隱居、婚姻、養子緣組、私生子認知等の如きは其行爲の性質上他人をして之を代理せしむべきものにあらず又他人の同意を求むべきものにもあらず而して禁治產者は喪心の常況にある者にして常況とは通常の狀態といふ義なるか故に時々本心に回復することあるも尙ほ禁治產者と云ふべきなり。禁治產者にして喪心の恒久の狀態にありて少しも本心に回復することなきものならんには固より自ら何事をもなすべからざれども禁治產者にして既に時々回復することあるものなる以上は其本心回復中に於ては法定代理人の同意を求めざるも差支なき行爲は之を獨立して爲さしむるも固より妨げなきところなるべし、是れ民法に於ても隱居、婚姻、私生兒認知の如き行爲は禁治產者と雖も後見人の同意を得ることなくして獨立して是を行ふことを得るものと規定する所以なり然れども禁治產者が隱居、婚姻、養子緣組、私生子認知を爲すことを得るは其本心回復中に限るものにして心神喪失中に爲したる行爲は其效力を生することなきなり是れ意思なき行爲は效力を生せずとの法律上の大原則に基づくものなり既に禁治産者が心神喪失中になしたる行爲は效力を生せずとすれば其屆出も亦效力を生せざること勿論なり然らば禁治産者の屆出が效力を有せんが爲めには必ず其屆出が本心回復中になされたることの證明なかるべからず是れ本項に於て禁治産者が屆出を爲す場合に於ては其屆書に禁治産者が屆出事件の性質及び效果を理會するに足るべき能力を有するものなることを證すべき醫師の診斷書を添ふることを要すと規定したる所以なり。即ち禁治産者が隱居、婚姻、養子緣組、私生子認知の何物たるや又是等の行爲より如何なる結果を生ずるやを知りたるにあらざれば其屆出は無效なり而して禁治産者が果して之を知るの能力を供へたるや否やは醫師にあらざれば判知することは能はず是れ醫師の診斷書を添ふることを以て屆出の要件としたる所以なり。

第五十一條 證人ヲ要スル事件ノ屆出ニ付テハ證人ハ屆書ニ出生ノ年月日及ヒ本籍ヲ記載シテ署名捺印スルコトヲ要ス。

届出事件の本人とは身分に關する得喪變更の效果を直接に受くるものを指稱す、

本條は證人を要する届出事件に關する届書の方式を規定するものなり。届出に證人を要するものは婚姻の届出(民七七五條第二項)及養子緣組の届出(民八八七條八四八條)とす是等の届出には必ず二人以上の成年の證人あることを必要とし是等の届書の證人には必ず出生の年月日及び本籍地を記載せしめ以て其證人が適法の資格を有することを證明するの資料と爲すへきものなり。

第五十二條 届出人届出事件ノ本人又ハ證人ガ本籍ニ在ラサルトキハ届書ニ其所在ヲ記載スルコトヲ要ス。

本條は本籍地外にあるものは届書に必ず其所在地を記載すへき旨を規定せるものなり。

本條に届出の證人といふは即ち前條に於て述べたる證人を指すものなり、

第五十三條 届書ニ記載スヘキ事項ニシテ存セサルモノ又ハ知レサルモノアルトキハ其旨ヲ記載スヘキコトヲ要ス但市町村長ハ特ニ主要ト認ムル事項ヲ記載セサル届書ヲ受理スルコトヲ得ス。

本條は或場合に届書の記載事項を缺略することを得る旨を規定せるものなり。

届書に記載すべき事項は本法各節中に規定する所なり然るに其事項中には或は事實の全く存せざるものもあるべく或は事實の存せざるにはあらざるも届出人に於て是を知ることを得ざるものもあるべし是等の場合に於ては固より其事實を記載することは能はざるが故に唯其存せざる旨又は知れざる旨を記載すべきものとす例へば職業なきものは無職業と記載すべく出生の年月日を記載すべき塲合に其知れざる時は不明と記載するが如し然れども此規定は絶對のものにあらずして常に如斯することを得ず即ち其記載事項が其届出事件に重要にして缺くべからざるものなる時は必ず之を記載せざるを得ず若し此記載を缺きたる時は市町村長は其届出を受理することを得ざるなり例へば婚姻は男子滿十七年以上女子滿十五年以上にあらざれば爲すことを得ず(民七六五條)而して結婚者が果して此條件を具備したるや否やは其出生の年月日を明にするにあらざれば知ることを得ず故に婚姻届書に

結婚者の生年月日を記載せざる時は是れ其届出事件に付て特に重要と認むべき事項を記載せざるものなるか故に市町村長は受理することを得ざるなり之に反して死亡届書に死亡者の生年月日を記載せざることあるも之は重要と認むべき事項にあらざるが故に之を受理することを得べきなり唯如何なる記載事項は重要なるものなるかは其届出事件に付きて判斷認定するの外あらずして此に單一の標準を示し得べきものにあらざるなり。

第五十四條 届書ニハ本法其他ノ法令ニ定メタル事項ノ外戸籍ニ記載スヘキ事項ヲ明瞭ナラシムル爲メ必要ナルモノハ之ヲ記載スルコトヲ要ス。

本條は届書の記載事項に對する制限を規定するものなり。

届書は戸籍の基本となるものにして其記載を戸籍簿に記載すべきものなるが故戸籍の正確を保持せんが爲めに届書の記載事項を限定して本法其他の法令に定めたる外戸籍に記載すべき事項を明瞭ならしむる爲め必要なるものは之を記載せしむるも其他の事項は之を記載することを得ざらしむ而して

本條は舊法五十一條に該當するものにして舊法によれば「届書には本法其他の法令に定めたる事項にあらざれば之を記載することを得ず」とあるも改正法に於ては「本法其他の法令に定めたる事項の外戸籍に記載すべき事項を明瞭ならしむる爲め必要なるものは」と

改め舊法の欠點を補ひたり。

届出事項は本章各節中に是を規定せり之れ即ち本法に定めたる事項にして其他の法令といふは本法以外の法律命令を指すものなり命令の中には勅令省令訓令等を包含す今日に於ては法律以外に届書の記載事項を定めたるものを見ずと雖とも將來或は届書に或事項を記載せしむることを必要と認めて法律勅令省令等に於て之を定むることなきを保せず是れ本條が記載事項の制限を獨り本法にのみ制限せずして其他の法令といふ文字を附加し又是れ等法律命令以外に於ても届出事件を明瞭ならしむるに必要なるものは之を記載すべき旨を規定せるものなり。

第五十五條　第二十八條第一項及ヒ第三項ノ規定ハ届書ニ之ヲ準用ス。

本條は届書の記載に戸籍の記載方式を準用すべき旨を規定せるものなり登記をなすには畧字符號を用ひず字畫明瞭ならんことを要し文字は塗抹改竄することを許さず若し訂正挿入又は削除をなしたるときは其字數を欄外に記載し又は文字の前後に括弧を附して認印をなすべきものなることは第二十八條第一項及ひ第三項に於て定むる所なり此規定は届書にも亦準用すべきも

本條は舊法の五十二條に該當するものなり舊法に據れば第二十九條を準用し居るが故に届書に記載すべき數字は壹貳參拾の數字を用ひざるべからざることを規定しあるも此點に付て申請者を苦し

のなるを以て届出に適用し得らるゝ限り其規定に從ふべきものとす唯夫れ準用にして適用にあらざるが故に第二拾八條の規定を全然届書に適用すべしと云ふに非らず例へば届書は必ずしも罫紙を用ふるものにあらざるべきが故に訂正削除等の字數を欄外に記載せんとするも能はざる所にして上頭又は字傍に記載するも可なるべく又届書には市町村長の認印をなすべきにあらざれば認印は届出人に於て之をなすの類なり是れ其準用たる所以なり。

むることゝ多きを以て一、二、三十の文字は如何なるものを以て記載するも可なりとの主義を採用し本條に於ては第二十八條第二項の規定を準用せざりしなり。

第五十六條　二個所以上ノ市役所又ハ町村役場ニ於テ戸籍ノ記載ヲ爲スヘキ場合ニ於テハ市役所又ハ町村役場ノ數ト同數ノ届書ヲ提出スルコトヲ要ス。

本籍地外ニ於テ届出ヲ爲ストキハ前項ノ規定ニヨルモノゝ外尚ホ一通ノ届書ヲ提出スルコトヲ要ス。

前二項ノ場合ニ於テ相當ト認ムルトキハ市町村長ハ届書ノ謄本ヲ作リ之ヲ以テ届書ニ代フルコトヲ得。

本條は二個所以上の市役所又は町村役場に届出をなす場合を規定したるも

本條第一項第二項は舊法第五十三條と同意義なるも第三項は新設なり之れ單に市町村長が届書の謄本を作りて届書に代ふるの便利を開きたるなり。

のなり。

二箇以上の市役所又は町村役場に於て戸籍の記載を爲すべき場合とは例へば婚姻養子緣組入籍復籍等の屆出によりて或人が一の家を離れて他の家に入るべき場合なり而して此場合に於ても離籍の家と入籍の家とが同一の市町村長の管轄內にある時には屆書は一通のみを以て足れりと雖も兩家の本籍地が管轄を異にする場合に於ては戸籍の記載を爲すへき市役所又は町村役場の數と同數の屆書を要す例へば東京の人が橫濱の人の妻又は養子となりて其屆出を東京又は橫濱の市長に差出す場合の如し斯る場合に於ては必ず屆出事件に關係せる市役所及町村役場の數と同數(即ち此場合は二通)の屆書を差出さゞるべからず。

本籍地の市町村長に屆出をなす時は屆出人の本籍地外にあると否とを問はず第一項の規定により市役所又は町村役場と同數の屆書を以て足れりと雖も屆出人が本籍地外の市町村長に對して屆出をなす場合に於ては必ず市役所及町村役場の數と同數の屆書の外尚ほ一通の屆書を必要とす、是れ本條第二項の規定する所なり即ち届出人は本籍地外の市町村長にも届出を爲すことを得べく而して本籍地外の市町村長が非本籍人たる届出人の届書を受理したるときは其一通を自己の許に留置して他の届書を其届出事件の本人の本籍地の市町村長に送附することを要するが故に斯かる規定を設けたるなり。

一項及二項の場合に於て相當と認むるときは市町村長は届書の謄本を作り之を以て届書に代ふることを得るなり。

第五十七條 口頭ヲ以テ届出ヲ爲スニハ届出人ハ市役所又ハ町村役場ニ出頭シ届書ニ記載スヘキ事項ヲ陳述スルコトヲ要ス。

市町村長ハ届出人ノ陳述ヲ筆記シ届出ノ年月日ヲ記載シテ届出人ニ讀ミ聞カセ且届出人ヲシテ其書面ニ署名捺印セシムルコトヲ要ス。

届出人カ疾病其他ノ事故ニ因リ出頭スルコト能ハサルトキハ代理人ヲ以テ届出ヲ爲スコトヲ得。

本條は口頭を以て届出をなす場合の手續を規定するものなり。

代理人の資格に付ては別に規定あらざるを以て未成年者婦女子にても

可なり、然れども婚姻及養子縁組の届出でに付てのみは代理を許さず。代理人を以て口頭届出を爲す場合にありては總へて委任狀を提出するを要す（明治三十一年十月民刑局長回答）

届出は書面又は口頭を以てなすを得ること第四十六條の規定する所にして婚姻養子縁組の如きは常に口頭を以て届出をなすを得ることは民法の規定する所なり書面を以て届出をなす場合につきては第四十七條に於て規定せらる而して本條は口頭を以てする場合につきて規定せり届出人が口頭を以て届出をなさんとするには市町村長の面前に出頭して届出の事件自己の氏名出生の年月日及本籍地等を陳述すべきものとす而して届出は記載の基本となり且つ後日の證となるべきものなるが故に必ずや之を文書に記載せざるべからず故に市町村長は其陳述を聞きたる時は直ちに其要項を筆記し之を届出人に讀み聞かせて其誤謬なきことを確め然る後に届出人をして之に氏名を署し印章を捺さしむべきものとす但し此場合に於ては届出人は多くは自身にて署名すること能はず且つ或は印を有せざることあるべきを以て後に説明する第六十八條の適用を見ること最も多かるべし、

書面を以て届出をなす場合に於ては届出人は郵便使者其他如何なる方法を以てするも之を市町村長に差出せば可なるものにして代理の問題を生ずる

ことなし代理の必要を生ずるは届出人が自ら市町村長の面前に出頭することを要する場合にして此場合は主として口頭を以て届出をなす場合なりとす即ち届出人が書面を以て届出をなす能はざる正當の事由ある時届出人が必ず自ら市町村長の面前に出頭すべきものとすれば届出人が疾病其他の事故の爲め出頭すること能はざる時は是れ殆んど口頭の届出を爲す能はざるの結果となるべし、既に一方に於て之を許しながら他方に於て事實爲し能はざる事を責むるは法律の避くべき所たり故に是等の場合に於ては代理人を差出して届出をなさしむることを得るものとせり而して玆には單に疾病其他の事故とありて其正當の事由たることを要せざるが故に届出人は職業其他の障碍の爲め市役所又は町村役場に出頭する能はざる場合に於ては常に代理人を差出すことを得べし代理人を差出すは届出人の權利にして其義務に非ざること勿論なるが故に届出人自ら出頭することは法律の寧ろ希望する所なり代理人の資格に付きては別に規定する所なし故に苟くも其の事件を辨するに足るものなる時は何人にても可なり未成年者婦女子にても妨げ

本條の規定は其趣旨に於ては舊法にも規定せらるゝも各論に別々に規定せらる養子縁組又は婚姻等の如きものを總括し總ての行爲即ち届出をなす事件に付きて同意承諾を要するが如き場合ならば

論なかるべし本條は主として口頭を以て届出を爲す場合に關することは勿論なれども法文は敢て此場合に限るの意を示さざるが故に例へば代理人をして戸籍簿の閲覽を求めしめ又届出人が市役所又は町村役塲より召喚せられたる時に代理人を差出すが如きも皆爲し得べきものなり民法によれば婚姻及養子縁組の届出は正當の事由あると否とを問はず口頭を以て届出をなすことを得るものとなせども改正法は此二箇の塲合に於ては例外として代理人を許さず自身出頭するか然らずんば書面を以て届出をなすべきものとせり。

第五十八條 届出事件ニ付キ戸主父母後見人親族會其他ノ者ノ同意承諾又ハ承認ヲ要スルトキハ届書ニ其同意承諾又ハ承認ヲ證スル書面ヲ添附スルコトヲ要ス但同意承諾又ハ承認ヲ爲シタル者ヲシテ其旨ヲ附記シ署名捺印セシムルヲ以テ足ル。

届出事件ニ付キ官廳ノ許可ヲ要スルトキハ届書ニ許可書ノ謄本ヲ添附スルコトヲ要ス。

書面を添附せざるべからず故に是を一括して規定したるに過ぎずして法文の簡潔を圖りたるものなり。

同意、承諾、承認の語は極めて類似し居るも少しく異れり、同意とは他人に關する事件に對して異議なき旨の意思を表示することをいひ例へば戸主又は父母が家族又は子の婚姻若しくは養子縁組に同意を與ふる場合の如し承諾とは他人の申込に對して同意を表するものにして其事件が直ちに自己に關係を

本條は養子縁組又は婚姻の如く届出事件につき承諾を要する場合に於ける手續を規定するものなり。

婚姻又は養子縁組は民法の規定により戸主父母又は後見人親族會等の同意承諾を必要とする場合あり斯る場合に於ては届書に同意承諾又は承認を證する書面を添附することを要す、而して此の場合の同意を證する書面は届書に其旨を附記し署名捺印するを以て足れりとす、而して第二項に於ては届出事件に付き官廳の許可を必要と爲す場合は届書に許可書の謄本を添附することを必要とす、

第五十九條 届書ニ關スル規定ハ第五十七第二項及ヒ前條第一項ノ書面ニ之ヲ準用ス。

本條は口述の届出に書面の届出に關する規定を準用すべき旨及ひ届出事件に關する同意承認又は承諾證明にも書面の規定を準用すべき旨を規定したるなり。

市町村長が届出人の口述によりて作る所の文書は即ち身分の届出となるべ

有するものなり即ち父又は母なりと稱するものが成年以上の子を私生子として認知せんとするには其子の承諾を要すといふものの是れなり承認は同意と承諾との間にありて或事件か直ちに自己に關係するにあらざるも又全く他人に關するにもあらざる場合に同意を表することをいふ即ち戸主が隱居をなすには家督相續人の承認を要すといふが如きは是れなり

きものなるが故に其作成の方式は一に届出の方式に從はざるべからず故に本條に於ては市町村長が届出人の口述を筆記する場合には届書に關する規定によるべきことを定めたるものなり例へば届出事件の本人と届出人と異る時は其間の續柄を記載すべく届出人が本籍地外にあるものなる時は其所在地を記載すべきが如し。

又届出事件の中には他人の同意承諾又は承認あることを必要とする場合には單に届出人より届出づるを以て足れりとせず他人の同意承諾又は承認を得たる旨の證明を附加せざるべからず而して其證明も書面を以てするを本則とすれども其の届書に附記して署名捺印するを以ても可なりとの規定を設け簡明を圖りたるなり。

而して届出事件に他人の同意を要するものは養子緣組及養子離緣の届出婚姻及離婚の届出隱居の届出入籍の届出及び分家又は廢絶家再興の届出とす他人の承諾を要するものは私生子認知の届出とし承認を要するものは隱居の届出とす、

第六十條 外國ニ在ル日本人ハ本法ノ規定ニ從ヒ其國ニ駐在スル日本ノ大使公使又ハ領事ニ屆出ヲ爲スコトヲ得。

本條は外國にある日本人が日本の方式に從ひ屆出をなすことを得る旨を規定するものなり。

外國にある日本人が出生婚姻死亡等身分に關する屆出をなさんと欲するときは屆出の方式は何れの法律に從ふべきや日本の法律の方式に從ふべきか將た外國の法律の方式に從ふべきか法律は此場合に於て日本人は其選擇により日本の法律にも亦外國の法律にも從ふことを得るものとせり本條に外國にある日本人は本法の規定に從ひて屆出をなすことを得といふもの即ち是れなり故に在外日本人は本法の規定に從ひて屆出をなすの權利あり而も其義務あるにあらず即ち在外日本人は必ず日本の法律に從はざるべからざるの義務あるにあらず之に從はんと欲すれば從ふことを得べく從ふことを欲せざれば之に從はずして其在留する外國の法律に從ふことを得べきなり、何故に斯くの如く定めたるや蓋し日本人は何國に至るも日本人なり日本臣民たる分限を有するものが日本の公署に關して戸籍に關する届出をなさんと欲するに當りて日本の法律に從ふことを得べきは固より當然にして法律は寧ろ其日本の法律に從はんことを欲するものなり故に在外日本人は日本の法律に從ひて届出をなすことを得るものとしたるなり然れども在外日本人は必ず日本法律に從ふべきものとする時は是れまた不便たるべし何となれば在外日本人は日本の法律に從はんと欲するも其方式を知らざることあるべく殊に其日本人が其在留國人以外と婚姻をなす時又は死亡の届出をなす時の如きは其國の法律に從ふにあらざれば之をなす能はざることあるべければなり斯る場合に於ても必ず日本の法律に從ふべしとすれば是れ亦人に不能の事を責むるものなり故に法律は在外日本人は日本の法律に從ひて届出をなすの權利あるも其義務あるなきものとし何れの國の法律にも從ふことを得るの自由を與へ以て實際に其不便を避けしめんことを期せり。既に在外日本人は日本の法律の規定に從ひて届出をなすの權利あり然れども其届出を日本の市町村長になさしむるものとすれば是れ亦不便たるを免れず故に此場合に於ては姑く其國に駐在する日本の大使公使又は領事を以て戸籍の事務を取扱はしむることゝせり大使公使及領事の並び存する所に於ては領事に差出すべきものなり蓋し領事は在外日本人の身分上の取扱を爲すの職務を有するものなればなり然れども公使のみある所に於ては公使に差出すべきこと勿論なり大使公使又は領事が此届出を受理したる時は如何に之を取扱ふべきやは第六十二條に規定する所なり而して大使公使又は領事を以て戸籍事務を取扱はしむる時は其届出の效力は其届出が大使公使又は領事の許に差出されたる時に生ず例へば婚姻の如きは届出によりて始めて成立するものなるが故に届出が效力を發生する時期如何によりて其成立の時期に遲速の差を生ずべきなり民法には特に在外日本人間に於て婚姻又は養子緣組を爲す時は其國に駐在する日本の大使公使又は領事に届出を爲すことを得る旨を規定せり(民七七七條、八五〇條、法例八條一三條)

外國にある日本人が日本法律の規定に從ひて届出をなさんとする時若し其國に日本の公使又は領事が駐在せる時は如何にすべきや其在留國の法律に

從ひて屆出事件に關する證書を作らしむるの外あらざるか將た郵便其他の方法によりて日本なる本籍地の市町村長に之を屆出ることを得べきか在留國の法律に從ひて證書を作らしむることを得るは本條及次條の規定によりて明白なれども日本の市町村長に屆出ることを得るや否やは特に明文なしされど這は一般の原則によりて當然なし得らるゝものと解釋せざるべからざるなり序次此に附言せんと欲するは外國にある日本人は其國の法律に從ひ身分證書を作らしむることを得るものなる時は日本にある外國人も亦日本の法律によりて身分登記をなすことを得べきや否や勿論外國人も日本の法律によりて身分登記をなすことを得べきなり故に日本にある外國人が其地の市町村長に出生婚姻死亡相續私生兒認知等の屆出をなして登記を求めたるときは市町村長は非本籍人として其帳簿に記載をなすべきものなり。

第六十一條 外國ニ在ル日本人カ其國ノ方式ニ從ヒ屆出事件ニ關スル證書ヲ作ラシメタルトキハ一箇月內ニ其國ニ駐在スル日本ノ大使公使又ハ領事ニ其證書ノ謄本ヲ提出スルコトヲ要ス。

大使公使又ハ領事カ其國ニ駐在セサルトキハ一箇月内ニ本籍地ノ市町村長ニ證書ノ謄本ヲ發送スルコトヲ要ス。

本條は外國にある日本人が其國法の方式に從ひて身分證書を作らしめたる場合に付きて規定するものなり、

既に前條に於て述べたるが如く在外日本人は日本の法律に從ひて身分に關する届出を爲すことをも得べく又其在留國の法律に從ひて戶籍を作らしむることもなし得べきものなり登記の制度は各國多少の相違あるべきが故に外國に於てなす所の登記が日本の登記と同一ならざるは勿論なれども我登記の制度も本來歐洲文明諸國の制度に摸倣したるものなるが故に文明國の制度と大同小異にして各國大抵皆我市町村長の如きものありて一定の公簿を備へ人民の届出によりて之に記載事項を登錄するものにして此公簿は人の身分を證明するの用をなすものなり、故に外國にある日本人が其國の法式に從ひ届出事件に關する證書を作らしむるといふは其國の身分取扱吏に到りて出生婚姻死亡相續私生子認知等の事件を届出で其公簿に登錄せしむることを指すに過ぎず公簿に登錄したる文書即ち屆出事件に關する證書なり此證書の原本は固より之を作りたる吏員の手に存すべきものにして屆出人に交付するものにはあらざるなり、在外日本人が其手續によりて證書を作りたる時は恰も日本の市町村長に屆出で登記をなしたると同一の效力を生するものなり或は外國法の方式に從ひて作りたる證書は其外國に於ては效力あるべきも日本に於ては更に戶籍簿に登記をなすにあらざれば效力なしと論ずることを得ざるにあらざるべしと雖も果して然らば在外日本人に外國の方式に從ひて身分證書を作ることを許したるの實用少しも是れなかるべきが故に其證書も作成の時より日本に於て其效力を有するものと解せさるへからず。

然らば在外日本人は右の手續によりて身分證書を作りたる時は更に何等の手續をも爲すことを要せざるか曰く然らば勿論其證書は作成の時より十分の效力を生ずるも在外日本人が單に此證書を作りたるのみにては日本に於ては其日本人の身分上に如何なる移動を生じたるやを知ることを得ず而し

舊法六十一條に該當し三ヶ月を一ヶ月としたるのみにて便宜に出でたるに過ぎず

て其者は本來日本人なるが故に其者の身分に關して生じたる事件は日本人をして於ても亦之を明にするの必要あり故に此場合に於ては其在外日本人をして證書を作りたる日より一ヶ月內に其證書を作りたる身分取扱吏に到りて其謄本を求めしめ之を其國に駐在する日本の大使公使又は領事に差出さしむることゝなせり、而して大使公使又は領事が此謄本を受取りたる後如何に之を取扱ふべきやは第六十二條の規定する所なり、

在外日本人が在留國の方式に從ひて作りたる身分證書の謄本を差出さんとするも若し其國に日本の大使公使領事が駐在せざる時は如何此場合に於ては一ヶ月內に本籍地の市町村長に其證書の謄本を差出すべきものとす。

第六十二條 大使公使又ハ領事ハ前二條ノ規定ニ依リ受理シタル書類ヲ一箇月內ニ外務大臣ニ發送シ外部大臣ハ十日內ニ之ヲ本人ノ本籍地ノ市町村長ニ發送スルコトヲ要ス。

本條は大使公使及領事が在外日本人の届出でたる書類を受取りたる時は其書類を如何に取扱ふ可きやを規定するものなり。

外國に駐在する日本の大使公使又は領事が第六十條の規定によりて其國に在留する日本人の届書を受取り又は前條の規定によりて證書の謄本を受取りたる時は受取りたる日より一ヶ月内に之を日本國の外務大臣に發送し外務大臣は之を十日内に本人の本籍地の市町村長に發送すべきものとす市町村長は即ち其届書又は證書の謄本によりて式の如く戸籍簿に其登記を爲すべきものなり此に注意すべきことは本條の法文に大使又は領事は一ヶ月内に發送し外務大臣は十日内に發送すとあるが故に大使公使又は領事は其書類を受取りたる日より一ヶ月内に之を發送すれば可なり一ヶ月内に其書類が外務大臣に到達することを要せず外務大臣も亦其書類を受取りたる日より十日内に之を發送すれば可なり十日内に其書類が市町村長に到達することを要せず是れ發送の二字の緊要なりとする所以なり。

第六十三條　届出期間ハ届出事件發生ノ日ヨリ之ヲ起算ス。

裁判確定ノ日ヨリ期間ヲ起算スヘキ場合ニ於テ裁判ガ送達又ハ交付前確定シタルトキハ其送達又ハ交付ノ日ヨリ之ヲ起算ス。

本條は新設條文にして期間の起算點を規定したるものなり。

本條は届出期間の計算方法を規定するものなり。

本法中届出期間を定むるもの甚だ多し蓋し或種類の届出事件に付きては法律が其届出期間を定むるにあらざれば人民は何時にても之を届出づることを得べくして極めて散漫不規律となるべし如此時は法律が登記の制度を設けて必ず一定の事項を登記せしむるの目的を達することを能はざるべし故に或種類の届出事件に付ては其届出期間を一定し人民をして必ず其期間内に届出をなさしむることゝなせり然れども單に期間を定めたるのみにては未だ以て人民をして充分に之を守らしむること能はざるべきを以て之に對して嚴重なる制裁を附し一定の期間内に届出を爲さゞるときは一定の過料に處せらるゝものとせり(百七十六條、百七十七條)既に届出期間を定め又其罰則を定むる以上は必ずや其期間の計算法を示さゞるべからず是れ本條の規定ある所以なり而して本法に於て期間を定むるには或は時を以て之を定むるものあり例へば棄子を發見したるものは二十四時間内に市町村長に届出づるを要するが如き是れなり(第七八條)時を以て期間を定めたる場合に付きては法律は特に其計算方法を示さずと雖も一般の原則に從ひ其届出事件の發生したる即時より其期間を計算すべきなり例へば本日午前三拾分に棄兒を發見したる時は明日同時刻迄に其届出をなすべきが如し或は日を以て期間を定むるものあり例へば出生は十四日内に届出づることを要するが如し（六十九條）或は月を以て是を定むるものあり例へば棄兒の父又は母が現出して其子を引取る時は一ヶ月内に届出をなすことを要するが如し（第七十九條）日又は月を以て期間を定めたる場合に於ては其届出事件の發したる日より計算すべきものとす例へば出生の届出は出生の日より十四日内に之をなすべく棄兒引取の届出は引取の日より一ヶ月内に之をなすべきが如し抑〻民法の規定によれば日又は月を以て期間を定めたる時は期間の初日は之を算入せずして其翌日より起算するを以て原則とす（民一四〇條）然るに本法に於ては届出事件の發生したる日より之を起算すとするが故に即ち初日を算入するものにして民法の計算法と異れり本法は民法と牽連すること甚だ多しと雖も民法は所謂私法にして一個人相互間の關係を規定し本法は公法にして人

民と公署との關係を規定するものにして其性質自ら異り各獨立の法律なるが故に本法は決して民法の附屬法と見做すべきにあらず從つて期間計算の如きも必ずしも民法の原則に從ふの要なし是れ本條に於て特別の規定を設けたる所以なり。

本條は單に屆出期間に付き規定すと雖も此規定は大使公使領事又は外務大臣が證書の謄本を發送する期間艦長及船長が航海日誌の謄本を送附する期間にも準用すべきものなり。

或種類の屆出事件に付ては法律が特に其屆出期間の起算日を規定するものあり例へば後見の屆出は後見人就職の日より十日内になすべきものとし(第一〇九條)死亡の屆出は死亡屆出義務者が其死亡を知りたる日より七日内に爲すべきものとし(第一一六條)家督相續の屆出は相續人が其事實を知りたる日より一ケ月内になすべきものとし(第一二五條)失踪の屆出又は家督相續人廢除の屆出は其裁判確定の日より十日内になすべきものとするの類是なり(第一二四條第一三一條)是等の屆出につきては各々其指定の日より期間を計

算すべきこと勿論なり然るに裁判確定の日より期間を起算すべき場合に付きては特別の規定あり本條第二項即ち是れなり。

凡そ裁判は終審の裁判を除きて其宣告ありたるのみを以て確定するものにあらず裁判宣告の後に一定の上訴期間を置き其宣告を受けたるものが此期間内に上訴をなさずして經過したる時に確定す要するに終審の裁判は其宣告の日に確定し其他の裁判は上訴期間滿了の日に確定するものなり而して確定の日より届出期間を計算するは即ち此の日より計算するものなり、然るに裁判確定の日より一定の期間内に届出をなす場合に於ては必ず其裁判の謄本を添へて届出をなさしむるものなり故に上訴期間ある裁判に於て其期間内に裁判の送達又は交付を受け上訴をなさずして其裁判確定したる時は裁判確定の日より直に届出期間を計算するも届出義務者に於て何等の差支あることなし何となれば届出義務者は裁判確定前に既に裁判の送達又は交付を受け居るを以て届出期間内に裁判の謄本を添へて届出をなすことを得べければなり然るに裁判確定するも未だ裁判の送達又は交付を受けさる場

本條第三項は新設條文にして催告する能はず又は催告するも効なき場合に於ては第三十九條の條文を準用すべき道を開きたるものにて其缺を補ひたるに過ぎず

合に於て裁判確定の日より直ちに届出期間を計算するものとするときは届出義務者は或は其期間内に裁判の送達又は交付を受くることあるべきが故に裁判の謄本を添へて届出をなす能はざることあるべし而も尚ほ其期間内に必ず届出をなすべしといふは是れ人に責むるに爲す能はざる事を以てするものなり故に届出義務者が裁判の送達又は交付を受けざる中に裁判が確定したるときは裁判確定の日より届出期間を起算せずして其送達又は交付を受けたる日より之を記算すべきものとなしたるなり之に反して裁判確定前に届出義務者が既に裁判の送達又は交付を受けたる時は裁判確定の日より直ちに期間を計算すべきこと勿論なり

第六十四條 市町村長カ届出ヲ怠リタル者アルコトヲ知リタル時ハ相當ノ期間ヲ定メ届出義務者ニ對シ其期間内ニ届出ヲ爲スヘキ旨ヲ催告スルコトヲ要ス、

届出義務者カ前項ノ期間内ニ届出ヲ爲サヽルトキハ市町村長ハ更ニ相當ノ期間ヲ定メテ催告ヲ爲スコトヲ得。

第三十九條第二項ノ規定ハ前二項ノ催告ヲ爲スコト能ハサル場合及ヒ催告ヲ爲スモ届出ヲ爲サヽル場合ニ同條第三項ノ規定ハ裁判所其他ノ官廳檢事又ハ吏員カ届出ヲ怠リタル者アルコトヲ知リタル場合ニ之ヲ準用ス。

本條は届出を怠りたる者をして必ず届出をなさしむべき方法を規定するものなり。

法律は或種類の届出事件に付きて其届出期間を一定し若し其届出期間内に届出を怠りたるものあるときは之に對して一定の過料の罰を科す然れども法律が期間を定め過料を課するものは届出義務者をして必ず其義務を果さしめんとするの趣意に外ならざれば届出を怠りたるものある時は單に之に對し過料を課するに止らず必ず其届出義務を履踐せしめざるべからず、過料の罰は決して届出の義務を免除するものにはあらざるなり、故に市町村長が届出を怠りたるものあることを知りたる時に相當の期間を定めて届出義務者に對し其期間内に届出をなすべき旨を催告することを必要とす而して相當の期間は屆出事件の性質其他の事情を斟酌して市町村長に於て適當に之を定むべきものなり例へば屆出をなすに別段の手數を要せず且つ屆出義務者が市役所又は町村役場の近距離に住居するものなる時は一二日の期間にても相當なるべく之に反するものなる時は數日の猶豫を與ふべきが如し。而して屆出義務者が此催告を受け尙ほ其期間內に屆出をなさゞるときは市町村長は相當期間を定めて更に第二回の催告をなすべきものとす而して屆出義務者が當初に屆出を怠る時は十圓以下の過料に處せらるべく市町村長より第一回の催告を受くるも尙ほ其期間內に屆出をなさゞる時は二十圓以下の過料に處せらるべきものとす。

第三項前段に於ては屆出義務者が居所不明又は死亡せる爲め催告不能なる場合若くは催告するも尙ほ屆出を爲さゞる場合に於ては第三十九條第二項の規定を準用す即ち右の場合に於ては市町村長は監督區裁判所の許可を受け屆出なきも戶籍記載の處分を爲すことを得る旨を規定し同後段に於ては裁判所其他の官廳檢事又は吏員が屆出を怠りたる者あるを知りたる場合に

本條は新設條文にして届出に付き缺陷ありたる場合に之を補充せしめんとするの趣旨に出で些少の記載漏れ又は相違ありたりとて却下するが如きことなく追完せしめて救濟せんとするの道を開きたるなり。

第三十九條第三項の規定を準用すべき旨を規定せり。

第六十五條　市町村長カ届出ヲ受理シタル場合ニ於テ届書ニ欠缺アル為メ戸籍ノ記載ヲ為スコト能ハサルトキハ届出義務者ヲシテ其追完ヲ為サシムルコトヲ要ス此場合ニ於テハ前條ノ規定ヲ準用ス。

本條は届書に欠缺ある場合に之を追完せしむることを規定せるものなり。
市町村長が届書を受理したる場合に其の届書に欠陷のありし場合に戸籍簿に記載する能はざる時は届出義務者をして其欠缺せる部分を追完せしむることを必要とす斯る規定ある所以は些少なる記載漏のあればとて一々之を却下するは不可なるが故に追完を以て充分なりとせしむるにあり而して此場合には前條の規定を準用すべきものとす。

第六十六條　届出期間經過後ノ届出ト雖モ市町村長ハ之ヲ受理スルコトヲ要ス。

本條は期間經過後の届出も市町村長は尚ほ之を受理すべき旨を規定するものなり。

本條第二項は新設條文にして三十第六條二項の書類の閲覽若しくは證明書の請求に對して開きたる條文なり

法律は屆出期間內に屆出を爲さゞる者に對して過料催告等の規則を設くと雖も這は要するに屆出義務者をして必ず屆出を爲さしめんとの趣意に外ならざれば假令屆出期間經過の後に至りて屆出を爲すも之を拒絕するの理由あるべからず若し一度屆出期間を經過したるときは屆出を受理せずとすれば登記の制度を設けて人の戶籍を公認するの目的を達すること能はざるべし故に期間經過後の屆出と雖も市町村長は必ず之を受理して其登記をなすべきものなり唯期間經過後の屆出者は之が爲め過料の罰に處せらるゝことあるべきのみ。

第六十七條 屆出人ハ屆出ノ受理又ハ不受理ノ證明書ヲ請求スルコトヲ得但受理ノ證明書ヲ請求スル場合ニ於テハ手數料ヲ納付スルコトヲ要ス

利害關係人ハ手數料ヲ納付シテ三十六條ノ書類ノ閱覽ヲ請求シ又ハ其書類ニ記載シタル事項ニ付キ證明書ヲ請求スルコトヲ得

第十四條第二項ノ規定ハ前二項ノ場合ニ之ヲ準用ス。

利害關係人ハ特別ノ理由アル場合ニ限リ第三十七條ノ書類ノ閲覽ヲ請求スルコトヲ得。

本條は届出人は市町村長に對して届出受理又は届出不受理の證明書を請求し得る旨を規定するものなり。

届出人が届出受理の證明書を有することは種々の點に於て其實用ある所なり即ち届出義務者は之によつて届出義務を履行したることを證明するを得べく又婚姻養子緣組の如く届出によりて初めて成立する行爲の如きは之によりて其行爲の成立を證明することを得べし故に届出人が届出を爲したるときは市町村長に對して届出受理の證明書を請求するの權利あるものとせり然れども届出受理の證明書は之を請求する者に限りて與ふるものにして請求者は之が爲めに特に公署の手數を勞するものなるが故に成規の手數料を納めざるべからず是れ本條第一項但書の存する所以なり而して不受理の場合に於ても不受理の證明書を請求することを得るものなり是れ其理由の存在によりて訴訟を提起する場合等に必要あるを以てなり。

而して其第二項に於て利害關係人は手數料を納付し第三十六條の書類の閲覽を請求し又は其書類に記載せられたる事項に付き證明書を請求することを得せしめたり是れ利害關係人たりと雖も戸籍の記載事項を熟知し又は其書類を必要とする場合あるを以て本項を規定し戸籍簿作製の趣旨を明かにしたるものなり。

第十四條第二項は即ち手數料及び郵送料を出して其發送を請求するを許したる規定にして右の場合に之を準用し得ることゝはしたるなり。

第四項に於ては第三十七條に規定せられたる戸籍の記載手續を完うしたる届書其他の書類は特別の理由ある場合に依り手數料を納付して閲覽し得る旨を規定したり特別の理由とは市町村長の判斷に任すべきものとす。

第六十八條 届出人其他ノ者カ署名捺印スヘキ場合ニ於テ印ヲ有セサルトキハ署名スルヲ以テ足ル署名スルコト能ハサルトキハ氏名ヲ代署セシメ捺印スルヲ以テ足ル署名スルコト能ハス且印ヲ有セサルトキハ氏名ヲ代署セシメ拇印スルヲ以テ足ル。

前項ノ場合ニ於テハ書面ニ其事由ヲ記載スルコトヲ要ス。

本條は本法の規定により提出せらるゝ書面に署名捺印を要する場合に於て之を爲すこと能はざるときの手續を規定したるものなり。

届出人、申請人、證人、同意を表すべきもの等に於て署名捺印を要する場合多々あり然れども是等の人にして印顆を有せず又は無筆なるか或は負傷者にして署名する能はざる者又は印顆をも有せず署名をも爲すこと能はざる者あるべし而して印顆の新調を命じ無筆者に字を學ぶべきことを強ふるの不當なるは勿論にして爲めに届出若しくは申請を受理せざることも亦正當と云ふを得ず是に於てか本條第一項は便宜法を設けたり即ち印顆を有せざるものは署名するを以て足り署名する能はざるものは代りて名を認めしめ捺印するを以て足り若し又無筆者にして且印顆を有せずんば名を代書せしめ拇印を押捺せば足り以て有效なる署名捺印の書面と同一に見做すことゝせり但印顆を有しながら捺印せず有筆者にして正當の理由なく署名せざる時の如きは本項の適用なきは勿論なり。然れども署名捺印を要する場合に於ては前項の變例を認めたるは萬止むを得ざるに基つくものなれば印顆を有せずして押捺せず又は無筆若しくは正當の理由に基き名を代書せしめ若しくは拇印したる場合には書面に其事情理由を附記し之を明確に爲し置かざるべからず。

第二節 出生

出生の要件は
一、母體を離れたること
二、生きて生れたること
にして此條件を滿して始めて私權を享有するなり但し家督相續及ひ刑法上損害賠償を請求する場合には例外として胎兒を私權享有者と見ることを得

人は出生によりて初めて人たるの資格を保有し家の一員としては子たるの身分を取得し生命、身體、財產、名譽、自由の諸權利及ひ親の敎養敎育を受くるの權利、相續を爲すことを得るの權利等親族關係より生する諸種の權利即ち普通に私權と稱するものは出生の始めより之を享有することを得るものとす(民第一條)公權取得の年齡婚姻年齡、成年徵兵適齡等を計算するの起算點は出生の時に始まる。夫れ此くの如く出生は人の身分權利の取得に關して重大なる效果を生ずるものなるが故に之を公示確證することは最も緊要なる事に屬す是れ通則に次ぎて先づ出生を規定する所以なり。

出生は種々の效果を生ずること前述の如しと雖ども其中最も直接に生ずるものは子たるの身分を取得すること即ち親子の關係を生ずること是れなり親子の關係に二ありて其の一は實親子にして他の一は養親子なり實親子の關係は天然の作用即ち出生に基くものにして養親子の關係は法律の擬制即ち養子縁組によりて實親子にあらざる兩者の間に實親子と同一の關係を生ぜしむるものなり故に養子に付きては縁組ありて出生無し既に出生したる他人の子を縁組によりて收養するものなればなり、出生と云ふときは實子に限るものなり實子に三種あり嫡出子庶子及び私生子是れなり、嫡出子とは婚姻したる男女の間に出生したる子をいふ即ち夫婦間に生れたる子なり私生子とは婚姻せざる男女の間に生れたる子を云ふものにして此の私生子を父が認知したる者を特に庶子と稱す。

第六十九條 出生ノ屆出ハ十四日内ニ之ヲ爲スコトヲ要ス。

屆書ニハ左ノ事項ヲ記載スルコトヲ要ス。

一 子ノ氏名及ヒ男女ノ別

舊法に於ては屆出期間を十日とせるも本法に於ては

十四日と爲したり、

二　子カ私生子又ハ庶子ナルトキハ其旨
三　出生ノ年月日時及ヒ場所
四　父母ノ氏名本籍及ヒ職業
五　子ノ入ルヘキ家ノ戶主ノ氏名及ヒ本籍
六　子カ一家ヲ創立スルトキハ其旨及ヒ創立ノ原因竝ニ場所
七　日本ノ國籍ヲ有セサル者ノ子ナルトキハ其旨

本條は出生屆出の期間及ひ事項を規定するものなり。

出生屆出の期間は出生の日より十四日內とす出生屆出は出生の日より十四日內に市町村長に屆出づることを必要とするが故に屆出は必ず十四日內に市町村長の許に到達せざるべからず出生の屆書を十四日內に差出したるのみにては不可なり例へば出生屆書を郵便に付して十四日內に發送したるも其屆書が十四日內に市町村長に到達せざるときは規則違反たることを免れず故に郵便を以て屆書を發送するときは其屆書が拾四日內に市町村長に到達するを期せざるべからず。

而して出生届出の事項は左の如し。

一　子の氏名及ひ男女の別

二　子が私生子又は庶子なるときは其旨

子が私生子又は庶子なるときは必ず其旨を届出づべきものとす嫡出子なる時は特に之を明言せざるも可なり私生子は俗に所謂「父ナシ子」にして婚姻せざる男女の間に生れ父の認知せざる子なり故に子の私生子なるや否やは出生のときに直ちに判明すべきものなり之に反し庶子は父の認知したる私生子なるが故に父が認知せざる間は庶子といふことを得ず然れども父が出生前に胎内の子を自己の子として認知したるときは其子は生れながらにして庶子たるを以て此時は其庶子たる旨を出生届に記載すべきものとす出生前に認知せられざるときは未だ庶子にあらざるが故に出生届に記載せんとするも能はざる所なり私生子認知に付ては後に説明せん。

三　出生の年月日時及び場所

從來の出生屆出は單に其年月日を屆出づるを以て足れりとせるも舊法より出生の時をも記載すべしと爲したり是れ注意すべき一點なり。

四　父母の氏名及び本籍職業

五　子の入るべき家の戸主の氏名及び本籍

凡そ人は必ず一の家に屬すべきものなり故に出生子も亦必ず其屬する家を明にせざるべからず是れ其入るべき家の戸主の氏名を記載せしむる所以なり民法によれば子は父の家に入るを原則とす故に父が戸主なる時は本號の戸主と第四號の父とは同人にして父が家族なる時は別人なり然れどもも父の知れざる子は母の家に入るべきものなるが故に此の場合には女の屬する家の戸主の氏名を記載すべきなり(民第七三三條第一項第二項第七三四條)

六　子が一家を創立するときは其旨及び創立の原因並に場所

私生子の父又は母が家族なる時は戸主の同意あるにあらざれば其家に入ることを得ざるが故に戸主が其家族の私生子の入籍を拒みたるときは其

子は止むことを得ず一家を創立す(民法第七三五條)蓋し人は必ず家なかるべからざるを以てなり此場合には一家を創立する旨及ひ創立の原因並に場所を記載すべきものとす。

七　日本の國籍を有せざるものの子なる時は其旨

以上列記する所の届出事項は同一の届出に悉く之を具備すべしといふにあらず嫡出子に付きては第二號第七號の事項を生せず又第五號と第六號とは兩立すべきものにあらず而して第五號の事項を記載すれば第六號の事項を生せず第六號の事項を記載すれば第五號の事項を生せざるなり、只第一號及び第三號の事項は總ての場合に通じて存すべく第四號は多數の場合に於て存すべきなり。

第七十條　出生ノ届出ハ出生地ニ於テ之ヲ爲スコトヲ得。

本條は出生地に於て届出を爲すことを得る旨を規定せるなり。

出生届は父母の本籍地に届出づるを以て原則とすれどもかゝる規定を絶對に固守せしめんとせば非常なる困難を生ずる場合あるを以て届出人の便宜

本條は舊法第六十九條に該當するものなれども舊法に於ては嫡出子庶子私生子によりて届出場所を區別したるに對し改正法

に於ては斯かる制限を削りたり

を圖り出生地に於て届出づることを得せしめたるなり。

第七十一條　汽車又ハ航海日誌ヲ備ヘサル船舶中ニテ出生アリタル場合ニ於テハ到著地ニ於テ届出ヲ爲スコトヲ得。

本條は前條の規定の補足にして汽車又は船舶中にて出生したる子の出生の届出地を規定するものなり。

汽車又は船舶中にて分娩する場合なしとせず然るに前條に於ては出生は出生地の市町村長に届出づることを得るものとしたるが故に此場合に於て若し其出生の届出を出生地の市町村長に爲さんとするときは果して何處を以て出生地と見做して其地の市町村長に届出づべきや若し其出生地は汽車又は船舶の進行中現實に分娩ありたる地なりとすれば例へば汽車又は船舶にて東京より横濱まで行かんとする者が其途中に於て分娩したるときは横濱に到着したる後更に分娩地に歸り來りて其地の市町村長に届出をなさゞるべからず是れ極めて不便なるのみならず且つ往々出生地を知る能はざることあるべし故に此場合に於ては分娩者の到着地即ち前例に於ては横濱を以

て出生地と看做し其地の市役所に届出づることを得るものとせり而して汽車には進行中の事故を登錄すべき日誌類を備ふることなきを以て常に到着地を以て出生地と見做すべく又同一理由により航海日誌を備へざる船舶中にて出生ありたる場合に於ても亦到著地に届出づることを得るものとせり。而して航海日誌を備ふる船舶中に於て出生ありたる場合に付きては後の第七拾五條に特別の規定あり依つて本條は該場合を除外せり。

第七十二條 嫡出子出生ノ届出ハ父之ヲ爲シ父カ届出ヲ爲スコト能ハサル場合又ハ民法第七百三十四條第一項第二項但書ノ場合ニ於テハ母之ヲ爲スコトヲ要ス。

庶子出生ノ届出ハ父之ヲ爲シ私生子出生ノ届出ハ母之ヲ爲スコトヲ要ス。

前二項ノ規定ニ依リ届出ヲ爲スヘキ者カ届出ヲ爲スコト能ハサル場合ニ於テハ左ニ掲ケタル者ハ其順序ニ從ヒ届出ヲ爲スコトヲ要ス。

第一　戶主

舊法に於ては第七十一條第四號にて同順位の届出義務者數人あるときは其中一人より届出を爲せば足るとの規定あるも改正法に於ては之を省略せり

第二　同居者
第三　分娩ニ立會ヒタル醫師又ハ産婆
第四　分娩ヲ介抱シタル者

本條は出生の届出義務者を規定するものなり

出生の届出は嫡出子庶子及び私生子によりて其届出義務者を異にせり。

一　嫡出子

嫡出子出生の届出は父之を爲すを以て原則とす、蓋し嫡出子は當然其父の家に入るべきものなるを以てなり(民法第七三三條第一項)但左の三個の場合に於ては例外として母之をなすべきものとす。

(イ)　父が届出を爲すこと能はざる場合

例へば父が旅行疾患其他止むことを得ざる障碍ありて届出を爲すことを得ざる場合なりとす父が届出を爲すことを得るにもかゝはらず怠慢によりて之をなさゞる時は法律上の責罰を受くるのみにして届出義務は依然として父に在るべく決して母に移らざるなり。

（ロ）父が子の出生前に離婚又は離縁によりて其家を去りたる場合

此場合は民法七百三十四條第一項の規定する所なり例へば入夫婚姻又は婿養子縁組によりて母の家に入り夫婦となり母が懷胎したるも未だ分娩せざる間に於て父が離婚によりて其家を去り又は父が其養親と離緣して其家を去り而して母は依然として其家に止る場合なりとす此場合に於ては子が出生するも出生の當時父は既に其家にあらず而して其子は母の家に入るべきものなるが故に此場合には母をして其届出を爲さしむることゝしたるなり民法第七百三十四條第一項の末文に「前條第一項の規定は懷胎の初めに遡りて之を適用す」とあり蓋し子は父の家に入るべきこと前條第一項の規定する所なり而して其子が懷胎のときには父尙ほ其家にありたるも出生の時には父既に其家にあらざるが故に此場合には懷胎のときに父のありたる家に入るべきか將た出生の時に父のある家に入るべきかを決せざるべからず依つて民法は其子が懷胎の時に父のありたる家に入るべきものと

爲せり故に此場合に於ても尙ほ子は父の家に入るといふ原則に從ふべきものなれども懷胎の時に於ける父の家即ち事實上に於ては出生のときに於ける母の家に入るものなり是れ母をして出生の届出を爲さしむる所以なり而して其子は果して父が其家にある中に懷胎したるものなるや否やは民法第八百二十條の推定によつて決すべきものとす、即ち其子の出生前に遡りて二百日以前三百日以後の期間父が尙ほ其家にありたるときは其子は父が其家にある中に懷胎したるものと見るなり。

（八）子の出生前に離婚又は離緣によりて父母共に其家を去りたるも子の出生前に母が復籍したる場合

此場合は民法第七百三十四條第二項但書の規定する所なり即ち前例の場合に於て父母共に一旦其家を去りたるも其後何等かの事情により母のみ其家に復籍したる場合なり此場合に於ても子の懷胎の時は父母共に其家にありたるも出生のときは只母のみ其家にありて父は

既に其家にあらざるが故に母をして届出を爲さしむることゝ爲したるなり。

二　庶子

庶子出生の届出は必ず常に父より之をなすべきものとす其庶子の父が戸主たると家族たるとを分たず又其庶子が其の父の家に入ること能はずして母の家に入る場合若くは母の家にも入ること能はずして一家を創立する場合に於ても其出生の届出は常に父より之をなすべきものなり。

三　私生子

私生子出生の届出は必ず母より之を爲すべきものとす其私生子が母の家に入る場合は勿論母の家に入ること能はずして一家を創立する場合に於ても亦母より之を届出づべきものなり。

以上は本條第一項及び第二項の規定する所なり然るに旅行疾患其他止むことを得ざる障碍の爲め父又は母より其子の出生を届出ること能は

ざる場合に於ては之を如何にすべきか若し放任するときは何人も之が届出を爲さゞるが故に其子は無籍者となり國家の秩序上大なる弊害を生ずべし、故に必ず何人かをして之を届出でしめざるべからず是れ本條第三項に於て父母以外の人に届出の義務を負はしめたる所以なり、而して父又は母の届出を爲す能はざる場合に於て届出を爲すべき者及び其順位は左の如し。

第一　戸主

出生子の父又は母が戸主なる時は本號は全く其適用なかるべし、之に反して出生子の父又は母が家族なる時は必ず戸主あるべきが故に其父又は母に於て届出を爲すこと能はざる場合に於ては戸主其届出を爲すべきものなり而して家族の子が嫡出子なる時は戸主は其入籍を拒むことを能はざるが故に單純に其届出を爲し且つ其家の戸籍に編入せしむべきものなり之に反して家族の子が庶子又は私生子なるときは戸主は其入籍を拒むことを得べし然れども此場合に於ても戸主は尚ほ出生届出の

抑々醫師産婆介抱人等出生に關係を有すること極めて非薄なるものにまで屆出の義務を負はしむる所以のものは國家の秩序上出生を屆出しむることを以て極めて重要なりとなせるに由るなり故に是等のものは各其順位に於て必ず屆出を爲さゞるべからずして若し之を

義務を負ふものにして其屆出は必ず之を爲さゞるべからず唯其屆出を爲すに當りて其入籍を拒む旨を申明して母の家に入らしむるか或は一家を創立せしむべきものなり從前の規則によれば家族の子は總て戶主より屆出るものと爲したるも舊法以來其父又は母之を屆出で其屆出を爲すこと能はざる場合に於て戶主之を屆出づべきものとせり是れ其相異る所にして又聊か注意すべき點なり。

第二　同居者

同居者とは出生子の父又は母と居所を同じうするものをいふ即ち現に其家に住居するものを云ふ家族親族の關係を有することを要せず彼の家を同じくするもの即ち同籍者とは異るなり。

第三　分娩に立會ひたる醫師又は産婆

第四　分娩を介抱したる者

下男下女隣人其他何人を問はず出産の世話を爲したるものを謂ふ。

以上述ぶる所によれば出生屆出の義務を負擔する者は第一父又は母第二戶

怠るときは法律の責罰を免るゝことを得ず従って是等の者はよく已に先立ちて届出を爲すべきものあるや否やに注意せざるべからざるなり萬一是等のもの皆あらざるときは又之を如何ともすることを能はずして行政警察の作用等によりて相當の處分を爲すの外あらずと雖ども斯くの如きことは殆んど是れあらざるなり

主第三同居者第四醫師又は産婆第五介抱人にして是等のものは各其順位に於て届出の義務を負ふものなり故に第一位の父又は母に於て届出を爲すか然らずんば第二の戸主に於て届出を爲せば第三位の同居者は届出の義務なし以下亦然りとす。

第七十三條　嫡出子否認ノ訴ヲ提起シタルトキト雖モ出生ノ届ヲ爲スコトヲ要ス。

本條は父が嫡出子否認の訴を爲さんとする場合と雖も出生の届出を爲すべき旨を規定するものなり。

夫は妻の生みたる子が己の子にあらずと思惟するときは之に對して否認の訴を提起することを得べし否認の裁判が確定して夫が敗訴したるときは嫡出子の身分に何等の異變をすることなしと雖ども夫の請求が成立したるときは其子は又嫡出子にあらざるなり故に夫が其子に對して嫡出子否認の訴を提起せんと欲するときは其己の子にあらざることを主張し前條第一項に定めたる出生届出の義務を免れんと欲するが如きことなしとせず然れども

嫡出子否認の裁判は往々久しきに渉りて結了せざることあるべく且つ其裁判が確定したる上ならざれば其子が果して嫡出子にあらざるや否やを知るべからず然るに此場合に於て父に届出義務なきものとすれば母は勿論其子の嫡出子なることを主張すべきが故に届出をなさゞるべく其他のものも父母既に儼存する以上は決して届出をなさゞるべくして決局出生子あるも何人も之を届出るものなきことゝなり甚だ不都合の結果に陥るべし且つ否認の裁判が確定するまでは兎に角其夫の子と見做さゞるべからざるが故に此場合に於て夫は假令其子に對して否認の訴を提起せんとするも一應届出を爲し置かざるべからざるものとし以て尙ほ届出義務を負はしめたり故に夫たる者は一と先づ届出を爲し置き然る後に否認の訴を提起し其裁判確定するを待ちて第七十三條により登記變更を申請するの手段に出づべきものなり民法第八百二十四條によれば夫が子の出生後に於て其嫡出子なることを承認したるときは其否認權を失ふものと規定せり故に本條は夫が否認權を行はんとする時に於ても尙ほ届出の義務を負ふものとし夫が出生の届出を

此に前婚の解消といふは夫の死亡又は離婚により婚姻關係の消滅することをいひ前婚の取消とは法律上の條件を缺きたるが爲め婚姻關係の取消さるゝことをいふ民法が寡婦に前婚解消後六箇月間

爲すは即ち法律上の義務を履踐するものにして決して子の嫡出子なることを承認するものにあらず從つて否認權を失ふものに非らざる旨を明にしたるものなり嫡出子否認の事は民法第八百二十二條乃至第八百二十六條の規定する所以なり。

第七十四條　民法第八百二十一條ノ規定ニ依リ裁判所カ父ヲ定ムヘキトキハ出生ノ届出ハ母之ヲ爲スコトヲ要ス此場合ニ於テハ届書ニ父ノ未定ナル事由ヲ記載スルコトヲ要ス。

第七十二條第三項ノ規定ハ前項ノ場合ニ之ヲ準用ス。

本條の出生子の父が確定せざる場合は女が前婚解消又は取消の後六箇月を經過せざる中に再婚を爲したる場合に生ずるものなり抑民法の規定によれば女は前婚の解消又は取消の日より六箇月を經過したる後にあらざれば再婚を爲すことを得ざるなり(民七六七條第一項)何故に寡居の期間を六箇月と定めたるやと云ふに民法は子の分娩は懷胎より二百日以後三百日以内にあるものとするが故に女が前婚後直ちに再婚を爲し再婚の日より二百日以後

再婚をなすことを禁したるものは偏に血統の混亂を防ぎ以て父子の關係を分明ならしむるにあり

三百日以内に子を生みたる時は其子は前夫の子なるや將た後夫の子なるや判明ならず然れども前婚後六箇月を經過したる後に再婚を爲すときは再婚後二百日以前に生れたる子は前夫の子にして二百日以後に生れたるは後夫の子なることと分明なるが故に民法は寡婦に六箇月寡居の義務を命じたるものなり(民八二〇條二項)然れども寡婦が此義務に違背して前婚解消後六箇月内に再婚を爲すも其婚姻は單に各當事者、戶主、親族、檢事又は前配偶者より前婚の解消後六箇月内に取消を請求することを得るに過ぎず又女が再婚後懷胎したる時は最早何人よりも其取消を請求することを得ず(民七八〇條七八二條)故に寡婦が違法の再婚を爲すも法定の期間内に其取消を請求する者あらざるか或は既に懷胎したる時は其再婚は完全に確實のものたるべし然るに此の場合に於て其女が子を擧げたる時は前夫の子なるや將た後夫の子なるや知り難きことあるべし例へば寡婦が離婚の後一箇月を經て再婚を爲し再婚後七箇月の終りに子を生みたる時は離婚後三百日以内なるが故に前夫の子なるやも知れず又再婚後二百日以後なるが故に後夫の子なるやも知れ

舊法第七十八條第一項に於ては「乘船者中より選みたる證人の前に於て云々」と規定せるも改正法に於ては之を省畧す、又舊法第二項の「二十四時内」にさ

ず依つて民法は此場合に於ては裁判所をして其子の父を定めしむることゝなせり(民八二一條)裁判所は出生子の發育の程度其他百般の事情を審査して其父の前夫なるや將た後夫なるやを定むべきなり然れども此場合に於ては出生の當時に父の何人なるや確定せざるが故に姑く母をして其届出を爲さしめ其届書に父の未定なる事由を記載せしむることゝせり。

第二項に於ては第七十二條三項の規定を準用すべき旨を規定せるを以て届出を爲すべきものに於て届出を爲すこと能はざる場合に於ては戸主同居者分娩に立合たる醫師又は産婆分娩を介抱したる者の順序を以て届出づべきなり。

第七十五條 航海中ニ出生アリタル時ハ艦長又ハ船長ハ二十四時内ニ第六十九條第二項ニ掲ケタル事項ヲ航海日誌ニ記載シテ署名捺印スルコトヲ要ス。

前項ノ手續ヲ爲シタル後艦船カ日本ノ港ニ著シタルトキハ艦長又ハ船長ハ遲滯ナク出生ニ關スル航海日誌ノ謄本ヲ其地ノ市町村長ニ發

の時間の制限を削りて改正法にては「遲滯なく」とせり又第三項に於て外務大臣に對し發送する期間は舊法は三个月と爲したるも改正法に於ては一个月と爲したり

送スルコトヲ要ス。

艦船カ外國ノ港ニ著シタルトキハ艦長又ハ船長ハ遲滯ナク出生ニ關スル航海日誌ノ謄本ヲ其國ニ駐在スル日本ノ大使公使又ハ領事ニ發送シ大使公使又ハ領事ハ一箇月内ニ之ヲ外部大臣ニ發送シ外部大臣ハ十日内ニ之ヲ本籍地ノ市町村長ニ發送スルコトヲ要ス。

本條は航海日誌を備へたる艦船の航海中に子の出生ありたる場合に於ける手續を規定するものなり。

第一項は艦船の航海中に子の出生ありたる場合に於て鑑長又は船長の爲すべき手續を規定す軍艦商船其他の船舶が航海中に子の出生ありたる時は艦長又は船長は出生の時より二十四時内に第六十九條第二項に規定せられたる諸件を航海日誌に記載し署名捺印すべきものとす、而して此航海日誌の記載は恰も出生届書に相當するものなり又航海中とあるを以て船舶碇泊中に出生ありたる時は通常の手續によるべきものなり但艦船が航海中一時或港灣に寄港するが如きは尙航海中なりとす抑艦船が航海中に子の出生ありたる場合艦船長をして此手續を爲さしむるものは分娩者は或は長途の旅客なるやも知れず且つ艦船中にありては交通其他の便宜を欠くを以て分娩者其他のものに於て届出をなさんことは甚だ困難とする所なるが故に艦船長をして出生の事實を航海日誌に記載せしめ之を以て届書に充つるの方法を取りたるものなり若し夫れ航海日誌を備へざる船舶中の出生は概して短期且つ近距離の旅行なるべきを以て分娩者の到著地に於て出生届出を爲すを得しむること第七拾條の規定する所なり。

第二項は船舶が日本の港に著したる場合に就きて規定す前項の手續を爲したる後艦船が日本の港に著したるときは鑑船長は其到着の時より遲滯なく其出生に關する航海日誌の謄本を到着地の市町村長に送附すべきものとす而して送附を受けたる市町村長は記載の後父母の本籍地の市町村長に其謄本を發送すべきなり(五六條)

第三項は艦船が外國の港に着したる場合に就きて規定す此場合には艦船長は遲滯なく航海日誌の謄本を其國に駐在する日本の大使公使又は領事に送

附すべきものとす是に艦船の日本の港に歸着するを待ちて之を市町村長に送附せしめんとすれば或は多數の日子を費すことあるべきが故に大使公使又は領事に送附せしむることゝなせり大使公使領事に於て其航海日誌の謄本を受取りたる時は一ヶ月内に外務大臣に發送し外務大臣は十日内に父母の本籍地の市町村長に發送し市町村長は之に依つて登記を爲し此に於て始めて艦船内の出生事件は全く落著を見るなり。

第七十六條　病院監獄其他ノ公設所ニ於テ出生アリタル場合ニ於テ父母共ニ届出ヲ爲スコト能ハサルトキハ公設所ノ長又ハ管理人届出ヲ爲スコトヲ要ス。

本條は病院監獄其他の公設所に於て子の出生ありたる場合に於ける特別の届出義務者を規定するものなり。

公設所とは公益の目的を以て設置したる場所にして養育院、盲唖院、感化院、放免囚授産場等の如きもの是れなり病院、監獄等も亦固より公設所たり唯私益を目的とする病院は公設所にあらず故に營利的病院に於て子の出生ありたる時は第七十二條の規定によりて父又は母、戶主、同居者其屆出をなすべく唯是等のものが屆出を爲すこと能はざる場合に於て醫師又は產婆は分娩に立會たるの理由を以て其屆出を爲すべきのみ病院監獄其他公設所に於て子の出生ありたる場合に於ても父又は母が屆出を爲すことを得るときは固より父又は母より屆出を爲すべきものなれども此の如き場合に於ては其父又は母は不在、疾患等の障碍によりて屆出を爲すこと能はざる場合の寧ろ多かるべきを以て該場合に於ては病院、監獄又は其他の公設所の長若くは管理人より屆出を爲さしむることゝ爲したるなり管理人とは其事務員の如き者を云ふ本條の場合に於ては第七十二條第三項に規定する戶主以下は屆出の義務を負はざるものなり。

第七十七條 出生ノ屆出前ニ子カ死亡シタルトキハ死亡ノ屆出ト共ニ出生ノ屆出ヲ爲スコトヲ要ス。

本條は出生屆出を爲さゞる前に出生子が死亡したる場合に於ける手續を規定するものなり。

子が出生したる後數日を經て未だ届出を爲さゞる中に死亡したる場合に於ては全く届出を要せざるか或は單に死亡の届出のみを以て足れりとするか將た又出生と死亡の届出とを併せて爲すべきか本條に於ては即ち此終りの手續に由るべきことを規定せり蓋し出生子が届出をなさゞる中に死亡するも既に一度出生したるものなり既に出生したる後に死亡したるものなるが故に出生の届出をなすと同時に併せて死亡の届出をも爲すべきものなり而して市町村長が此届出を受けたる時は先づ出生の登記を爲し次に其死亡の登記を爲すべきなり。

胎兒が死胎にて分娩したる場合は如何此場合には出生の事實なきを以て出生の届出を爲すの必要なし既に出生なきを以て死亡あらんや故に死亡の届出を爲すにも及ばず即ち出生死亡の記載には全く關係あらざるなり唯父が胎內にある私生子を認知したる後子が死體にて分娩せられたる場合に於ては特別の規定ありと雖ども出生死亡には全く關係なし(第八六條)然らば死體にて分娩したる胎兒は之を如何に取扱ふべきやといふに明治十七年十一月

本條は舊法第七十五條に該當す舊法によれば棄兒を發見したるものが市町村長に屆出づべく規定せらるゝも概ね棄兒を發見すれば警察官に申出ること多かるべきが故に警察官よりも申出で得るの道を開かざるべからず是に於てか改正法に於ては發見者及ひ棄兒發見の申告を受けたる警察官よりも申出で

内務省達乙第四十八號墓地及び埋葬取締規則細目第十一條第三項に「妊娠四ヶ月以上の死胎に係る時は醫師若くは產婆の死產證を差出し區長又は戶長の認許證を受くべし」とあり、依りて此手續に從ひ市町村長の認許證を受け埋葬を行ふべきものなり而して妊娠四ヶ月に達せさる死胎に就ては全く何等の手續も要せざるなり。

第七十八條　棄兒ヲ發見シタル者又ハ棄兒發見ノ申告ヲ受ケタル警察官ハ二十四時內ニ其旨ヲ市町村長ニ申出ツルコトヲ要ス。

前項ノ申出テアリタルトキハ市町村長ハ氏名ヲ命シ本籍ヲ定メ且附屬品發見ノ場所年月日時其他ノ狀況及ヒ氏名男女ノ別出生ノ推定年月日竝ニ本籍ヲ調書ニ記載スルコトヲ要ス其調書ハ之ヲ屆書ト見做ス。

本條より八十條までは棄兒に關する規定にして本條は棄兒發見屆出及ひ調書作製の手續を規定したるものなり。

第一項は棄兒發見の申出義務者及び申出期間を規定す棄兒は父母分明なら

得ることゝしたり、又舊法に於ては届出を要すと命じ若し違反せる時は届出義務懈怠として制裁を加へたるも是れ酷に失するものとして申出づることを要すを改めたり

ず從つて戸主同居者等固より不明なるが故に棄兒發見者又は棄兒發見の申告を受けたる警察官をして其旨を申出でしむべきものとせり但此申出は棄兒發見の申出にして出生の届出にはあらざれども其實出生の届出と殆んど同一なり而して申出期間は發見の時又は警察官は申告を受けたる時より二十四時間内に其旨を市町村長に申出でざるべからず是れ棄兒は之を養育するものあらざるが故に成る可く早く其申出を爲さしめんが爲なり。

第二項は市町村長が棄兒發見の申出を受けたるときに爲すべき手續を規定す此場合に市町村長がなすべき手續に二あり第一の手續は其子に氏名を命ずることとなり氏名は人の符號にして是れなき時は他人と辨識することを得ざるが故に假に其氏名を命せしむるなり但し其子に附札の如きものありて氏名若しくは名のみを記したるときは之によるべきこと勿論なり唯全く氏名の知れざる時は之を命ずべきのみ第二の手續は調書を作りて之を棄兒發見の申出書に添へ置くにあり其調書に記載すべき事項甚だ多し。

一　棄兒の附屬品、發見の場所、年月日時其他の状況

棄兒に附屬する物品は着衣より其他總ての物品を指稱し其他の狀況は棄兒の人相身體の肥瘠其他の特徵並に遺棄より發見までの推定時間等總ての事情を包含す調書に必ず是等の事項を記載せしむるものは後日其父母現出したるとき容易に其子を認識することを得せしめんが爲めなり。

二　棄兒の出生の推定年月日

一般の場合に於ては出生の年月日時まで記載せしむるものなれども棄兒にありては到底其時間までも知ること能はざるべきが故に單に推測の年月日のみを記載せしむるに止めたり。

三　氏名男女の別

氏名は即ち市町村長の命じたるもの若くは其知れたるものなり。

四　本籍

以上揭げたる事項を調書に記載し此調書は届書と見做す是れ第二項後段の規定する所にして是れ調書は届書にあらざるを以て其調書に記載したる事

項は理論上戸籍簿に記載することを得ざるなり然れども其の理論を貫徹せんか調書作成の趣旨に反するが故に本項後段の規定を設け其欠缺せる所を補充し調書の記載事項を戸籍簿に記載すべく其他届書と同じく之を取扱ふべきものとせり。

第七十九條　父又ハ母カ棄兒ヲ引取ルトキハ一ケ月内ニ第六十九條第二項ノ規定ニ依ル届出ヲ爲シ且戸籍ノ訂正ヲ申請スルコトヲ要ス。

本條は棄兒の父又は母が現出して其兒を引取る場合に於ける手續を規定せるものなり。

棄兒の父又は母が現出したるときは其兒を引取るべきは勿論にして此場合に於ては其兒を引取りたる日より一ケ月内に第六十九條第二項に規定せられたる届出を爲し且つ前になされたる届出發見の登記の訂正を申請せざるべからず。

第八十條　第七十八條第一項又は前條ノ手續ヲ爲ス前ニ棄兒ガ死亡シタルトキハ死亡ノ届出ト共ニ其手續ヲ爲スコトヲ要ス。

本條は棄兒の届出を爲さゞる前に棄兒が死亡し又は棄兒引取後引取届出以前に棄兒が死亡したる場合に於て如何に爲すべきかを規定せるなり。棄兒發見の後數時間を經て死亡し未だ届出をなさゞりし場合に於ては全く届出を要せざるか單に死亡の届出のみを以て足るか將た又棄兒發見の届出と死亡の届出とを併せて爲すべきか本條に於ては即ち此終りの手續によるべきことを規定せり蓋し棄兒が届出を爲さゞる前に死亡するも既に一度は發見したるものなり既に發見したる後に死亡したるものなるが故に棄兒發見の届出を爲すと同時に併せて死亡の届出をも爲すべきものにして市町村長が此届出を受けたるときには先づ棄兒發見の登記を爲し次に其死亡の登記をも爲すべきものなり。而して又第七十九條の場合に棄兒を引取りて届出でを爲さゞる以前に該兒の死亡したる場合は如何に取扱ふべきか此場合に於ても一度現出したる父母は父母なるを以て棄兒發見當時の登記の訂正を申請すると同時に死亡の届出をなさゞるべからず是れ戸籍を明確にする趣旨を貫徹するの必要よりするも斯かる手續を採らざるべからざるなり。

成年者の認知をなす場合は成年者の承諾を必要とす之れ成年私生子は已に獨立して生活を行ふ場合には正當の婚姻せざる父又は母の親權に服するを心よからず思ふ場合あらん故に其承諾を必要と

第三節　認知

婚姻外の男女間に出生したる子を私生子と稱す私生子認知とは父又は母が法律上の條件に從つて私生子と父子又は母子の關係あることを宣言するをいふ嫡出子は法律の推定によりて當然嫡出子たる身分を取得するものなれば之に就ては認知といふことなし而して認知を爲す人は父又は母にして父又は母が無能力なるときと雖ども法定代理人の同意を得ることを要せずして認知を爲すことを得べし法定代理人は之に代りて認知を爲すことを得ざるなり認知を受くるは胎内の子未成年の子成年の子死亡したる子等悉く認知を受くることを得唯其子の種類によりて多少認知の條件を異にするのみ私生子は母の認知によりて單純の私生子となり父の認知によりて庶子となる庶子は其父母の婚姻によりて嫡出子となり私生子も父母の婚姻中認知を受くるときは嫡出子となる是れ認知の效力なり故に認知は身分取得の原因なり既に認知は身分取得の原因なるを以て出生と同一の理由に依りて必ず

せるなり

や之を登記公示せざるべからず故に認知の方式は市町村長に届出るに在り遺言によりても認知を爲すことを得べしと雖も其遺言も亦必ず之を市町村長に届出づべきものたり以上は民法第八百二十七條乃至第八百三十六條の規定の概要なり既に私生子の認知及び認知の遺言は之を市町村長に届出づべきものとする以上は必ずや其届出の手續を規定せざるべからず之れ本節の由りて設けられたる所以なり。

第八十一條 私生子認知ノ届書ニハ左ノ事項ヲ記載スルコトヲ要ス。

一 子ノ氏名男女ノ別出生ノ年月日及ヒ本籍

二 死亡シタル子ヲ認知スル場合ニ於テハ死亡ノ年月日

三 父カ認知ヲ爲ス場合ニ於テハ母ノ氏名竝ニ本籍及ヒ父の職業

四 子カ家族ナルトキハ戸主ノ氏名本籍及ヒ戸主ト子トノ續柄

本條は私生子認知の届書に記載すべき事項を規定したるものなり。

私生子認知の届書に記載すべき事項は次の如し。

一 子の氏名男女の別出生の年月日及び本籍

直系卑屬とは直系尊屬に對する語にして子、孫、曾孫、玄孫等の如く自己より出たる子孫をいふ

二　死亡したる子を認知する場合に於ては死亡の年月日

父又は母は死亡したる子と雖ども其直系卑屬ある時に限り是を認知することを得ること民法第八百三十一條第二項の規定する所なり蓋し死亡したる子に直系卑屬ありたるとき父又は母が其死亡したる子を認知するは相續其他の點に於て其直系卑屬に利益を與ふることを得るを以てなり例へば父又は母に認知せられざる私生子ありて死亡し其私生子に子ありたる時父又は母が死亡したる子を認知したる時は其直系卑屬即ち子は是れによつて祖父又は祖母の相續人となることを得べく又或場合には扶養の義務を受くることを得べきが如し（民九五四條、九七〇條、九九四條、九九五條、一〇三〇條、一〇〇四條、而して死亡したる子を認知するに付ては最も其被認知者を詳かにするの必要なり、故に此場合には其死亡の年月日を記載すべきなり。

三　父が認知をなす場合に於ては母の氏名並に本籍及び父の職業

私生子には必ず母なかるべからず而して父が認知を爲すに當り母の氏

名及び本籍を記載するは被認知者が何人なるかを明にせんが爲めなり尚此外父の職業をも記載すべきものとす。

四　子が家族なるときは戸主の氏名本籍及び戸主と子との續柄

私生子は家族となる場合と一家創立の場合とあるも若し家族なる時は其屬する戸主の氏名本籍を記載し戸主と如何なる關係にあるやを記載せざるべからず之れ被認知者の何人たるかを明ならしめんが爲めなり

第八十二條　胎内ニ在ル子ヲ認知スル場合ニ於テハ届書ニ其旨母ノ氏名及ヒ本籍ヲ記載シ認知者ノ本籍地ニ於テ之ヲ届出ツルコトヲ要ス。

本條は胎内にある子を認知する場合に於ける特別の記載事項を規定するものなり。

父は胎内にある子と雖ども之を認知することを得ることは民法第八百三十一條第一項の規定する所なり母は自已の胎内にある子を認知するの必要なし既に胎兒の認知といふ時は父に限ること勿論なり父は何故に胎兒を認知するやといふに其子の出生前に或は自已の死亡せんことを慮る等の事情あ

本條は新設條文にして庶子出生の届出又は嫡出子出生の届出をなすときは更に改めて認知の届出をなさゞるも出生届によりて認知の效力をも包含せしむる便益

りて豫め之を認知するの必要あるべければなり而して子の出生後に於ては父又は母各々獨立して認知をなすことを得べしと雖ども胎內にある子を認知するには必ず其母の何人たるかを示さゞるを得ず之れ本條に於て母の氏名及本籍地を記載することを要すと定めたる所以なり既に前條第三號に於て父が認知をなす場合に於ては母の氏名及本籍地を記載することを要すと爲せる以上は本條の規定は全く無用なるか如しと雖も前條は既に出生したる私生子を認知したる場合の規定にして本條は胎內にある子を認知する場合の規定なるが故に直ちに前條の規定を適用し得られざるやの疑あり之れ特に本條の規定を設けたる所以なり。

第八十三條 父カ庶子出生ノ届出ヲ爲シタルトキハ其届出ハ認知届出ノ效力ヲ有ス民法第八百三十六條第二項ノ規定ニ依リ嫡出子タルヘキ者ニ付キ父母カ嫡出子出生ノ届出ヲ爲シタルトキ亦同シ。

本條は父が庶子出生の届出をなし又は民法八百三十六條の規定により嫡出子たるべきものにつき父母が嫡出子出生の届出をなしたる場合は認知の效

を許りて規定したるものにして一本の屆出にて二三の屆出手續を省略せしむる精神なり

本條は新設條文にして認知の裁判確定したる場合は訴の提起者より市町村長に裁判の謄本を添へて屆出でしむることを規定したるものにして舊法の欠缺を補充

力を有するものなりとの規定なり。

一度戸籍に私生子と記載せられたる者は認知によらざれば庶子となることを得ず然れども一度私生子として記載し更に是を認知して庶子となすは二重の手續を必要とし又私生子と戸籍上に記載するは子の爲めにも不幸なるを以て父が庶子出生屆を出したる場合は其の屆出は出生の屆出と共に認知の效力をも包含するものなることを規定したるものなり又民法第八百三十六條第二項には婚姻中父母が認知したる私生子は其認知の時より嫡出子の身分を取得すとあるも此場合に父母が嫡出子出生屆を差出す時は認知の屆出を必要とせずして認知せられたるものとなしたるなり。

第八十四條　認知ノ裁判カ確定シタルトキハ訴ヲ提起シタル者ハ裁判確定ノ日ヨリ十日内ニ裁判ノ謄本ヲ添附シ第八十一條ノ規定ニ依ル屆出ヲ爲スコトヲ要ス其屆書ニハ裁判確定ノ日ヲ記載スルコトヲ要ス。

本條は認知の裁判確定したる場合の手續を規定したるものなり。

したるに過ぎず

舊法に於ては遺言執行者は遺言の效力を生じたる日よりとあるを改正法にありては其執職の日よりと規定し其の届書には遺言者の死亡の年月日を記載すべしといふ規定を省畧したり

遺言執行者とは遺言者の指定により又は遺言者が指定を委託したる第三者の指定により

認知の訴訟を提起し其裁判確定したる場合に於ては訴を提起したるものは其の裁判確定の日より十日内に於て裁判の謄本を届書に添へ第八十一條の規定による届書を作成し市町村長に届出をなさゞるべからず而して其届書には裁判確定の日を記載すべきなり本條の規定は舊法の欠缺せる場合を補充したるなり。

第八十五條　遺言ニヨル認知ノ場合ニ於テハ遺言執行者ハ其就職ノ日ヨリ十日内ニ認知ニ關スル遺言ノ謄本ヲ添附シ第八十一條又ハ第八十二條ノ規定ニ從ヒテ其届出ヲ爲スコトヲ要ス。

本條は遺言認知の届出の手續を規定するものなり。

私生子認知の方式は通例市町村長に届出るにありと雖ども遺言によりても亦是をなすことを得るは民法第八百二十九條第二項の規定する所なり、而して遺言は遺言者の死亡の時又は遺言者死亡の後條件成就の日より效力を生ずるものなり(民法第一〇八七條)遺言が一度效力を生じ其認知が確定したる場合に於ては被認知者は是れによりて庶子又は私生子たる身分を取得する

又は裁判所の選任により て遺言執行の任務を負ふものといふ（民法一一〇八條・一一一二條）而して遺言執行者は相續人なることあるべく或は其他の人たることあるべし

ものにして遺言も亦身分取得の一原因とすることを得るものなるを以て必ず市町村長に届出で戸籍簿に記載せしめざるべからず然れども遺言者は既に死亡してあらざるが故に遺言執行者に於て是を届出づべく遺言執行者は遺言により認知の届出をなすに付左の規則に準據するを必要とす。

一　遺言執行者就職の日より十日内に届出をなすこと。

遺言執行者は遺言者自身にて指定する場合ありまた第三者に委託して指定する場合あるも是れ等指定せられたるものは遺言の效力發生の時より指定の效力を生ずるが故に此の時を就職の日としそれより十日内に市町村長に對し認知の届書を提出すべきものなり。

二　認知に關する遺言の謄本を添附すること。

認知の本づく所を確めんが爲めなり。

三　第八十一條及び第八十二條の規定に從ふこと。

即ち胎內にある子未成年の子成年の子死亡したる子等の區別に應じて

舊法第八十四條に該當すれども舊法に於ては其事實を知りたる日より一ヶ月內に認知の登記の取消を申請することを要すとあるも改正法に於ては十四日內に認知の届出地に於て其旨を届出ることを要すと規定したる點を異にす

玆に出生届出義務者といふは第七十二條に規定する人を指す

各其要件を具備することを要するなり。

第八十六條　認知セラレタル胎兒カ死體ニテ生レタルトキハ出生届出義務者ハ其事實ヲ知リタル日ヨリ十四日內ニ認知ノ届出地ニ於テ其旨ヲ届出ツルコトヲ要ス但遺言執行者前條ノ届出ヲ爲シタル場合ニ於テハ遺言執行者其届出ヲ爲スコトヲ要ス。

本條は胎內にて認知せられたる子が死體にて分娩せられたる時は認知の届出地に於て其旨を届出づべき旨を規定したるなり。

父は母の承諾を得て胎內にある子を認知するを得ることは民法の規定する所なり然るに父が胎內に在る子の認知を届出で登記をなしたる後其胎兒が死體にて分娩せられたる時は其胎兒は即ち出生せざるものにして全く消滅に歸し從つて其認知は無效に屬するものなり既に無效の認知なる以上は其登記を存するの必要なきが故に速に之を取消さざるべからず之を放任せんか後日或は累を釀さんも知るべからず故に出生届出義務者は死體分娩の事實を知りたる日より十四日內に前になしたる胎兒認知の届出地の市町村長

本條は新設にして口頭にて認知届出をなす場合に於ては代理を許さゞる旨を明にしたるなり

に死體分娩の旨を届出でざるべからず而して若し遺言執行者が胎兒認知の届出をなしたる場合に於ては遺言執行者より前述の手續をなさざるべからず即ち遺言者が遺言を以て胎兒を認知し死亡したるにより遺言執行者が其遺言の認知を届出でたるに其後胎兒が死體にて分娩せられたる場合をいふ。

第八十七條 第五十七條第三項ノ規定ハ第八十一條及ヒ第八十二條ノ届出ニハ之ヲ適用セス。

本條は認知行爲に就ては代理を許さざる旨を規定したるものなり。第五十七條第三項に於ては「届出人か疾病其他の事故により出頭すること能はざるときは代理人を以て届出を爲すことを得」と規定せるも認知行爲は事重大にして自ら爲さざるべからざる行爲なる故に是を許さざる旨を明確ならしめたるなり。

第四節　養子緣組

我國は古來祖先崇拜する念並に家系を尊重する風習盛んにして親より子、子より孫と代代相傳へて祖先を祭祀し家系を繼續せしめたり然るに終世子なきものにあつては後世相傳ふるの途杜絶し爰に祭壇と家系とが斷絶するに至るべきを以て子にあらざるものを子と見なし之れに子としての職責を負はしむる制度起るに至りしなり之我國に於ては古より養子制度を認めたる所以なりとす

養子縁組とは法律の規定により實の親子にあらざるものの間に於て實親子と同一關係を生せしむることを云ふ。而して之によりて眞實の親と同一の地位に立つものを養親と稱し嫡出子と同一の身分を取得する者を養子と稱す養親、養子は縁組によりて一は收養者となり一は被收養者となり天然の親子の如き親族關係に立つに至るなり即ち養子縁組は實親子にあらざるものを實親子と同一に見做す法律の擬制的制度なりとす。

養子縁組は法律行爲即ち意思表示なるを以て彼の出生死亡等の事實と異り當事者に於て縁組を爲すの意思を有し又其意思を表示せざるべからず且つ要式の行爲にして單に右の意思表示あるのみを以て足れりとせず必ず法律に定められたる一定の形式を踐まざるべからす而して其形式は届出なりとす故に實際に於て如何に親に密なる關係に立ち實親子間も啻ならざる狀態にあるも單に是のみにては未だ法律上の養子として實親子と同一の關係を生ずるものにあらず其縁組の届出あるに因つて始めて縁組の效力を發生するなり又養子縁組は双方行爲なるを以て收養者若くは被收養者一方の意

思を以てするのみにては縁組を爲すこと能はず双方の意思が合致するを必要とす。

養子縁組は何人が如何なる場合に於ても自由無制限に爲し得るものにはあらで公益上の理由よりして次に掲ぐる要件を缺ける養子縁組は無效なるものとす。

一 養子は養親より年長者又は尊屬にあらざること(民法八三八條)

二 養親は未成年者にあらざること(民法八三七條)

三 男子を養子と爲すには女婿とする場合の外其養親に法定推定家督相續人たる男子なき場合なること(民法八三九條)

四 後見人が被後見人を養子と爲すには遺言を以てするか又は後見の任務を終了して既に計算を終りたるものなること(民法八四〇條)

五 配偶者あるものは養子を爲し又は養子となるには夫妻共同にて之を爲すべきこと(民法八四一條)

六 父母の同意又は承諾あること(民法八四三條八四四條八四五條)

右の外相對的の要件としては戸主の同意を要す戸主の同意を得ずして養子縁組を爲したる家族は離籍せられ又は復籍を拒絶せらるゝことあるべし(民法七五〇條、七四一條)次に家督相續によりて戸主となりたる者は正當の事由あるにあらざれば養子となりて他家に入ることを得ず(民法七六二條)又特別の要件としては華族が養子を爲すには宮内大臣の許可を要すべく(華族令九)外國人が日本人の養子となるには内務大臣の許可あることを必要とすべし(明治三一年法律第二十一號)

養子縁組の要件は右の如し縁組は必ず是等の諸條件を具備して然る後に完成することを得然るに縁組が是等の條件の一を缺きたるとき又は當事者間に養子縁組の欠缺若くは瑕疵と爲すべき事情ありたるときは法律に從ひて或は無效となり或は取消さるべきものなり而して無效の縁組は當初より成立せざるものなるが故に何人も之を主張することを得追認等を爲して有效ならしむることを得ず然るに取消は一旦成立して其效力を生じたるものを無效となさしむるものなるが故に之を取消すことを得るものは法律に定め

本條は舊法第八十五條に該當す其第二項後段に於て養子が婚家又は養家より更に緣組に因りて他家へ入る場合に於ては「婚家の戸主又は前養親の氏名職業及本籍地を記載することを要す」とあれども改正法に於ては「實家の戸主前養親の氏名及ひ本籍を記載すること

たるものならざるべからず。取消權行使の期間は一定せられ此の期間内に必ず裁判所に請求して其判決を受けざるべからず。

以上述ぶる所を以て見れば養子緣組は届出によりて其效力を生ずるものなるが故に届出の手續は嚴に是を確定せざるべからず又市町村長は違法の届出を受理すべからざるものなるが故に緣組の届出は必ず其條件を具備せしむるを要す是れ本節の規定と民法の規定と緊しく相牽聯する要點なり。

第八十八條　緣組の届書ニハ左ノ事項ヲ記載スルコトヲ要ス。

一　當事者ノ氏名出生ノ年月日本籍及ヒ職業

二　養子ノ實父母ノ氏名及ヒ本籍

三　當事者カ家族ナルトキハ戸主ノ氏名本籍及ヒ戸主トノ續柄、婚家又ハ養家ヨリ更ニ緣組ニ因リテ他家ニ入ル者ニ付テハ前項ニ掲ケタル事項ノ外實家ノ戸主前養親ノ氏名及ヒ本籍ヲ記載スルコトヲ要ス。

本條は緣組の届出に記載すべき事項を規定せるものなり。

緣組の届書に記載すべき事項左の如し。

を要す」とせり是れ再縁組する場合に實家の戸主の氏名を知るの必要あるを以て斯く規定せるなり

世俗にて縁組といふ語は婚姻にも養子縁組にも通じて用ふる所なれども本法及び民法に於て縁組といふ時は必ず養子縁組を指すものにして婚姻は必ず之を婚姻と稱し縁組とはいはず從つて離縁といふ語は養子縁組の解消する場合に限りて用ひ離姻といふ語は婚姻の解消する場合に限りて用ふ

一　當事者の氏名出生の年月日並に本籍及び職業

當事者とは養親及び養子をいふ養親といふときは養父及び養母を含む養子といふ語は從來男子を收養する時のみ用ひ女子を收養する時には特に養女なる語を使用したりしも舊法以來民法の規定と共に男女共に之を養子と稱す。

二　養子の實父母の氏名及び本籍

實父母とは養父母に對する語にして實家の父母をいふ必ずしも生父母に限らず繼父母又は嫡母も亦其中に含まるゝなり。

三　當事者が家族なるとき戸主の氏名、本籍及び戸主との續柄。

當事者即ち養親養子が家族なるときは戸主の氏名本籍及び戸主との續柄を記載すべし。

右の外婚姻又は養子縁組に因りて他家に入りたるものが更に養子として他家に入る場合に於ては前に掲げたるものゝ外實家の戸主前養親の氏名及び本籍を記載せざるべからず。

本條は舊法第十六條に該當するものにして舊法にては爲すことを要すと規定せるを改正法は爲すことを得と變更し其屆出を

第八十九條 配偶者ノ一方カ雙方ノ名義ヲ以テ緣組ヲ爲ス場合ニ於テハ屆書ニ其事由ヲ記載スルコトヲ要ス。

本條は配偶者の一方が雙方の名義を以て緣組を爲す場合に於ける特別の記載事項を規定するものなり。

夫婦が養子を爲し又は養子となる場合に於ては原則として其一致あることを必要とすることは民法第八百四十一條に依りて明なり然れども夫婦の一方が疾病其他の事故により意思を表示すること能はざる時は他の一方が双方の名義を以て緣組をなすことを得べき事は民法第八百四十二條に特定する所なり而して此場合は變例に屬するを以て其事由を明にせしめんが爲め特に之を屆書に記載せしむることゝなせり。

第九十條 民法第八百四十三條ノ規定ニ依リテ緣組ノ承諾ヲ爲シタル場合ニ於テハ屆出ハ其承諾ヲ爲シタル者之ヲ爲スコトヲ得。

本條は十五年未滿の子が養子となる場合に於ける特別の屆出義務者を規定するものなり。

為す者は必ずしも承諾者に限らざる趣旨を明にせり

繼父とは前夫の子より其母の後夫を指して云ひ繼母とは前妻の子より其父の後妻を指して云ひ嫡母とは庶子より其父の妻を指して云ふ通常妾腹の子より父の本妻を指して嫡母といふなり親族會とは世俗の所謂「親類相談」にして民法第九百四十四條以下の規定する所なり（民法八四三條）

十五年未滿の子は自ら其利害を判斷するの能力なし故に其子を收養せんとするものあるに當りては其子の家にある父母が其子を代表して當事者の地位に立ち縁組の承諾を與ふる事を得るものなり父母の一方が知れざるとき死亡したるとき等の場合に於ては其一方のみの承諾にて足る又父母共に知れざる時死亡したるとき等の場合に於ては後見人及び親族會に於て承諾を與ふることを得べし（民法八四六條）而して父母が繼父母又は嫡母なるときは或は其子の利益を慮ること深切ならざるやの虞あるが故に必ず親族會の同意を得て縁組の承諾を與ふべきものとす。

抑養子縁組は當事者及び成年の證人二人以上より屆出づべきものなり然るに養子が十五年未滿なるときは自ら縁組を承諾するの能力なし況んや之を屆出づるの能力あらざるものなるを以て養子を代表し當事者の地位に立ちて縁組を承諾したる父母（繼父母及び嫡母をも含む）又は後見人が之に代りて養親及び證人等と共同して屆出を爲すことを得べき旨を規定せり若し夫れ滿十五年以上の養子にありては父母の同意を得て自ら縁組を承諾するもの

なるが故に届出も亦自ら是を爲すべきこと勿論なり。

第九十一條 民法第八百四十八條ノ規定ニ依リ緣組ノ届出ヲ爲スヘキハ緣組ニ關スル遺言ノ謄本ヲ届書ニ添付スルコトヲ要ス。

本條は遺言を以て養子を爲したる場合に於ける届書の手續を規定せるものなり。

遺言を以て養子を爲したる場合には遺言者の死亡又は遺言者の死亡後條件の成就によりて遺言が效力を生じたる後遺言執行者は養子と爲るべき者又は十五年未滿の子に代りて緣組を承諾したる父母若くは後見人及び成年の證人二人以上より遲滯なく緣組の届出を爲すべきものなることは民法第八百四十八條の規定する所なり此場合に於ける届書には養子に關する遺言の謄本を添へて遺言の趣旨を明にせしむべきものとす。

第九十二條 緣組ノ届出ハ養親ノ本籍地又ハ所在地ニ於テ之ヲ爲スコトヲ要ス。

本條は緣組届出の場所を規定せるものなり。

届出は届出人の本籍地又は所在地の市町村長に爲すを以て本則とす(第四十三條)然るに縁組の場合に於ては届出人は養親、養子及び證人二人なるが故に其中何人の本籍地又は所在地の市町村長に届出づべきかを定めざるべからず依つて本條は養親の本籍地又は所在地の市町村長に届出づべきものとなせり是れ養子は縁組に因り養親の家に入るべきものなればなり(民八六一條參照)

本條は舊法第九十二條の規定に該當するものなれども舊法に於ては届出期間を一个月とし改正法に於ては十日とし又届書記載の方式をも定めたり、是れ舊法と異る所なりとす

第九十三條 縁組取消ノ裁判カ確定シタルトキハ訴ヲ提起シタル者ハ裁判確定ノ日ヨリ十日以内ニ裁判ノ謄本ヲ添附シ其旨ヲ届出ツルコトヲ要ス。

届書ニハ左ノ事項ヲ記載スルコトヲ要ス。

一　當事者ノ氏名及ヒ本籍

二　養子ノ實父母ノ氏名及ヒ本籍

三　養子ノ入ルヘキ家ノ戸主ノ氏名及ヒ本籍

四　養子カ一家ヲ創立スルトキハ其旨及ヒ創立ノ原因並ニ場所但

実家ヲ再興スルトキハ其旨及ヒ再興ノ場所

五　裁判確定ノ日

本條は縁組取消の裁判が確定したるとき登記の取消を申請すべき旨を規定せるものなり。

縁組の取消は必ず裁判所に請求すべきものにして取消を請求し得る場合取消權を有する人及び之れを行ふべき期間其他種々の制限は一々民法中に之を規定せり（民法八五三條乃至八五九條）縁組が裁判によりて取消されたるときは其時より效力を失ふものなり故に之を登記し置かざるべからざるを以て訴を提起したるものに於て裁判確定の日より十日内に裁判の謄本を添附し其旨を届出でざるべからずとし左の事項の記載を必要とせり。

一　當事者たる養親、養子の氏名及び本籍

二　養子の實父母の氏名及び本籍

三　養子の入るべき家の戸主の氏名及び本籍

四　養子が一家を創立するときは其旨及び創立の原因並に場所但實家を

第三號の養子の入るべき家とは養子縁組の取消によつて新に入るべき家を指すなり

再興する時は其旨及び再興の場所

五　裁判確定の日

第九十四條　第五十七條第三項ノ規定ハ縁組ノ届出ニハ之ヲ適用セス

本條は口頭にて縁組の届出を爲す場合に代理人を許さゞる旨を規定せるものなり。

口頭にて縁組の届出をなす場合に第五拾七條第三項の規定を許さゞるものは縁組の如き重要なる事項に付ては其事の最も確實明白ならんことを欲するが故に必ず本人自ら出頭して縁組を爲すの意思あること及び其他の要件を陳述すべし民法が口頭にて届出づべき旨を規定したるものは全く其趣意に外ならず故に届出人が疾病其他の事故によりて市町村長の面前に出頭すること能はざる時は署名したる書面を以て届出でざるべからず決して代理人を差出し口頭の届出を爲すことを得ざるなり。

第五節　養子離縁

離縁とは完全に成立せる縁組を解消する法律行為をいふ縁組が完全に成立せざる時即ち實體上の要件を欠如せる爲め瑕疵を存して成立したる時に其縁組の效力を失はしむるは縁組の取消にして離縁にあらず離縁は其縁組が完全に成立したることを前提要件とす瑕疵なき縁組を將來に向つて解消する行爲は即ち離縁なり是を以て離縁の當時に於て瑕疵ありとれが取消をなし得る場合に於ても取消權者が一定の原因(期間の經過、時效、拋棄等)によりて取消を行使するを得ざるに至りたる時は其瑕疵は補充せられ完全なる縁組と同一の效力を有するに至るを以て此場合には又離縁をなすことを得るなり。

離縁は法律行爲なり即ち完全なる縁組を解消せんとする當事者の意思表示なるが故に意思決定の能力なきものは自ら離縁をなすことを得ず又意思表示に關する民法一般の原則に支配せらるるものなるを以て離縁の意思表示が錯誤に出でたる時は無效なるべく(民法九五條)詐欺又は脅迫に出でたる時は之を取消すことを得べし(民九六條)而して離縁が是等の原因に因り無效となり又は取消されたる時は完全なる縁組は依然として存續す。

縁離の第一目的は養子をして其家を去らしむるに存し養親子の關係斷絶は寧ろ附隨の效果なり故に養親が死亡するも離縁を爲すことを得るに反し養子が死亡したる時は絶對に離縁を許さゞるなり。(民法八六二條第三項參照)離縁を別ちて協議上の離縁及び裁判上の離縁の二と爲す。

協議上の離縁とは當事者の協議を以て離縁をなすことを謂ひ民法八百六十二條乃至八百六十五條の規定する所なり其要件左の如し。

一　十五年未滿の養子の離縁は養親と養子に代つて縁組を承認すべき父母又は後見人との協議を以て是をなす。(民法八六二條二項)

二　養親が死亡したる後養子が離縁をなさんと欲する時は戸主の同意を得て之をなすことを得。(民法八六二條三項)

三　滿二十五年に達せざるものが離縁をなすには其父母の同意を得ることを要す父母の一方が知れざるとき又は死亡したるとき等の場合に於ては其一方の同意のみを以て足る父母共に知れざる時又は死亡したる等の場合に於ては未成年者に限り後見人親族會の同意を得ることを要

協議上の離縁は之を市町村長に届出るに因りて其效力を生ず届出をなさゞる間は未だ離縁せるものと認めざるなり離縁の届出も縁組の届出と同じく當事者の双方及び成年の證人二人以上より口頭又は署名したる書面を以て是をなすべきものとす市町村長は其届出が違法にあらざることを認めたる後にあらざれば之を受理することを得ず然れども市町村長が誤りて違法の届出を受理するも其離縁は之れによりて充分の效力を生ずるものとす

す繼父母又は嫡母が同意を與へざる時は親族會の同意を得るを以て足る。(民法八六三條)

四　協議上の離縁は之を市町村長に届出ることを要す。(民法八六五條)又裁判上の離縁とは法律に特定せる場合に限り當事者の一方が裁判所に訴へて離縁をなすことをいひ民法第八百六十六條乃至第八百七十六條の規定する所なり當事者の一方が裁判所に訴へて離縁をなすことを得るは法律に特定せる場合に限り其他の場合に於ては之れをなすことを得ざるものとす其場合左の如し。(民法八六六條)

一　他の一方より虐待又は重大なる侮辱を受けたるとき。

二　他の一方より惡意を以て遺棄せられたるとき。

三　養親の直原尊屬より虐待又は重大なる侮辱を受けたるとき。

四　他の一方が重禁錮一年以上の刑に處せられたるとき。

五　養子に家名を瀆し又は家産を傾くべき重大なる過失ありたるとき。

六　養子が逃亡して三年以上復歸せざるとき。

七　養子の生死が三年以上分明ならざるとき。

八　他の一方が自己の直系尊屬に對して虐待をなし又は之れに重大なる侮辱を加へたるとき。

九　婿養子緣組の場合に於て離婚ありたるとき又は養子が家女と婚姻をなしたる場合に於て離婚若しくは婚姻の取消ありたるとき。

以上の諸場合に對して法律は尙ほ種々の制限を設け其制限内にあらざれば離緣の訴を提起することを得ざるものとし(民法八六八條乃至八七三條)其他養子が戶主となりたる後は隱居を爲したる上にあらざれば離緣を爲すことを禁せり(民法八七四條)裁判上の離緣は其裁判が確定したる時に其效力を生ずるものにして是を市町村長に届出るを俟つて初めて效力を生ずるものにあらず然れども一旦離緣の届出をなし其登記をなしたる以上は其效力を發生するものなり又裁判によりて離緣となりたるときと雖も亦必ず之を届出で其登記をなさゞるべからず。

要するに協議上の離緣は市町村長に届出つるによりて效力を生じ市町村長

本條第五號の規定は復籍を拒絕せられたる場合に其の拒絕せられたる事實明瞭なる時一家を創立せざるべからさる者なる場合は離緣屆に一家を創立する旨を記載して二重の屆出の繁雜を避けしめんとの趣旨により規定したるものなり

は其屆出が法令に違反せざることを認めたる後にあらざれば是を受理することを得ずされば離緣の屆出は其要件を具備するを要す裁判上の離緣も身分上に變更を生ずるものなるが故に是亦屆出でしむるの必要あるを以て本節の規定を存するなり。

第九十五條 離緣ノ屆書ニハ左ノ事項ヲ記載スルコトヲ要ス。

一 當事者ノ氏名本籍及ヒ職業

二 養子ノ實父母ノ氏名及ヒ本籍

三 當事者カ家族ナルトキハ戶主ノ氏名及ヒ本籍

四 養子ノ復籍スヘキ家ノ戶主ノ氏名及ヒ本籍

五 養子カ一家ヲ創立スル時ハ其旨及ヒ創立ノ原因並ニ場所但實家ヲ再興スルトキハ其旨及ヒ再興ノ場所

本條は離緣の屆書に記載すべき事項を規定するものなり。

離緣の屆書に記載すべき事項左の如し。

一 當事者たる養親養子の氏名本籍及び職業。

二　養子の實父母の氏名本籍。
三　當事者が家族なる時は戸主の氏名及び本籍。
四　養子が復籍すべき家の戸主の氏名並に本籍。
養子は離緣によりて當然實家に復籍し實家に於て有せし身分を回復するものなるを以て復籍すべき家の戸主を記載せしむるなり。（民法七三九條八七五條）
五　養子が一家を創立する時は其旨及び創立の原因並に場所但實家を再興する時は其旨及び再興の場所。
養子が復籍拒絶等の理由により一家を新立する場合に於ては其旨及び創立するに至りし原因又一家を創立すべき場所等を記載せざるべからず但實家の再興の場合に於ては其の旨及び場所を記載するを以て充分とす。

第九十六條　民法第八百六十二條第二項ノ規定ニ依リテ離緣ノ協議ヲ爲シタル場合ニ於テハ屆出ハ其協議ヲ爲シタル者之ヲ爲スコトヲ得。

本條は十五年未滿の養子が離緣を爲す場合に於ける特別の届出義務者を規定せるものなり。

十五年未滿の養子の離緣は養親と養子に代はりて離緣を承諾すべき父母又は後見人との協議を以て之をなすべきことは民法第八百六十二條第二項の規定する所なり故に其届出も亦協議をなしたるものに於て之をなすべきものなりこの場合に於ても成年の證人二人以上を要するは勿論なり本條は第九十條と同一の趣旨に本づくものなるが故に同條の解釋を參照すべし。

第九十七條 民法第八百六十二條第三項ノ規定ニ依リテ離緣ヲ爲ス場合ニ於テハ養子其届出ヲ爲スコトヲ得。

本條は養親が死亡したる後養子が戶主の同意を得て離緣をなす場合に付き規定せるものなり。

離緣は本來養親と養子との協議を以てなすべきものなれども養親が死亡したる後は養親と協議をなすことを得ず然れども右の場合に於て養子は單獨の意思を以て自由に離緣をなすことを得べしとせば輕々しく離緣をなすこ

とを得るの結果種々の弊風を生すべし、依つて法律は養親死亡後に養子が離縁するには養家の戸主の同意を必要とせり(民法八六二條第三項)然れども戸主は元來養子緣組の當事者にあらず唯離緣に付き其同意を要することゝなしたるは養子をして輕々しき離緣をなすことなからしめんとするに過ぎざるを以てこの塲合に於ける届出は養子より之をなすのみを以て足れりとす但この場合に於ても二人の證人を要するものなり。

第九十八條 離緣ノ裁判カ確定シタルトキハ訴ヲ提起シタル者ハ裁判確定ノ日ヨリ十日內ニ裁判ノ謄本ヲ添附シ第九十五條ノ規定ニヨル届出ヲ爲スコトヲ要ス其届書ニハ裁判確定ノ日ヲ記載スルコトヲ要ス。

本條は裁判上の離緣を届出づる手續を規定するものなり。

裁判上の離緣を届出づるには左の手續に從ふべきものとす。

一 届出人は離緣の訴を提起したる者にして即ち當事者の一方なるか又は十五年未滿の養子に代りて緣組の承諾を與へたるものならざるべか

らず。（民法八六七條）

二　届出期間は裁判確定の日より十日とす。

三　裁判の謄本を添附すること。

四　届書には第九十五條に規定せられたる事項及び裁判確定の日を記載するを必要とす。

第九十九條　第五十七條第三項ノ規定ハ第九十五條乃至第九十七條ノ届出ニハ之ヲ適用セス。

本條は第九十五條乃至第九十七條の届出に第五十七條第三項に規定する代理を許さゞる旨を規定せるものにして第九十四條の説明を參照せば自ら了解する所なるを以て茲に贅せず。

第六節　婚姻

婚姻とは法律に定められたる條件を備ふる男女が相互に夫婦關係を結ぶことを承諾し一定の方式に從ひ其届出をなすをいふ故に或る男女間に實際上

夫婦關係の存在することあるも法律に定められたる方式に從ひ届出をなさゞるものは法律上婚姻したるものと認るを得ず而して婚姻は家の本にして夫婦の身分を作り親子兄弟姉妹等の關係を生ずると共に社會の基本をなすものなるを以て其制度の良否は國家の利害に關係すること甚大なり故に我民法は七百六十五條乃至八百十九條に於て最も詳細なる規定を設けたり。

前述の如く婚姻は市町村長に届出で初めて成立するものなるを以て一定の方式に從ひ當事者及び成年の證人二人以上より口頭又は書面を以て届出ざるべからず又市町村長は婚姻の届出が以上の諸條件を備へ民法其他の諸法令に違反せざることを認めたる後にあらざれば其届出を受理することを得ず唯戶主の同意を得ずして届出でたるものありしときは市町村長は一應是に注意を與へ當事者が尙ほ届出をなさんとする時は之を受理すべきなり又外國にある日本人が婚姻する場合には其國に駐在せる日本の大使公使又は領事に婚姻の届出をなさゞるべからず。

婚姻の無效及び取消は養子緣組の無效及び取消と全く同一なるが唯取消權

を有するもの及び是を行使する期間等に差異あるのみ婚姻の無效は民法第七百七十八條に規定する所にして其取消は民法第七百七十九條乃至第七百八十七條に規定せらるる所なり。

第百條 婚姻ノ屆書ニハ左ノ事項ヲ記載スルコトヲ要ス。

一 當事者ノ氏名出生ノ年月日本籍及ヒ職業。

二 父母ノ氏名及ヒ本籍。

三 當事者カ家族ナルトキハ戸主ノ氏名本籍及ヒ戸主トノ續柄。

四 入夫婚姻又ハ婿養子緣組ナルトキハ其旨。

五 入夫婚姻ノ場合ニ於テ入夫カ戸主ト爲ルトキハ其旨。

當事者ノ一方カ婚家又ハ養家ヨリ更ニ婚姻ニ因リテ他家ニ入ル場合ニ於テハ前項ニ揭ケタル事項ノ外實家ノ戸主養親ノ氏名及ヒ本籍ヲ記載スルコトヲ要ス。

本條は婚姻の屆書に記載すべき事項を規定するものなり。

一 當事者の氏名出生の年月日竝に本籍地及び職業。

本條は舊法第百二條に該當する規定にして改正法第五號は舊法第百二條第五號と反對の規定をなしたり之れ入夫婚姻屆一本にて別に家督相續屆を差出さしめずして入夫が戸主となりたることを認めんとする趣意により規定したるものにて要するに手續の簡略を圖りたるなり

當事者とは届出によりて夫婦となるべきものをいふ。

二　父母の氏名及び本籍。

夫婦となるべきものの雙方の父母をいふ父母といふときは繼父母又は嫡母も其中に含まるるなり。

三　當事者が家族なるときは戸主の氏名本籍及び戸主との續柄。

當事者が戸主と如何なる關係に立つものなるかを知らんため續柄を記載せしむるなり。

四　入夫婚姻又は婿養子緣組なるときは其旨。

入夫婚姻とは男子が戸主たる女子と婚姻することをいふ入夫婚姻は普通の婚姻と頗る其效力を異にするものあり其主要なるものを擧ぐれば普通の婚姻にありては妻が夫の家に入るものなれども入夫婚姻にありては夫が反つて妻の家に入ること(民法七七八條)普通にありては妻が夫家の氏を稱することなれども入夫婚姻にあつては夫が反つて妻の家の氏を稱すること(民法七三六條、七四六條)の如く入夫婚姻と普通の婚姻と異る點多きを以て必ず其旨を明にせざるべからず。

婿養子縁組とは養子が縁組をなすと同時に養家の家女又は養親の他の養子即ち養女と婚姻を爲すことをいふ世俗に於ては將來養親の子と婚姻せしむるの目的を以て養子をなすときは之を婿養子と稱することあり然れども是は民法の意義と異る民法に於ては縁組と同時に婚姻をなす場合に限りて婿養子と稱し其他は普通の養子と稱するが故に混同せざらんことを要す婿養子縁組は養親子の關係を生ずると同時に夫婦の關係を生ずるものにして普通の婚姻又は縁組と法律上の效果を異にするものあり之れ亦必ず其旨を明にせざるべからざる所以なり(民法七八六條七八八條、八一三條、一〇號、八三九條、八五八條、八六六條、九號八七六條)

五　入夫婚姻の場合に於て入夫が戸主となりたるときは其旨。

入夫婚姻の場合に入夫が戸主となりたるときは一般の規定により論ずれば家督相續の届出をなさゞるべからざるも入夫婚姻届によりて入籍の届出をなさしめ家督相續届を出さしめず其旨を記載して戸主たるの

資格を得せしめんとの便宜によりて本號を規定したるなり。

尚此外當事者の一方が婚家又は養家より更に婚姻によりて他家に入る場合に於ては實家の戸主又は養親の氏名職業及本籍地を記載すべきものとす從來の慣例に於ては婚姻及び養子縁組によりて他家に入りたるものが婚姻によりて更に他家に入らんと欲するときは一旦實家に復歸し然る後に婚姻をなすべきものなりしも民法は婚家又は養家より直ちに他家に入ることを得るものとするが故に其關係を明にせんが爲めに前婚家の戸主又は養親の氏名を記載せしむるものなり。(民法七四一條一項)

第百一條 婚姻ノ届出ハ夫ノ本籍地又ハ所在地ニ於テ之ヲ爲スコトヲ要ス但入夫婚姻又ハ婿養子縁組ノ場合ニ於テハ妻ノ本籍地又ハ所在地ニ於テ届出ヲ爲スコトヲ要ス。

本條は婚姻の届出を爲すべき場合を規定するものなり。

普通の婚姻にありては夫の本籍地又は所在地の市町村長に是を届出づべきものとす是れ妻は婚姻によりて夫の家に入るべきものなればなり之に反し

本條は舊法第百六條に該當する規定にして內容に於ては變りなきも唯無效の場合を削除し九十三條の規定を準用することゝせり

入夫婚姻及び婿養子緣組にありては妻の本籍地又は所在地の市町村長に屆出づべきものとすこれ入夫及婿養子は妻の家に入るべきものなればなり。(民法七八八條)

第百二條 第九十三條ノ規定ハ婚姻取消ノ裁判カ確定シタル場合ニ之ヲ準用ス。

檢事カ訴ヲ提起シタル場合ニ於テハ裁判確定ノ後遲滯ナク戶籍記載ノ請求ヲ爲スコトヲ要ス。

本條は婚姻の取消の裁判確定したるとき其取消を申請すべき旨を規定するなり。

第九十三條の準用によりて婚姻取消の裁判が確定したる場合に於ては訴を提起したる者は裁判確定の日より十日內に所定の方式に從ひ作成せられたる屆書に裁判の謄本を添付し前に爲したる婚姻屆出の取消を申請せざるべからず。

又婚姻に付きて檢事より其取消を請求することあり即ち民法七百八十條の

規定する所にして右條文に列擧したる規定に違反せる婚姻は各當事者、其戸主、親族の外檢事よりも其取消を請求することを得るものなり蓋し是等の要件を缺きたる婚姻は公序良俗を害すること極めて大なるが故に檢事は公益の保護者たる資格に於て之れが取消を請求することを得るなり此場合に於て其裁判が確定したるときは遲滯なく檢事より市町村長に向つて登記の取消を請求すべきものとす。

第百三條 第五十七條第三項ノ規定ハ婚姻ノ届出ニハ之ヲ準用セス。

本條の規定は婚姻の届出に付ては代理を許さゞる旨を規定せるなり。

婚姻の如き重大なる事項を口頭にて届出でんには本人自ら出頭せざるべからず故に代理を許さゞる旨を規定せるなり。

第七節　離婚

離婚とは夫婦が協議上若くは裁判所の判決によりて一旦完全に成立したる夫婦關係を解消することにして前に述べたる婚姻の無效及び取消とは異る

なり。

一協議上の離婚　協議上の離婚は夫婦が協議の上婚姻を解消することにして市町村長に届出で初めて其効力を生ずるものなるを以て未だ届出でざる間は事實上夫婦關係は失はれたりと雖も法律上離婚と認むるを得ず。離婚の届出は當事者及び二人以上の成年の證人より口頭又は署名したる書面を以てす又市町村長は離婚が法律命令に違反せざるものなることを認めたる後にあらざれば其届出を受理することを得ず然れども市町村長が一旦受理したる以上は例令届書に缺くる所あるも離婚の效力は生ずるなり。

二　裁判上の離婚　裁判上の離婚とは法律に定められたる場合に限りて當事者の一方か裁判所に訴へ離婚を請求するものにして即ち民法八百十三條に掲げられたる事項例へば妻が姦通せるか夫が一年以上の重刑を科せられたるときの如し斯かる場合に於ては市町村長に届出でゝ後に效力を生ずるにあらずして裁判の確定と同時に效力を生ずるなり唯前に婚姻届をなしたるを以て其登記を取消さしめん爲めに届出をなさしむるなり。

第百四條 離婚ノ屆出ニハ左ノ事項ヲ記載スルコトヲ要ス。

一 當事者ノ氏名本籍及ヒ職業
二 父母ノ氏名及ヒ本籍
三 當事者カ家族ナルトキハ戸主ノ氏名及ヒ本籍
四 婚家ヲ去ル者ノ復籍スヘキ家ノ戸主ノ氏名及ヒ本籍
五 婚家ヲ去ル者カ一家ヲ創立スルトキハ其旨及ヒ創立ノ原因竝ニ場所但實家ヲ再興スルトキハ其旨及ヒ再興ノ場所。

本條は離婚の屆書に記載すべき事項を規定するものなり。

本條に列記する所の事項は婚姻の屆書及び養子離縁の屆書に記載する事項と略同一にして玆に之を反覆するの必要を見ざるが故に省畧す。

第百五條 離婚ノ裁判カ確定シタルトキハ訴ヲ提起シタル者ハ裁判確定ノ日ヨリ十日内ニ裁判ノ謄本ヲ添附シ前條ノ規定ニ依ル屆出ヲ爲スコトヲ要ス其屆書ニハ裁判ノ確定ノ日ヲ記載スルコトヲ要ス。

本條は裁判上の離婚を屆出る手續を規定せるものなり。

離婚の訴を提起するものは夫婦の一方に限る夫婦の一方が離婚の訴を提起して其裁判が確定したる時は其日より十日以内に裁判の謄本を添へて離婚の届出をなすこと裁判上の養子離縁に關する規定と異らざるを以て茲に是を説述せず。

第百六條　第五十七條第三項ノ規定ハ第百四條ノ届出ニハ之ヲ適用セス。

本條は離婚の届出を口頭を以てなす場合に代理を許さゞることを規定したるものにして離縁の場合の主旨と同一なるが故に參照すべし。

第八節　親權及後見

親權と戸主權

親權と戸主權とは其目的に於て異ろ即ち戸主權は一家の利益保護に基くものにして戸主が家族に對して有す

親權とは親なる身分に基きて其家にある子に對して有する權利義務の總稱なり蓋し幼少の子に對しては他より其利益を保護せざる可らざるは勿論なるが故に其保護者としては自然の愛情ある親にまさる者なし故に其保護を完ふする爲めには子の身體及財産に對し必要なる處置を爲し得べき權利を

る所の權利なり親權は家なる概念を去り個人たる子の利益を保護するの趣旨に基き父母たる資格に於て其子に對し行ふ權利なり。又作用に於ても異る親權の作用は子の監護敎育及び財産の管理代表に限らるゝも戸主權の作用は家族の身上の進退に及ふに進ぎざるなり

與へ置かざるべからざると同時に之を義務として親の責任となすを以て人類當然の道とす因つて民法に於ては親權なるものを認め其下に於て親をして子の養育保護をなさしむると同時に之れに必要なる懲戒監督等をなす權利をも與ふるなり。

右の如き理由を以て親權者は其子と起居を共にするものならざるべからず假令其子の實父母たりとも居所を共にせざる父母には親權行使を許さず又其子の利益保護の爲めなるを以て其子の年齡が成年に達し獨立の生活をなすを得るに至りたるときは總ての事を自身に處理するの思慮分別を生ずるを以て一般の場合に於ては親權の必要を生せざるなり而して親權を行ふものは何人なるかといふに其家にある父又は母なりといへども父之を行ふを以て原則とす然れども父が家を去りたるとき死亡したるとき又は意思を表示することを能はざるときに於て母之を行ふものとす(民法八七七條二項)之れ本節に於て親權を規定したる所以なり。

後見とは從來地方の慣習により「ウシロミ」と稱したるものにして民法の所謂

法定代理の一種なり未成年者の後見は未成年者が法律行爲をなすを監督し同意を與ふる任務をいひ禁治產者の後見は禁治產者に代りて其財產を管理する職を指すなりこの任務に當る者之を後見人又は法定代理人とも稱するなり未成年者の爲めに明かに不利益ならざる者を除き其他の法律行爲は少くとも後見人の暗默の同意を得たるにあらずんば完全なりとはいふを得ず又禁治產者が自らなしたる法律行爲は取消すことを得るものなり(民法四條九條)而して何人たりと雖ども未成年者及び禁治產者に對する訴は其後見人に向ひて提起せざるべからず(民訴法一〇五條、四六條)之を要するに後見人の何人なるかを公にするの必要は公益に基く是れ本節に於て後見を登記し後見の始終を屆出づべきことを命じたる所以なり。

第百七條 父カ親權又ハ管理權ノ喪失ノ宣告ヲ受ケタル場合ニ於テ母其權利ヲ行フトキハ裁判確定ノ日ヨリ十日內ニ裁判ノ謄本ヲ添附シ其旨ヲ屆出ツルコトヲ要ス其屆出ニハ裁判確定ノ日ヲ記載スルコトヲ要ス。

第百七條第百八條は新設條文にして舊法に於ては後見のみを規定し親權喪失の場合を規定せず然るに改正法に於ては父が親權又は管理權を喪失したる場合に母が代表者となるを以て其代表者を公示せしめん爲めに親權に付て規定したるなり母が親權又は管理權を失ふたる場合に於ては後見開始するを以て母に付ての規定を設けざりしなり

本條は父が親權又は管理權を喪失し母が代つて行ふ場合の手續を規定したるものなり。

親權を行使すべき父が其家にあらざるか又は死亡し或は意思表示をなすを得ざる場合に於ては母は是に代つて親權を行ふべきものなり而して父の親權又は管理權を喪失せしめんには訴を提起し其喪失の宣告確定したる場合に於て母其權利を行ふものにして此場合に於ては裁判確定の日より十日以內に裁判の謄本を添附し其旨を届出づることを必要とす而して其届書には裁判確定の日をも記載すべきものとせり。

第百八條　第九十三條第一項ノ規定ハ失權宣告取消ノ裁判カ確定シタル場合ニ之ヲ準用ス此場合ニ於テハ其届書ニ裁判確定ノ日ヲ記載スルコトヲ要ス。

本條は失權宣告取消の裁判確定したる場合を規定したるものなり。

前條の規定により父が親權又は管理權を行使し得ざる場合に失權の宣告確定し母之に代つて親權及び管理權を行使するに至りたるも父が再び親權を

行ひ得又は管理權を行使し得るに至りたる場合に於ては訴を提起し失權取消の裁判を仰がざるべからず而して取消の裁判確定したる場合に於ては訴を提起したるものは裁判確定の日より十日內に裁判の謄本を添附し裁判確定の日を記載して其旨を屆出で先の登記の取消を請求せざるべからず是れ本條の規定なり。

第百九條 後見開始ノ屆出ハ後見人其就職ノ日ヨリ十日內ニ之ヲ爲スコトヲ要ス。

屆書ニハ左ノ事項ヲ記載スルコトヲ要ス。

一　後見人及ヒ被後見人ノ氏名出生ノ年月日及ヒ本籍

二　被後見人カ家族ナルトキハ戶主ノ氏名及ヒ本籍

三　後見開始ノ原因及ヒ年月日

四　後見人就職ノ年月日

本條に於ては後見開始の際就職したる後見人に後見屆を爲すべき義務を命じ其の屆出手續を示したるなり。

後見人には指定後見人、法定後見人、選定後見人の三種類あり、指定後見人とは親權を行ふものにより指定せられたるものなり法定後見人とは法律の規定により當然後見人となるものをいふ、選定後見人とは指定後見人及法定後見人なきとき又はなきに至りたるとき親族會に於て選定する後見人を指稱するなり

被後見人とは後見人の保護監督を受ける未成年者又

後見は滿二十歳以下の者の爲めに親權を行ふ父母死亡し若くは親權の喪失を宣告せられたる者のみ存するとき又は親權を行ふべき父若くは母あるも管理權の喪失を宣告せられ若くは管理を辭し其權利を有せざる場合並に未成年者若くは成年者が禁治產の宣告を受けたる場合に開始するものなり。（民法八九六條八九九條九〇〇條）

後見開始したるときは指定又は法律の規定又は選定により定りたる後見人が職につくべきなり（民法九〇一條乃至九〇四條）

後見人たることを辭せず即ち承認して其職に就きたるものは其事實ありたる即日より起算し十日以內に本條第一號乃至第四號に列擧する事項の記載を爲したる書面又は市町村長に向ひ具さに口頭を以て屆出をなさゞるべからざるものなり。

一　後見人及び被後見人の氏名出生の年月日及び本籍

後見人及び被後見人の氏名出生の年月日及び本籍の屆出を要したるは第三者に於て未成年者又は禁治產者の法定代理人の何人なるやを知る

は禁治産者を指稱するものなり。

こと必要なるを以て公示の手續を取りたるなり。而して被後見人の法律行爲に付ては其行爲の本人たるものなるが故に其出生の年月日及本籍地を届出でしめ何某たるを正確にするは必要なるのみならず殊に未成年者の場合には成年者となると同時に後見が終了するものなるにより被後見人の出生の年月日を届出でしむることを必要とせるなり。

二　被後見人が家族なるときは戸主の氏名及び本籍

被後見人が家族なる時とは一家の戸主にあらざる戸主の配偶者或は六等親以内の同家親族たる者を指していふなり其戸主の氏名及本籍地の届出を要したるは如何なる家長の下に居る者が被後見人たるやを知らしめんが爲めなり本項の届出は被後見人が家族たるときにのみ要するものにして若し戸主たる時は不必要となる。

三　後見の開始する原因は數個あり未成年者に付ていふときは(一)父母共に死し若くは親權又は管理權喪失の宣告ありたるとき(二)父若くは母のみ存したりしに父若くは母に右の事實のありたるとき(三)父の知れざる

とき又は死亡し、家を去り若くは親權を行ふ能はず且つ母が管理を辭したるとき(四)親權を行ふものが未成年者の財產を管理する勞に堪ふる能はず然るに未成年者が禁治產の宣告を受けたるとき等にして禁治產者に付ていふときは(一)通常成年者が禁治產の宣告を受けたるときなりと雖も(二)未成年者が其宣告を受けたるときをも包含すべし本法が是を區別明示して屆出でしむるは原因の種類により後見人の職務若くは其終了に付き差違あるによる例へば親權を行ふものあるときは後見人は未成年者の財產を管理するの職權のみを有するが如し又禁治產の宣告による者は或時期に至るも當然後見は終了せず特に裁判あるを要するが如し而して是等は被後見人と取引せんとする第三者の知ることを要求するものなればなり。(民法八七七條、八九六條、八九七條、八九九條、九〇〇條、九三五條)

四　後見人就職の年月日とは後見人が後見の事務を執り始めたる時期をいふ其年月日を屆出ることを必要としたるは其就職の前後により第三

者が後見人と被後見人との間に生じたる債務關係につき詳知するを必要とすればなり(民法九一九條、九二〇條、九二四條)

第百十條 後見人更迭ノ場合ニ於テハ後任者ハ就職ノ日ヨリ十日内ニ其旨ヲ届出ツルコトヲ要ス此場合ニ於テハ前條ノ規定ヲ準用ス。

本條は後見人の更迭に際し後の後見人の届出でざるべからざる手續を規定したるものなり更迭の原因は(一)從來の後見人が辭任若くは死亡せる時(二)後見人が禁治產、準禁治產、停止公權破產の宣告を受けたる場合、(三)後見人又は其配偶者並に直系血族が被後見人に對し訴訟をなしたるとき(四)行衛不明となりたるとき等にして其場合に於て新なる後見人の設定せらるゝを更迭といふなり(民九〇八條九一五條)

前後見人に代りて新に後見人となりたるものは後見人となることを承認し執務すべき責任を負ひたる即日より起算し十日以内に前條第一號乃至第四號に該當する事項を書面に記載し又は口頭を以て市町村長に届出でざるべからず。

第百十一條 遺言ニヨル後見人指定ノ場合ニ於テハ指定ニ關スル遺言ノ謄本ヲ屆書ニ添附スルコトヲ要ス。

後見人選任ノ場合ニ於テハ選任ヲ證スル書面ヲ屆書ニ添附スルコトヲ要ス。

本條は指定選定にかゝる後見人の後見屆出手續を規定したるものなり抑々未成年者の父又は母にして最後まで親權を行ひしものは遺言を以ても未成年者の後見人となるべき者を指定することを得るのみならず母が殘存し居る場合と雖も豫め財産の管理を辭したるとき又は母が不行跡等により親權の喪失を宣告せられたるときの如きは父に於て遺言により指定をなしたるものは正當となるなり（民法九〇一條八九六條）

遺言に依り指定せられたる後見人は其指定を記載する遺言書の謄本即ち寫書を添附して屆出でざるべからず。

未成年者に對し親權を行ふ父若くは母が後見人を指定せずして死亡し禁治産被宣告者に對し當然後見人となるべき父母若くは夫妻又は戸主あらざる

時は親族會に於て後見人を選定せざるべからず親族會に依り選擧任命せられたる後見人たるときは其選任を證明すべき親族會の决議書又は區裁判所が決議に代はる裁判をなしたるものなるときは其裁判所の正本謄本若くは抄本を添附して後見の届出でをなさざるべからず、(民法九〇一條乃至九〇四條、九五二條)

本條が證明書を添附すべしと命じたるは若し法律の規定する場合によらず又は指定選定の權利なき者の選定指定にかゝらんか後見人の資格は根本より成立せざるものにして其執行したる事務は當然無效となるべければ第三者の爲め重大なる利害の關係あるものなり從つて正當に法律の規定に從ひたる特定選定の登記をなすこと必要とすればなり。

第百十二條 後見終了ノ届出ハ後見人十日內ニ之ヲ爲スコトヲ要ス。

届書ニハ左ノ事項ヲ記載スルコトヲ要ス。

一　被後見人ノ氏名及ヒ本籍

二　後見終了ノ原因及ヒ年月日

本條は舊法百十七條に該當する條文なれども舊法には第一項第二號就職の年月日とあるを改正法は是を略し又舊法は第二項

に於て後見人死亡の場合を規定したるも改正法に於ては是を省略せり

本條は後見人の任務の終了に際し届出をなすべき手續を規定したるものなり。

抑々後見人の任務の終了するは未成年者に付ていひば(一)未成年者の死亡したるとき(二)未成年者が成年者となりたるとき(三)後見人が死亡したる時(四)後見人が禁治產、準禁治產、破產の宣告を受けたるとき(五)後見人が裁判所より免黜せられたるとき(六)後見人が行衛不明となりたるとき(七)正當の事由により後見の職を辭したるとき(民法四條九〇八條九〇七條)等なれども(三)(四)(五)(六)(七)は本條に關係する所にあらず而して禁治產者に就ていふときは(一)禁治產者が死亡したるとき(二)禁治產の宣告ありたるとき(三)後見人に上掲未成年者に付き述べたる(三)(四)(五)(六)(七)の事實ありたるとき等なり。(民法七條一〇條九〇八條九〇七條)

後見人が其職務終了を告げたるときは其事實發生の即日より起算し十日以内に本條に掲ぐる事項を市町村長に届出でざるべからず其届出でを必要となしたる所以は爾後後見人が責任を免れ本人に於て自ら法律行爲をなすか

又は新なる後見人に於て爾後本人の行爲を代理するに至るものにして第三者は從來の責任者の何人なりしか茲に將來の責任者及び行爲者を知ることの必要なるは言を俟たざる所なるが故なり。

一　被後見人の氏名及び本籍を届出でしむるは當該後見人の任務終了したること及び如何なる被後見人の後見たりしやを公示し且つ正確にせんが爲めたり。

二　任務終了の原因及び終了の年月日を届出でしむることゝせるもその原因に付ては前述せり而して終了の原因あれば當然終了するものあり例へば未成年者又は禁治産者の死亡により後見任務の終了の如し。又或事實あるも裁判なくんば終了せざるものあり例へば後見人が任務を辭し後見人監督人及び親族會に於て辭任の理由なしと爭ふ時の如し。

第百十三條　前四條ノ届出ハ被後見人ノ本籍地又ハ後見人ノ所在地ニ於テ之ヲ爲スコトヲ要ス。

本條は前四條即ち後見に關する届出を提出すべき場所を指定したるものな

り。

抑々後見人の職務は被後見人たる未成年者の法律行爲をなすに際し賛否を與へ監督し若くは禁治産者の財産を占有して是を支配し處理し第三者より被後見人に對する行爲に代りて相手方となり適當に處辨するにあり勿論後見人は被後見人の爲めに置かるゝものなれば後見に關する届出は被後見人の本籍地の市役所町村役場に届出で登記すべきを原則とす。然れども後見人は本籍地にあることあり又は他に住所を設けて本籍地にあらざることあり或は本籍地にあらず他に住所を有せずして或場所に在住することありされば後見に付ては後見人の所在地に届出ざるべからず故に法律は被後見人の本籍又は監督者たる後見人の所在地何れかの市町村長に届出づべき旨を規定せり。

第百十四條 後見人ニ關スル本節ノ規定ハ保佐人ニ之ヲ準用ス。

本條は後見人に關する規定を保佐人にも準用すべき旨を規定せるなり。

保佐人は必神耗弱者、聾者、啞者、盲者及び浪費者が民法第十二條に規定せられ

本條は新設條文にして保佐人にも準用すべきことを規定せるなり。

猥りに隱居を許すときは或は安逸を圖り若しくは債權者を欺く爲め隱居するが如き弊害を生する故一定の條件を備ふることとを必要せるなり

たる行爲をなす場合に同意を與ふる權利を有するものにして若し同意を得ずしてなしたる行爲は取消さるゝの虞あり故に民法第十二條に別擧せらるゝ法律行爲をなす場合に付ては禁治產者に對する後見人の如き地位に立つを以て後見人に關する規定を準用すべき旨を規定したるなり

第九節　隱居

隱居とは一家の戸主の身分を相續人に讓り家族となるをいふ然れども隱居は猥りに是を許すことを得ず民法第七百五十二條以下の規定に於て一定の條件を備ふるか又は裁判所の許可を得ざるべからず。

隱居は養子緣組及び婚姻と等しく身分に關係したる事項にして市町村長に届出で初めて其效力を生ずるものなり尤も裁判所の許可を得たる場合はその許可を受けたる時より效力を生ず然れども戸籍に變動を生ずるを以て此場合に於ても法律は必す市町村長に届出でざるべからずと規定せり而して隱居の事實により戸主たりし隱居者と第三者との關係は爾後新戸主との關

係に變ずるものなるにより第三者に於て其事實ありたることを知るを必要とすべし之れ本節を設け隱居せることを公示せんが爲めに届出で手續を規定したる所以なり。

第百十五條　隱居ノ届出ニハ左ノ事項ヲ記載スルコトヲ要ス。

一　隱居者ノ氏名出生ノ年月日及ヒ本籍

二　家督相續人ノ氏名出生ノ年月日並ニ本籍及家督相續人ト隱居者トノ續柄

三　隱居ノ原因

本條は最も普通なる隱居の届出手續を規定したるに過ぎず蓋し隱居の届出をなすべき義務者は民法により一定せるを以てなり(民法七五七條)抑も隱居の種類には或條件の具備するにより自由に爲し得るものと裁判所の許可を得て爲し得るものと夫の合意を得て始めて爲し得るものとあるも特に裁判所の許可又は夫の合意を得て爲すことは稀れなるべくして或條件を具備し任意に家督を相續人に讓り隱居をなすは普通なるべし。

家督相續人と隱居者との續柄とは隱居するものが父にして家督を相續したるものが隱居者の第一男第二女若くは入夫なる時は長男、次女、若くは入夫といふが如きを記載するを指すものなり

隱居は隱居者と合意あるのみにては其效力を生せず其成立には市町村長に屆出るを要す其之れなき間は第三者に對しては勿論當事者間にあつても何等の效果を生ぜざるものなるを以て屆出期間の存すべき理由なし故に隱居せんと欲する隱居者は本條第一號乃至第三號の事項を具備して屆出でざるべからざるなり。

一　隱居者の氏名出生の年月日本籍を記載せしむるは如何なる戶主が隱居したるやを明確ならしめんが爲めなり。

二　家督相續人の氏名出生の年月日並びに本籍及家督相續人と隱居者との續柄を記載すべきなり而して家督相續人の氏名と共に其出生年月日等を屆出づべきことを命じたる所以は第一家督相續人は爾後隱居に代りて戶主となり家に關する一切の關係を承繼し概ね權利義務共に引受くるものなるが故に如何なるものが家督相續人たるやを知ることは第三者の欲する處なるのみならず隱居者との續柄如何により法定の推定家督相續人あるに至りたるときの如きは隱居は無效と爲り相續不成立

若し永久從來の住所または居所を去りたるものが何等の音信もなくその生死も判明せざ

となることもあるものなれば其詳細も亦第三者に知らしむること有益なるを以てなり(民九七三條)

三　隱居の原因とは(一)一定の條件を具備したる合意の隱居(民七五二條)(二)疾病、本家相續、再興、他家に婚姻、入籍等により裁判所の許可を得てなす隱居(民法七五四條)(三)女戸主が入夫の同意を得て爲す隱居(民法七五五條)の如きを指すなり。

第十節　死亡及失踪

死亡には自然の死亡と法律上の死亡とあり而して自然の死亡とは人の生活機關の運行の絶止をいひ法律上の死亡とは失踪を指す失踪に關しては後段に其詳細を述べん。

所謂死亡は人格を消滅せしむ故に死亡者か戸主ならんか家督相續開始の原因となり其有する權利義務は相續人に移轉し一身に專屬する權利義務は爰に絶止するに至るものにして實に至大至重の事項なり是れ失踪と共に本法

る場合にその儘に放任し置かんか權利義務の關係は何時までも不確定にして利害關係を有する者は不都合を感するを以て法律は失踪宣告の制度を認めかゝるものは死亡者と見做し權利義務の關係を確定せしめたるなり

に於て詳密なる規定を設けたる所以なり。

失踪は前述せる如く法律上の死亡を指していふものにして或る人が住所又は居所を去り其生死が七年間分明ならず又は戰地に臨みたる者其他死亡の原因たるべき危難に遭遇したるもの丶生死が戰爭後又は危難の去りたる後三年間分明ならざる時に於て利害關係者の請求により裁判所に於て失踪の宣告をなしたるをいふものなり(民法三〇條三一條)此宣告ありたる時は其生死分明ならざる者は七年又は三年の期間滿了の時に於て死亡したるものと見做さるゝものにして其人格を喪失する者なり從つて其權利義務は相續人に移轉し失踪者と關係を有するものまたは失踪者の有せし財產に付き法律關係を有し若くは其關係を惹起せんとする者に於ては其相續人と關係を生するものなる故に失踪の事實を知るを必要とすべし是れ本節を設け失踪を公にせんとしたる所以なり。

死亡の事實判明せるも醫師の診斷所檢案書を添付す

第百十六條　死亡ノ屆出ハ屆出義務者カ死亡ノ事實ヲ知リタル日ヨリ七日內ニ診斷書若クハ檢案書又ハ檢死調書ノ謄本ヲ添附シテ之ヲ爲

ろ能はざろ場合多々あり例へば漁夫が難船等の爲め船諸共に海底の藻屑となれ如き是れなり、而して右の場合は別に官公署も之に關する事無きを以て第百十九條に依つて處理する能はざるべし然らば斯の如き場合は如何にすべきか
蓋し死亡の場合に診斷書、檢案書を附すべしとせる立法の主意は診斷書又は檢案書を附するを得る場合に於ては添付すべしとするものにして右例の如く醫師の診察又は檢案する能はさる場合に於ては單に死亡證のみにて屆出をなすを得せしむる精神

スコトヲ要ス。

屆書ニハ左ノ事項ヲ記載スルコトヲ要ス。

一　死亡者ノ氏名本籍及ヒ職業

二　死亡ノ年月日時及ヒ場所

三　死亡者カ家族ナルトキハ戸主ノ氏名及ヒ戸主ト死亡者トノ續柄

本條は死亡者ありたる時に際し一定の義務者が屆出をなすべき手續を規定したるものにして屆出期間屆出づべき事項及び添附すべき書類を示したるものなり。

屆出義務者は或人の死亡の事實を知りたる即日より起算し七日内に屆出でざるべからず其死亡の時より起算せざるは之を知ること能はざる場合あるを以てなり。

屆出をなすに際しては本條一號乃至三號の事項と診斷書檢案書又は檢視調書を添附せざるべからず普通疾病又は老衰により死亡したるものなるときには診斷書を添附し典獄、檢事、豫審若くは公判判事の命令により醫師の檢案

なり
通常届出期間は十日なるにかゝはらず死亡に限り七日となしたる原因は人の死亡は權利の主體の喪失なり財産の管理者の消滅となり或は一家の廢絶を來し私書證書の廢絶を來たし私證書が確定日附の書面となる標準となり其他種々の點に於て重要なる關係を生ずるものなるを以て速に届出でしめ確實にするの必要なるによる

したる死體等に關するとき又は判事の命令によりたるものにあらずと雖ども死亡前醫師の診察せざりし死體につき死亡原因を檢査したりしものなるときは檢案書を添附すべく其死亡者が縊死溺死の如く變死者なるが爲め警察官が臨檢し調書を作りたる時の如きは其檢死調書の謄本を添へて提出せざるべからず之を要するに死亡の事實を確實に證明すべき一の證據を差出すことを命じたるものなれば其一に屬すべき書類を添付すべきなり尤も鼇頭に掲げたる如き事由ありて診斷書又は檢案書を附する能はざる場合は死亡證によりて届出づるを得べし。

一　死亡者の氏名本籍及び職業

人の人格は死亡によりて消滅するものなるが故に其何れの屬籍者なるや如何なる人なるやを正確にするの必要あるは言を竢たざる所なり故に知り得る限りは死亡者の氏名本籍及び職業を記載すべきものなり然れども之等の事項は正確に知ること能はざる場合なきにあらず斯る場合に於ては其知れたる事項のみを記載すべきものとす。

二　死亡の年月日時及場所。
死亡の時に於て人格は消滅するものなるが故に其日時を知ることは必要なり又死亡の場所は犯罪或は相續等の場合に必要なることあるを以て屆出でしむるなり。
三　死亡者が家族なる時は戸主の氏名及戸主と死亡者との續柄。
死亡者が戸主なる時は家督相續は開始せられ家族なる場合には遺産相續は開始せらるるの區別を生ずるのみならず戸主と家族との續柄如何によりて戸主は家族の負擔したる義務を引受けざる可らざる場合と否らざる場合とあり故に其の戸主との續柄を記載せしめんとしたるなり。
第百十七條　左ニ揭ケタルモノハ其順序ニ從ヒ死亡ノ屆出ヲ爲スコトヲ要ス。
但シ順序ニ拘ハラス屆出ヲ爲スコトヲ得。
第一　戸　主
第二　同居者

人の死たるや時と場所とを選ばず故に是を豫知すること能はざるを以て死亡は必ず公示するを要す之れ屆出をなさしむる所

以なり然れども一の届出あれば足るものなれば義務者の順序を定め第一義務者其義務を盡せば第二義務者以下は其義務を免るるものなり本條に於て廣汎的に義務者を指定し且つ其順序を定めたるなり

同居と同家と區別せざるべからず同家とは無形の家を同じくせる戸主と家族をいふと雖ども同居とは有形的に居住を共にするをいふ故に甲家の戸主と乙家の戸主と同居なることあり一家の家族の

第三　家主地主又ハ家屋若クハ土地ノ管理人

本條は一定の人に死亡届をなすべき義務を命じ且つ其順位を規定したるものなり。

第一　戸主

戸主は一家の統督者にして家族に關する事項を處理すべきは我家族制度の然らしむる所なり是れ戸主を以て死亡届出義務者とし且つ第一順位の義務を負はしめたる所以なり。

第二　同居者

戸主は必ずしも絶えず家にあるものにあらず又戸主自ら死亡者なることあるべくして第一義務者たる戸主が義務を盡すこと不能なる場合あるべし斯かる場合に苟しくも戸主と同家同室し居を同じくするものに死亡者の死亡届をなすべき義務を第二位に於て負擔せしむること敢へて非理といふべからず故に本條に於て第二義務者として同居者を掲げたるなり。

第三　家主地主家屋又は土地の管理人。

一部又は全部と他家の家族と同居なることあり要は住居を一家に同しうするをいふ

本條は舊法第百二十七條の規定に該當する所なれども舊法には死亡者の本籍地若しくは寄留地といふ文字あるも簡明を主とせる改正法は之を省略したり

家主とは死亡者の居住し若くは死亡者の倒れ居たる家の所有主を稱し地主とは死亡者の倒れ居たりし山林田畑宅地の所有主若くは死亡者の絶息したる建物の設ある地の所有主を云ひ土地若くは家屋の管理人とは所謂差配人の如きを始め法人に屬する土地家屋内に死體あるを發見したる時の如きは法人理事も義務者たるべく市町村有の土地家屋に死者ある場合には市町村長は其土地家屋の管理人なるが故に本號の義務者となるなり斯くして死亡者ありたるときは洩れなく届出でしむるの便宜を得べきなり。

第百十八條　死亡ノ届出ハ死亡地ニ於テ之ヲ爲スコトヲ得。

本條は死亡の届出をなすべき場所に付ての規定なり。

人は時と所とを選はず死亡するものなるを以て或は本籍地に於て或は住所地又は旅行先に於て死することあり去ば必ず本籍地若くは住所地の市町村長に届出づべきことを命ずるときは大に不便を感ずることあるべし而して是等の登記は事件を標準とするものなれば事件の發生したる地の市役所又は町村役場に届出でしむれば足る是れ本條に於て死亡の届出は死亡者あり

たる地即ち死亡地に於て届出をなすことを得る旨を規定したる所以なり。

第百十九條　水難火災其他ノ事變ニ因リ死亡シタル者アリタル場合ニ於テハ其取調ヲ爲シタル官廳又ハ公署ハ死亡者ノ本籍地ノ市町村長ニ死亡ノ報告ヲ爲スコトヲ要ス。

本條は水難火災其他の事變に際し死亡の報告をなすべき義務者を定めたるものなり。

水難火災及び其他の事變により死亡者ありたる場合に於ては唯届出者の報告のみを信ずべからず司法警察官又は其事務を取るべき公署に於て臨検調査するを以て是等の公署をして報告をなさしむるときは一層正確且つ便利なりとす而して是等の公署に於ては死亡者の本籍地の明瞭なるものに付きては其本籍地の市町村長に向ひ直ちに死亡の報告をなさゞるべからず是れ今日に於て失條の宣告を待て生死を定むるが如きは煩はしきを以てかゝる規定を設け死亡を明ならしめんとせるなり而して其本籍地の不分明なるものに對しては百二十二條の規定に從ひ處置せざるべからず此點に付ては後

本條は舊法第百三十一條の規定に該當す舊法に於ては單に難破船のみの規定たるも改正法に於ては地震火災其他の事由と規定し多くの場合を豫想せり之れ斯る場合に今日の有樣に於て一々失踪手續により三年或は七年を待たざるべからざるの煩を避くる爲め市町村長は取締官廳の報告によつて死亡を明ならしむる便宜の爲め本條を設けたるなり

に詳述せん。

第百二十條 死刑ノ執行アリタルトキハ監獄ノ長ハ遲滯ナク監獄所在地ノ市町村長ニ死亡ノ報告ヲ爲スコトヲ要ス。

前項ノ規定ハ在監中死亡シタル者ノ引取人ナキ場合ニ之ヲ準用ス此場合ニ於テハ報告書ニ診斷書又ハ檢案書ヲ添附スルコトヲ要ス。

本條は監獄内にて死亡者ありたるときの報告手續を規定したるものたり監獄には戸主同居者の如きもの居住するを得ざるが故に特別の規定を設くること固より必要なり。

犯罪人の死刑の執行は監獄内絞首場に於て爲すものにして立會檢事判事及び係官の外之を傍觀するを許さざるが故に一般の死亡屆出義務者は死亡の事實を知るによしなし故に監獄署長をして報告せしむるにあらざれば市町村長は登記をなし得ざるを以て本條第一項は死刑の執行ありて犯人の死亡の事實ありたる時監獄の長は遲延怠慢なく所在地の市町村長に報告せざるべからずとせり。

又在監囚人にして死亡したる場合に死體の引取人なきことあり其引取人ある場合は戸主同居者等なるべければ是等のものより屆出づべしと雖も其引取人なき場合には屆出をなすものなきにより監獄署の長をして報告せしむるの必要あり而して判決の效力により死に至らしむる場合と異り他の原因により死亡したる者に就ては原因を明確ならしむる證明を徵すること有益なる場合あり故にこの場合に於ては報告書に醫師の診斷書を添へ報告せしむること必要なり若し頓死又は縊死其他の變死ならんか死體に付き監獄醫又は他の醫師の檢案したる證明書を添附せしめざるべからず而して其報告は監獄署所在地の市町村長に對してなすものなり。

第百二十一條 前二條ノ報告書ニハ第百十六條第二項ニ揭ケタル事項ヲ記載スルコトヲ要ス。

本條は第百十九條の水難火災其他の事變により死亡者となりたる場合に其取調べをなしたる官廳又は公署より其本籍の市町村長に對する報告書又は第百二十條の死刑執行ありたる監獄の長又は在監囚の死亡者引取人なき監

獄の長より其所在地の市町村長に報告する書面は第百十六條第二項に規定せられたる書式に從ひ記載せざるべからざるなり。

第百二十二條 死亡者ノ本籍分明ナラス又ハ死亡者ヲ認識スルコト能ハサル場合ニ於テハ警察官ハ檢視調書ヲ作リ之ヲ添附シテ遲滯ナク死亡地ノ市町村長ニ死亡ノ報告ヲ爲スコトヲ要ス。

死亡者ノ本籍分明ナルニ至リ又ハ死亡者ヲ認識スルコトヲ得ルニ至リタルトキハ警察官ハ遲滯ナク其旨ヲ報告スルコトヲ要ス。

第一項ノ報告アリタル後第百十七條第一號及ヒ第二號ニ掲ケタル者カ死亡者ヲ認識シタルトキハ十日内ニ死亡ノ屆出ヲ爲スコトヲ要ス。

本條は死亡者の本籍分明ならず且死亡者の何人なるかを知ること能はざる時に際する死亡報告義務者及び其報告手續と本籍又は何人たるを知るに至りたるときに際する報告竝に屆出義務者を指定し及び其報告竝に屆出手續を規定したるものなり。

死亡者の本籍分明ならず且住所地寄留地は勿論何人なるかも知ること能は

ざるときは警察官の臨検を仰ぎ事態を審になし置くは司法警察上の必要なる所なるを以て必ず檢視すべしされば斯かる場合に於ては警察官をして遲滯なく其地の市町村長に報告せしむるを便利となす是れ本條第一項に於て警察官に對し檢視調書を作り遲滯なく其死亡地の市町村長に報告すべきことを命じたる所以なり。

本籍地の分明せる者が死亡せる時死亡地又は寄留地の市町村長にして死亡の屆出を受理したる時は非本籍人のみの戸籍簿に記載したる後遲滯なく其本籍地の市町村長に屆出又は屆出に基き市町村長の作りたる書面の一通を送附すべきを原則とすと雖も被登記者の本籍分明ならざる、時は死亡地又は寄留地の市町村長は其手續をなす能はず從つて本籍地に於ては其死亡の事實を公告することを得ず然れども本人の死亡の事實を公示することの必要なることはまた言を俟たず茲に於てか本條第二項には死亡者の本籍分明ならさるも何某なることを知り得たるとき又は寄留地若しくは住所地分明し其何某なるやをも知り得たる時は警察署に於て遲滯なく前に報告を送附し

法は本文の如き場合に於て戸主同居者のみに届出の義務を負はしめ家主地主土地家屋の管理人等には届出義務を負はしめざるは蓋し死體が現に所有家屋土地上に存し又は其管理する土地建物內にある時は其死體の取片付けらるゝに付き利益を有するものなれば其場合に届出義務を命ずる理由ありと雖ども既に警察官に於て檢死調書を作り

たる死亡地の市町村長に對し再び其報告をなさざるべからざることを規定したる所以なり其報告期間を定めざるは時に尚ほ調査を要することもあるべく又直ちに報告をなし得ることあるべきを以て一定する能はざるによるべし。

家族或は同居者の死亡ありたる事實を知りたる戸主又は同居者は死亡者と關係を有することを前に述べたるが如くなるを以て死亡届出の義務を免るべからず本條第一項第二項の規定に從つて警察署が既に報告をなしたる場合と雖も亦然り斯くの如く其義務を免脱せしめざる所以は若し其義務を免脱せしめんか届出義務を懈怠若くは遲延せしむる弊を生ずる虞あればなり故に戸主又は同居者は其家族又は同居者が死亡したる事實を知りたる時は之を届出でざるべからず但前項の場合に於て死亡の事實を知りたる届出義務者は尚ほ果して死亡者が家族又は同居人なるかを實檢熟慮するを要すべければ十日の餘裕を與へたるなり又警察官の檢視調書ありて死亡を證明すべきが故に醫師の診斷書又は檢案書を要せず檢視調書の謄本を添附する時は

死亡の報告を爲したる後に於て尙ほ家主地主等に屆出義務ありとするは正當ならずとし本條第三項の規定を設けたるなり

可なりとするを妥當とす即ち死亡者が家族又は同居人なるを知りたる戶主及び同居者は其事實を知りたる即日より起算し十日內に屆出でざるべからざる義務ありとし且つ此場合には警察官の檢視調書の謄本を以て診斷書又は檢案書の添附に代用することを得べき旨を規定したる所以なり。

第百二十三條　第七十一條第七十五條及ヒ第七十六條ノ規定ハ死亡ノ屆出ニ之ヲ準用ス。

本條は進行中の汽車又は航海日誌を備へざる船舶中或は航行中の船舶內に於て死亡したる者の死亡地に付ては出生屆にかゝる第七十一條及び第七十五條の規定を準用し又病院其他の公設所に於て死亡し一般の屆出義務者が屆出をなし能はざる場合に於て屆出義務者を定むるにつき出生屆に關する第七十六條の規定を準用すべきことを定めたり。

汽車の乘客若しくは乘組員にして其進行中死亡したる時は其死亡したる地が事實上の死亡地なりと雖ども其地の市町村長に屆出でしむるは不便なるのみならず全く絕息せるは何れの地を經過したるときなるや不明なること

あらん故に寧ろ汽車到着地又は艦船の到達地を死亡地と認め其地の市町村長又は本籍地の市町村長に届出でしむるを簡便なりとす又航海日誌を備へざる沿岸航海又は内海航行の船舶中に死亡者ありたる時の如き進行中の汽車中に就ての事實と等しければ其船舶の到着港を以て死亡地とし處理するを簡易にして便利とす。

病院監獄其他の公設所に於て死亡したるものある場合に於て戶主同居者若しくは家主等が届出をなし得べき時は固より之等のものに於て其義務ありと雖ども病院には戶主又は同居者が始終附添ふものにあらずときに病者に面接をも許さゞるとあり出獄保護所の如き場所には固より一般人の同居を許さゞるものなるが故に第百十七條の規定に從ふこと能はざるべし斯る場合には病院の長又は所長若くは管理者をして届出の義裁者とするにあらずんは死亡の事實を公示する能はざるべきなり是れ本條の規定ある所以なり。

本條の規定は舊法第百二十四條の規定に該當するも

第百二十四條 失踪宣告ノ届出ハ其宣告ヲ請求シタル者裁判ノ日ヨリ十日內ニ裁判ノ謄本ヲ添附シテ之ヲ爲スコトヲ要ス届書ニハ左ノ事

其第二項第二號に於て舊法は失踪の宣告ありたる年月日とありたるも改正法に於ては民法に於ての失踪宣告の效力は同法第三十條の期間滿了の日に其の效力を生ずるものとし失踪宣告裁判の日に於て死亡效力を生ずるものとせず期間滿了の日に於て效力發生するものとし民法第三十條を引用したるなり

項ヲ記載スルコトヲ要ス。

一　失踪者ノ氏名及ヒ本籍

二　民法第三十條ニ定メタル期間滿了ノ日

三　失踪者カ家族ナルトキハ戶主ノ氏名及ヒ戶主ト失踪者トノ續柄

本條は失踪の屆出をなすべき責任者を定め且其屆出手續を規定したるものなり。

失踪宣告の原因の事實及び一定の期間の經過あるときは失踪者の配偶者直系尊屬直系卑屬等相續に關係を有する者又は債權者受遺者の如き利害を有する者は宣告の請求を失踪者の住所地若し住所なきときは所在地、所在地知れざるときは最後の住所地の區裁判所に提起し得べきものなり裁判所は其事實を調査し適法の申立なる時は失踪を宣告すべきなり(民法三〇條、人訴法七一條)其宣告裁判確定したるときは確定の即日より起算して十日以內に本條第一號乃至第三號に揭ぐる事項と裁判の謄本とを添附して失踪者の住所居所若くは最後の住所の市町村長に屆出でざるべからず而して其屆出義務を負ふものは前述せる失踪宣告の請求を爲したるものなりとす蓋し是等のものは失踪を公示することに付き利害の關係を有するが故に起訴したるものなるべきを以て法律が届出の義務を負擔せしめたるは正當なりといふべきなり。

一　失踪者の氏名並に本籍及職業。

失踪者の何人なるかを確定することの必要なるは言を俟たず又失踪宣告は人格を喪失せしむる效力を生ずるを以て本籍地を戸籍簿に登記するを必要とす故に其届出でを要すとなしたるなり。

二　民法第三十條に定めたる期間滿了の日。

民法第三十條に於ては不在者の生死が七年間分明ならざるとき若くは失踪者にして戰地に臨みたるもの沈沒したる船舶中にありたるもの其他死亡の原因たる危難に遭遇したるものが戰爭の止みたる後船舶の沈沒したる後又は其他の危難の去りたる後三年間分明ならざる時は裁判所は利害關係人の請求により失踪の宣告を爲すことを得る旨を規定せり故に本條第二號に於

ては此期間滿了の日を記載すべきことを命じたり是れ此期日を知りて權利義務を確定せしむる爲め第三者に公示するの必要あるを以てなり。

三　失踪者が家族なる時は戸主の氏名及戸主と失踪者との續柄。

失踪者が戸主なる時は總ての權利關係は家督相續人に移り若し家族なる時は遺產に關する權利關係のみ遺產相續人に移轉し家族の如き身分は爰に消滅せりと看做さる此他種々の點に於て差異あるべきを以て失踪者の戸主なるか家族なるかを正確にせんが爲め本號の屆出を命じたるなり。

第十一節　家續相督

相續には家督相續遺產相續の二種類あり遺產相續とは一家の家族が死亡してその財產を子或は孫または配偶者が相續する場合をいふものにして家督相續とは法律に規定せられたる原因により戸主の地位と之に伴ふ權利義務を承繼するをいふ。

家督相續は戸主の死亡、失踪の宣告、隱居、國籍喪失若くは戸主が婚姻又は養子

他人の權利義務を承繼する場合にも二種ありて他人の權利義務の總てを承繼するものを包括承繼といひまた或權利義務に付てのみ承繼するを特別承繼と稱す家

督相續は包括承繼に相當するものなり是れ被相續者の權利義務を總括して相續するを以てなり

縁組の取消によりてその家を去りたる時女戸主が入夫婚姻を爲したるとき若くは入夫を離婚したるとき及び失踪の宣告を受けたる場合等に開始するものにして法定の推定相續人なる子又は孫の存するときはそのものが相續し又子も孫もなく被相續人が相續人を指定したるときはそのものが戸主となる又是等のものもあらざる場合には家族より選定せられたるもの戸主となり若し之れもなきときは被相續人の直系尊屬なる父母、祖父母中最も親等の近きもの之を相續す而して直系尊屬なき場合には餘儀なく他人より相續せしむるなり。

右の如く家督相續により身分を變更し相續人は被相續人の戸主の代表者の如く之に伴ふ權利義務の主體となるものなれば利害關係者は勿論第三者の知らんと欲する處にして又之を公示し危險に遭遇せざらしむることは國家の務むべき所たるなり是れ本節を設け家督相續の事項を公示せんがため其届出及び登記取消の手續を規定したる所以なり。

第百二十五條　家督相續ノ届出ハ戸主ト爲リタル者相續ノ時自ラ知リ

本條第一項但書は新に附加したるものにして第百條と相俟つて入夫婚姻屆一通にて家督相續屆を兼ねしむる趣旨に出でたるなり

タル日ヨリ一ヶ月内ニ之ヲ爲スコトヲ要ス但入夫婚姻ニ因リテ戸主ト爲リタル者ハ此限ニ在ラス屆書ニハ左ノ事項ヲ記載スルコトヲ要ス。

一　家督相續ノ原因及ヒ戸主ト爲リタル年月日。

二　前戸主ノ氏名及ヒ前戸主ト戸主トノ續柄。

戸主ト爲リタル者カ外國ニ在ル場合ニ於テハ三ヶ月内ニ屆書ヲ發送スルヲ以テ足ル。

本條は家督相續によりて戸主となりたる者に家督相續の屆出をなすべきことを命じ且屆出手續を規定したるものなり。

家督相續は前述せる如き事情及び順序によりて相續せらる(民法九七〇條九七九條、九八二條、九八四條、九八五條)而して其何人が相續する場合と雖も被相續人の身分を承繼し戸主となる者なるが故に苟くも戸主となりたるものは其屆出をなすの義務あるものなり又家督相續なる身分の變更は法律上當然生ずる者なるが故に相續人に於て知ると否と承諾すると否とに關することなしされば自己が戸主となりたるにかゝはらず其事實を知らざる場合あり又直系卑屬たる法定の家督相續人は戸主たるを拒否する能はず(民法一〇二〇條)と雖も他の種類に屬する家督相續人は其戸主となる可き權利を拋棄し得るなり。故に屆出期間の起算點を相續の時となすべからず必ずや早くとも相續ありし事實を知りたる即日よりとせざるべからず又相續の拋棄をなし戸主とならざるものが屆出を要せざるは勿論なれば相續の拋棄をなし得る相續人に熟考時間を與ふるの至當なるのみならず被相續人の本籍地と相續人の所在地と遠く隔り居るべければ是を一ヶ月とするときは鐵道汽船の備はりたる今日至當の期間なりといふを得べし是れ本條第一項に於て戸主となりたる者は家督相續の事實を知りたる日より一ヶ月內に屆出でざるべからざる旨を規定したる所以なり、然れども其但書に於て入夫婚姻により戸主となりたるものは第百條の規定と相俟つて此場合の例外をなすものなりと規定せり。

家督相續により戸主となりたるものは本條第二項一號二號に揭くる事項を

届出でざるべからず。

一　家督相續の原因とは民法の意義に從ひ正確に謂ふときには法律の規定なり蓋し家督相續は身分及び財產の移轉方法にして其原因は合意にあらず契約にあらず全く法律の規定の然らしむる所なればなり然れども立法者は此意義によらんとしたるのみならず家督相續開始の原因をも指示せんとしたるものなるべし例へば被相續人の死亡又は女戸主たりし被相續人の入夫の如し戸主となりたる年月日とは家督相續開始の時期をいふなり抑〻相續の開始あれば法律上當然相續人が戸主となるものなれば相續人が知らずと雖も承認をなさずと雖も敢て關する所にあらざるなり。

二　戸主となるものは氏名を書し又は口頭にて届出づべく被相續人は相續人と同姓なる場合多きも或は異る場合あるを以て前戸主の氏名を届出でしむ又前戸主と家督相續をなしたる者との續柄如何により或は先順位を有する者現出するときは相續は無效とせらるゝことあるものな

れは其續柄如何は重要なるものなり是れ其屆出を必要とせる所以なり。

三　家督相續權を有する者は啻に被相續人と同居せざることあるのみならず遠く外國に遊び居るものあるべし此場合には外國と內國との通信を速になす能はざることもあらん又歸國して屆出るには數ヶ月を要することもあらん之れに一ヶ月內に相續屆をなすべき旨を命するは不當なり須らく相當の期間を與ふべきなり是れ本條第三項に於て三ヶ月內に相續屆を發送せば適法なる旨を規定したる所以なり。

第百二十六條　選定ニ因ル家督相續人カ屆出ヲ爲ス場合ニ於テハ選定ヲ證スル書面ヲ屆書ニ添附スルコトヲ要ス。

本條は選定家督相續人が家督相續をなす場合の手續を規定したるものなり。選定家督相續人の中には選定者が自由に選定し得べきものと選定せらるべきもの丶範圍及び順序に關し法律上制限あるものとあり前者は自由的選定家族相續人といひ後者は制限的選定家督相續人といふ是等相續人が被相續人又は親族會によりて選定せられたる場合には其の被選定者なることを證

被相續人が外國に旅行中又は外國に住所を有して死亡其他の原因により相續開始したるときも相續人に相續屆出期間の伸長を與ふるを必要とすべきも本法は此場合を想像せず故に本條第一項に從ひ一ヶ月內に屆出を請求せらるゝものなり

本條は新設條文にして選定家督相續は一般の家督相續と異るを以て選定せられたることを證する書面を添附せしめんとの規定なり

する書面を届書に添附することを必要とす是れ家督相續は是れによりて第三者との關係を發生消滅移轉せしむるものにして正確を要し且つ重要なれば斯く注意を拂ひたるものなり。

第百二十七條 家督相續人カ胎兒ナルトキハ母ハ相續ノ開始アリタルコトヲ知リタル日ヨリ一ケ月內ニ診斷書ヲ添附シ家督相續ノ届出ヲ爲スコトヲ要ス。

届書ニハ左ノ事項ヲ記載スルコトヲ要ス。

一 家督相續ノ原因及ヒ相續開始ノ年月日

二 家督相續人カ胎兒ナルコト

三 前戶主ノ氏名及ヒ前戶主ト家督相續人トノ續柄

第百二拾五條第三項ノ規定ハ前項ノ届出ニ是ヲ準用ス。

本條は胎兒が家督相續人なるときの家督相續届出義務者を定め且つ其届出手續を規定したるものなり。

家督相續に付ては母の姙娠中にある胎兒も生れたるものと見做され相續權

家督相續人胎兒なる時母が其相續開始を知り届出をなす場合には醫師の診斷書を添附せ

あるものとせらるゝものなれは胎兒と雖も家督相續により戸主となることを得るものなり(民法九百八十六條一項)然れども母の胎内にある兒は固より行爲能力なけれぱ何人か代りて家督相續届を爲すべきものを命ぜずんば其公示をなし以て公益の要求に應ずることを得ず然りと雖も何等の關係なきものに義務を負擔せしむるは不可なり此に於てか本條第一項には最も直接に利益を有する胎兒の母に對し届出義務を負擔せしめ母は胎兒の爲めに相續開始ありたることを知りたる即日より起算し一ヶ月以内に届出でざるべからずとせり其期間を一ヶ月とせるは被相續人が遠方に居住し又は旅行中に死亡し相續の開始せるときを確むるに時日を要することあるべきのみならず特に其身に懷胎したることを確知することゝ相續開始を知りたる時と多少の日數を存すべきを以て斯かる期間を設けたるなり。

母が届出をなすには本條第二項第一號乃至第三號の諸件を具備し且つ醫師の診斷書を添附せざるべからず蓋し懷胎なき時は勿論相續開始後に懷妊したるものとせんか相續開始の際他の相續權を有するものが當然相續すべき

さるべからず其理由は正に母の胎中に相續開始の瞬間又は其以前より姙娠せられたりしものなることを確かむる爲なり

ものなれば母の届出は正當の相續人の權利を害するを以て斯かる不實の届出に依りて相續せられたるときは正當の家督相續人は相續權回復の訴を提起し其權利を回復せさるべからざるなり而して胎兒の相續すべき場合に届出づべき場所は被相續人の本籍地の市町村長なるは言を俟たず。

一　家督相續の原因及び相續開始の年月日。

家督相續の原因及び相續開始の年月日を記載すべきは相續開始の原因を明らかになさざるべからざる第百二十五條に於ける場合の理由と等しく相續開始の年月日とは第百二十五條第二項一號に所謂戸主となりたる年月日と同一意義にして即ち被相續人が死亡したる日の如き入夫婚姻の取消により其家を去りたる年月日の如きをいふ。

二　家督相續人が胎兒なること。

胎兒たるには母が確に姙娠したる兆あるを以て足れりとす其男子たると女子たると將來生きて生るゝと否とは豫め正確なるを要せず。

三　前戸主の氏名及び前戸主と家督相續人との續柄。

前戸主の氏名及び前戸主と胎兒との續柄を屆出でしむるは第百二十五條第二項第三號に付き說明したると同一理由なるを以て畧す。

家督相續は被相續人の住所に於て開始す(民法六五條)被相續人は本籍地に配遇者を遺し外國に住所を有することもあらん其配遇者も亦其他の外國に居住することもあらん斯る場合には母に於て相續開始の事實を知るも本國と交通の便宜なくして屆出をなし又は歸國することも能はさることあらん故に本條第二項は胎兒を抱ゆる母が外國に於て相續開始の事實を知りたる時は三个月內に相續屆書を發送せば可なる旨を規定せり。

第百二十八條 前條ノ屆出ヲ爲シタル後胎兒カ死體ニテ生レタルトキハ母ハ一个月內ニ醫師又ハ產婆ノ檢案書ヲ添附シ其旨ヲ屆出ツルコトヲ要ス。

母カ前項ノ屆出ヲ爲サヽルトキハ家督相續人ハ分娩ノ事實ヲ知リタル日ヨリ一个月以內ニ屆出ヲ爲スコトヲ要ス。

本條は家督相續人として屆出でたる胎兒か死體にて生れたる時は前になし

胎兒が死體にて生れたる時は既になしたる家督相續屆の效力を失はしむる爲め第百二十八條一項の手續を行はしむと雖も苟くも分娩せられ一秒時たりとも呼吸をなしたる以上は一旦戸主となりたるものにして相續の登記の取消をなす限りにあらず此場合に於ては戸主たりし胎兒の家督相續人又は他の死亡屆出義務者に於て戸主の死亡として屆出をなすべきものとす。

たる屆出の取消を申請すべき義務者を命じ且つ其申請手續を規定したるものなり。

胎兒は家督相續に付きては生れたるものと見做され戸主とせらるゝものと雖も是れ法律上の擬制にして其眞に戸主となるは活きて生れたるときなりされば死體にて生れしときは戸主とならざりし事となり相續開始の際相續權を有したる他のものが戸主となる而して其死して生れたる事實を速に知るは母に若くものなきを以て前になしたる胎兒の家督相續屆に對し死體にて生れたることを屆出でしむる義務を母に命ずるは至當とす然れども出產後母は二十一日間は病體にあるものなれば屆出期間を出產即日より起算し一ヶ月に延長するを相當とす又時に惡意を生じ又は惡漢の敎唆により活きて生れたる者を死して生れたりとし前になしたる家督相續屆の取消を申請することあるも知るべからざるが故に死して生れたることの確證を提出せしむるの必要あり是れ本條第一項に於て出產後一个月內に醫師又は出產に立會ひたる產婆の產兒の死體に付きて作りたる檢案書を添附し屆出づるこ

とを規定したるなり。

胎兒の母が死體にて分娩したることを届出でざる場合に於ては相當の制裁(二七六條)を受くるは勿論なりと雖も申請あらざればとて無効の相續登記を存すべきにあらず故に本條第二項は斯る場合に付き眞正なる家督相續人に命し其分娩の事實を知りたる日より起算し一个月内に胎兒が死體にて生れたる事實を届出でしむることゝせり。

第百二十九條 家督相續回復ノ裁判カ確定シタルトキハ訴ヲ提起シタル者ハ裁判確定ノ日ヨリ一个月内ニ裁判ノ謄本ヲ添附シ第百二十五條ノ規定ニ依ル届出ヲ爲スコトヲ要ス。

本條は相續權を回復したるものに對し相續回復の届出をなさしむる手續を規定せるものなり。

家督相續權を有する者は相續權を侵害せられたる事實を知りたるときに之を回復し得べきこと言を俟たず例へば死亡戸主の法定家督相續人たる子の存する場合に其知らざる間に死亡戸主の弟が事實上相續したるが如きは法

定家督相續人たる子の權利を侵害したるものなるを以て其子は裁判を請求し權利を囘復し事實上の相續をなし得べし而して其者は相續開始のときより家督相續人となりたるものなり(民法第九六六條、第九八六條)既に戸主となりたる以上は第百二十五條と同一の理由によりて之を公示するの必要あり但其の囘復請求の訴訟を提起するものは正當相續人本人なることあり其法定代理人なることあり其本人なる時は本人より法定代理人なる時は其代理人が屆出義務を負擔すること普通なるべし蓋し法定代理人あるときは本人は屆出行爲をなす能力なかるべければなり。

屆出期間は囘復裁判確定したる即日より起算し一个月内とす其十日と短縮せざりしは相手方の上訴により確定を中斷するが如き場合あり且裁判確定のときの何時なるかを確知するは容易なるものに非ざるを以てなり屆出づべき事項は第百二拾五條第二項一、二號に揭ぐる諸件にして此場合の相續屆出は前に戸主として登記したる屆出を排するものなれば正確なる證據を添附することを望まざるべからず故に法律は囘復に關する確定裁判の謄本を提出することを命せしなり又一家に二人の長あるべからされば市町村長は此の届出を受理したる時は先の届出を取消さゞるべからず而して相續權回復者に此届出義務を負はしむるは結極其取消は回復者の利益に歸するものなればなり。

第百三十條 第百二拾五條及ヒ前三條ノ届出ハ被相續人ノ本籍地ニ於テ之ヲ爲スコトヲ要ス。

本條は届出づべき場所を規定したるものなり。

家督相續の届出(第一二五條)胎兒が家督相續人にして相續開始せられたる場合(第一二七條)胎兒が相續人なるとき死體にて生れたる場合(第一二八條)家督相續回復の場合の相續の届出(第一二九條)の場合は被相續人の住所に届出でざるべからず是れ寄留地又は住居地に届出でしめて廻送により間接に被相續人の本籍地の戸籍簿に記載せしむるより直接に被相續人の本籍地に届出しむる方新戸主の確定を多少速ならしむことを得べし故に斯くは規定せるなり。

推定家督相續人とは被相續人に相續開始の原因ある時は當然家督相續人となるべき直系卑屬の一人を稱す例へば被相續人が長次三男を有する場合に長男は即ち推定家督相續人なり推定家督相續人は法律の力により自己及び何人も何等の行爲を爲すことなくして相續開始せば相續するの地位を有するものなり。

第十二節　推定家督相續人の廢除

推定家督相續人の廢除とは其地位を剝奪するを云ふなり即ち當然相續すべき身分を剝奪するは重要なる事項なるを以て一定の原因に基き裁判所の許可の判決あるにあらずんば之を爲すことを得ざるなり(民法九七〇條、九七五條、九七六條)

而して廢除あるときは被相續人の相續人は變更し從來の推定家督相續人は其身分を失ふ故に其事實を登記し被相續人及び從來の推定家督相續人と關係あるもの及び將來關係の生ずることあるべき第三者に知らしめ危險を免れしむること必要なり是れ本節を設定したる所以なり。

第百三十一條　推定家督相續人廢除ノ裁判カ確定シタルトキハ訴ヲ提起シタル者ハ裁判確定ノ日ヨリ十日内ニ裁判ノ謄本ヲ添附シ其旨ヲ届出ツルコトヲ要ス。

届書ニハ左ノ事項ヲ記載スルコトヲ要ス。

一　廢除セラレタル者ノ氏名及ヒ本籍
二　廢除ノ原因
三　裁判確定ノ日

本條は被相續人が生前處分を以て推定家督相續人を廢除したるときに其届出をなすべき義務者及び届出手續を規定したるものなり。推定家督相續人廢除の裁判確定せざる間は上訴等ありて其裁判の變更なしとも限らざれば相續人の身分の變更ありといふを得ずと雖も裁判確定したる時は相續人は其身分を失ふなり而して被相續人の請求に基き其裁判ありたる時は其利益に於ける裁判なりといはざることを得ず從つて是を登記し公示するは其利益なるべきにより之に届出を命ずるは理由ある所なり但人の身分を變更することは重要なるにより届出人に正確なる證明を添附せしめざるべからず是れ本條に於て訴を提起したるものに裁判確定の日より十日以内に裁判の謄本を添へて一號乃至三號に掲ぐる事項を届出でざるべからずとの規定を設けたる所以なり。

廢除さるる者は推定家督相續人に限らるゝものなり何となれば其他の相續人は被相續人に於て隨意に廢除するを得べければなり推定家督相續人の廢除は人の地位身分を奪ふものなるを以て輕々しく被相續人の意思のまゝになすことを得ず裁判所に訴へ其の判決を受けざるべからず遺言にて廢除する場合も又同樣なり。

一 廢除せられたる推定家督相續人は家にある直系卑屬なるが故に一般の場合に於ては被相續人と氏を同じうするものなれども其氏を異にする場合なきにしもあらざるを以て廢除せられたるもの丶氏名を記せしめ且つ其本籍を知る爲めにそれを記載せしむることを命じたるなり。

二 廢除の原因とは民法第九百七十五條第一項一號乃至四號に掲ぐる事項及び其第二項に從ひ親族會の同意を得て被相續人より裁判所に請求し認可せられたる事項等を云ふ此原因の屆出を要したるは原因の種類如何により被相續人が何時にても廢除を取消し得るものと否らざるものとありて效力を同じうせざればなり。

三 裁判確定の日とは上訴なくして其期間滿了の日又は上告棄却の裁判のありたる日をいふ。

第百三十二條 廢除取消ノ裁判カ確定シタルトキハ訴ヲ提起シタル者ハ裁判確定ノ日ヨリ十日内ニ裁判ノ謄本ヲ添附シ其旨ヲ屆出ツルコトヲ要ス。

屆書ニハ左ノ事項ヲ記載スルコトヲ要ス。

一　廢除セラレタル者ノ氏名及ヒ本籍

二　裁判確定ノ日

本條は推定家督相續人廢除の取消あるに際し其廢除の登記の取消を申請すべき義務者を定め且つ其申請を規定したる者なり。

被相續人が推定家督相續人の廢除を取消さんことを請求し得るは勿論遺言を以ても廢除取消の意思を表示することを得るのみならず其廢除せられたる推定家督相續人に於ても廢除の原因消滅したるときは廢除の取消を裁判所に請求し得るものなり、(民法九七七條一項二項三項)被相續人自ら取消の訴をなしたるとき被相續人の遺言に基き遺言執行者が訴を提起したるとき及び廢除せられたる推定家督相續人が廢除取消の請求をなしたるときに於て其取消の裁判確定したるときは是れ其素志を達したるものにして受益者なりといふを得べし故に此者に廢除取消の屆出をなさしむる義務を負擔せしむるも非理なりといふを得ず蓋し廢除の取消は廢除せられたる推定家督相續人の身分の回復にして登記簿上是を明かにするの必要あれば何人をしてか廢除取消の屆出をなさしむる義務者たらしめざるべからざればなり是れ本條に於て素志を達したるもの即ち廢除の取消の訴を提起し其確定裁判を得たる者に對し裁判確定の即日より起算して十日內に裁判の謄本を添附し其旨を屆出でざるべからずと規定したる所以なり而して裁判の謄本を添附すべきことを命じたるは廢除屆出の取消は身分の變更にして事重大なるのみならず推定家督相續人の廢除により相續の希望を得たりしものをして失意せしむるものなれば正確になし置くを必要とするが故なり。

而して其屆書の記載事項は

一　廢除せられたる者の氏名及び本籍

二　裁判確定の日

右二條件なるも前條に於て說明したるを以て茲に贅せず。

第十三節　家督相續人の指定

家督相續人の指定とは死亡又は隱居によりて戶主の地位を去るべき被相續人が法定の推定家督相續人あらざる場合に相續人を指定するをいふ元來指定相續制度を認めて被相續人に相續人を指定することを許したるは被相續人の意思を重んじたるものなるを以て被相續人が一旦指定したる相續人たるも不適當なりと考へたる場合に於ては固より何時にてもその指定を取消すことを得斯くの如く家督相續人の指定及び取消は被指定者に相續權を與へまたは之を奪ふものにして人の身分上に重大なる關係を有す故に家督相續人の指定及び取消は本法に定められたる一定の方式に從ひ市町村長に届出でざれば效力を生せず即ち本節に於ては其届出手續及び指定取消申請の手續を規定したる所以なり(民法九七九條九八一條九八〇條參照)

第百三十三條 家督相續人指定ノ届書ニハ指定セラレタル者ノ氏名及ヒ本籍ヲ記載スルコトヲ要ス。

本條は家督相續人の指定届出事項を規定したるに過ぎず蓋し家督相續人の指定は市町村長に届出るにあらざれば效力を生ぜざるものなるにより届出

本條は舊法第百四十條に該當するものにして舊法に於ては氏名生年月日族稱職業本籍を記載せしめ又法定の推定家督相續人

なきことを記載せしめたるものなれども改正法は届出の通則第四十七條に於て一般届出に要する事項を規定したるを以て本條には特に必要なる届出事項を掲げたるなり。

本條は舊法第百四十二條に該當するものにして舊法には指定家督相續人の氏名族稱出生

期間を定むるの必要なく又届出をなすべき義務者は既に民法に於て定まる處なれば更に規定するの要なし而して本條にかゝぐる届出事項は單に普通のものなり。

被相續人が生前所分を以て家督相續人を指名決定したるときは被相續人に於て本條にかゝげたる事項を市町村長に届出でざるべからず而して其届出づべき市町村長に付ては規定なきも被相續人の本籍地の市町村長に届出づべきものと解するを妥當とす。

直系卑屬即ち被相續人の子又は孫の如き同一の氏に屬するものに於ても其届書に氏名を記載せしむるを以て是等直系卑屬に屬せざる指定家督相續人は常に他人なり故に其氏名及び本籍を届出でしめ指定せられたる人の何人なるかを正確にするの必要あるなり是れ本條の規定ある所以なり。

第百三十四條 家督相續人指定取消ノ届書ニハ指定家督相續人ノ氏名及ヒ本籍ヲ記載スルコトヲ要ス。

本條は家督相續人の指定取消の届出手續を規定したるに過ぎざるなり蓋し

の年月日職業及本籍地を記載し尙指定の年月日を記載せしめたれども改正法に於ては前條鼇頭に述べたるご同一理由よりして特に必要なる事項のみを擧げたるなり。

家督相續人の指定の取消は市町村長に届出でざれば效力を生せざるにより取消さんとする者は自ら其届出義務を盡すべければ特に命ずるの必要なく又届出期間を定むるの利益なければなり。

指定は原則として當然被指定者に相續すべき權利を與ふるものなれば指定の取消は當然相續人たるの權能を剝奪するの結果を生ずるものなり故に是を登記し公示するは必要の事項なりといはざることを得ず是れ既に民法に於て間接に其届出を命じたる所以なり。

被相續人が生前處分にて指定を取消すときは被相續人は必ず本條の事項を届出でざるべからず前條にても述べたる如く被指定者即ち指定家督相續人は被相續人と家を同じうせざるべければ氏名其他を届出でしむる必要あるなり。

第百三十五條 遺言ニ依ル家督相續人ノ指定又ハ指定取消ノ場合ニ於テハ指定又ハ指定取消ニ關スル遺言ノ謄本ヲ届書ニ添附スルコトヲ要ス。

本條は遺言により家督相續人の指定ありたるとき又は遺言により家督相續人の指定取消の意思表示ありたる場合に遺言執行者に於て指定の屆出又は指定取消の屆出を爲すに際し履踐せざるべからざる手續を規定したるものなり。

遺言に基く家督相續人の指定を屆出づべきときは被相續人が死亡の後なるにより果して其眞正の意思なるや否やを確證すべき證明を提出せしめざるべからず若し僞りの屆出でならんか獨り被相續人の意思に反するのみならず選定により又は任意に相續し得べき者の權利を害する重大なる結果を生ずべきを以て遺言の謄本を添附せしむべきことを規定せり又遺言執行者に於て家督相續人指定の取消をなす場合には其取消の效力は被相續人の相續開始のときに溯りて發生し指定の家督相續人が曾つて家督相續人ならざりしが如くなるものにして指定の取消は指定家督相續人の權利を剝奪する結果を生ずるものなるが故に其登記は正確なる證明に基くを望まざるべからず是れ本條に於て遺言執行者が家督相續人の指定の取消屆出をなす場合に

本條は新設にして被指定者の死亡したる場合を規定したるものなり。

指定取消の遺言書の謄本を添附すべきことを規定したる所以なり。

第百三十六條 指定家督相續人カ死亡シタルトキハ指定者ハ其事實ヲ知リタル日ヨリ十日內ニ其旨ヲ届出ツルコトヲ要ス。

本條は指定家督相續人が死亡したる場合の手續を規定したるものなり家督相續人の指定は生前行爲にて是をなすことを得べけれども人の死亡は老幼を問はずまた時を問はず場處を選ばざるを以て指定せられたる後死亡するやも計られざるなり故に被指定者に於て指定せられたる後に死亡したるときは指定者は其事實を知りたる日より拾日以內に其旨を届出でざるべからず是れ相續に關して密接なる關係を有し第三者に於ても其事實を知らんことを希望する所なれば届出により公示せしむるものにして是れ本條の規定ある所以なり。

第十四節　入籍離籍及び復籍拒絕

入籍とは或家の戶主又は家族が他家の家族となりて其家の戶籍內に入るを

いひ離籍とは或家の戸主又は家族が或家の家籍より除外せらるゝをいひ復籍拒絶とは或る家の戸主が前きに其家より他家に入籍したるものゝ復歸を拒絶するを謂ふ即ち入籍によりて或家の家族たる身分を取得し離籍によりて或家の家族たるの身分を喪失し亦復籍拒絶によりて入籍したる家の家族たる身分を失し且從來の原籍の家族たる身分をも取得する能はざる狀態に陷るをいふ是等身分の變更を正確に爲すの必要あるのみならず是等の人と取引關係を有し又は將來親族關係若くは取引關係を惹起せんとする者の爲め其狀態を公示し置くは必要なることなれば本節に於ては各場合に付き屆出をなすべきことを命じ且つ其屆出手續を規定したり。

第百三十七條　民法第七百三十七條ノ規定ニヨリ家族ト爲ラント欲スル者ハ左ノ事項ヲ屆書ニ記載シテ其旨ヲ屆出ツルコトヲ要ス。

一　入籍スヘキ家ノ戸主ノ氏名及ヒ本籍

二　入籍スヘキ家ノ戸主ト入籍スヘキ者トノ續柄

三　原籍ノ戸主ノ氏名本籍及ヒ其戸主ト入籍スヘキ者トノ續柄

本條は舊法の第百四十六條に該當す舊法によれば民法七百三十五條第一項さに依る場合をも規定したるも改正法に於ては民法七百三十五條の一項は申告入籍に

あらずして出生によつて戸籍に入る場合を規定せるものなるを以て出生届をなせば可なりとの理由に依り此に置くの必要なきを以て削除したり

本條及次條は入籍せんとするもの及入籍せしめんとするものに對し其屆出をなすべき義務を命じ其屆出手續を規定したるものなり。

民法第七百三十七條によれは戸主の親族は他家の家族にあらずんば入籍すべき戸主の同意のみを以て又他家の家族なる時は其家の戸主の同意をも得且つ又未成年者なる時は親權を行ふ父母又は後見人の同意を得て或る家の家族に入籍することを得るなり。

右入籍の場合には入籍者をして一の家の家族たるの身分を變じて他の家の家族たる身分を取得せしむるものなれば之を正確にし且つ公示すること必要なり而して他家の家族とならんと欲するもの又は自己の親族を婚家、養家又は自己が戸主たる家の家族となさんとする者は其入籍につき有形若くは無形の利益を有するものと云はざることを得ず之れ是等のものに對し本條第一號乃至第三號に揭ぐる事項を屆出づべき義務を命じたる所以なり其屆出期間を定めざるは其入籍の效力を生ぜしむるには屆出でざるべからざるを命じたれば其效力を生ぜしむるに依つて利益を有するものは期間を定めて届出を催告せざるも進んで之をなすべきを以てなり。

一　入籍すべき家の戸主の氏名及び本籍

入籍すべき家は入籍すべきものゝ將來の家となるべきものなれば其家の戸主の氏名、本籍等を届出でしめ之を明瞭にすること必要なり之れ本號の規定ある所以なり。

二　入籍すべき家の戸主と入籍すべき者との續柄

入籍すべき家の戸主又は家族と入籍すべき者との續柄如何によりては入籍の無效を來すことあるものなれば其間の關係は重要なるものといはざることを得ず是れ本號に於て入籍すべき家の戸主と入籍すべきものとの親族關係を届出づべきことを命じたる所以なり。

三　原籍の戸主の氏名本籍及び其戸主と入籍すべき者との續柄

入籍すべきものが家族なる時に於ては去るべき家の戸主の同意を得ずんば完全なる入籍をなすこと能はず故に其去るべき家の戸主の何人なるかを正確にすべきは必要の事項たり又其去るべき家の戸主と他家に

入籍すべき者との續柄が親子なるときの如き場合に於ては其入籍すべきものが未成年者ならば之に親權を行ふ父若くは母の同意を得るにあらざれは有效なる入籍は成立せざることあるを以て其去るべき家の戸主と入籍すべきものとの續柄を届出でしむるは必要なる事項なり故に本號の規定を設けたるなり。

第百三十八條 民法第七百三十八條ノ規定ニ依リ自己ノ親族ヲ家族ト爲サント欲スル者ハ其旨ヲ届出ツルコトヲ要ス。

届書ニハ前條ニ掲ケタル事項ノ外入籍スヘキ者ノ氏名及ヒ出生ノ年月日ヲ記載スルコトヲ要ス。

本條は婚姻又は養子緣組によりて他家に入りたるものが自己の家族を入籍せしめんとする場合の手續を規定したるものなり。

婚姻又は養子緣組によりて他家に入りたるものが其配偶者又は養親の親族にあらざる自己の親族を入籍せしめんとせば戸主及び自己の配偶者又は養親の同意を得ざるべからず又婚家又は養家を去りたるものは其婚家又は養

家に遺したる自己の直系卑属を現在の自家の戸主及び配偶者の同意を得る時は其家の家族として入籍せしむるを得斯かる場合には前條に於ける如く入籍者の身分關係に變動を生ずるを以て其旨を屆出でざるべからず而して其屆書には前條に規定せられたる事項の外入籍すべき者の氏名及び出生の年月日を記載することを必要とす之れ入籍者は戸主とは全然關係を有せざれば氏名も異るべく又出生の年月日等も戸主の親族ならざるが故に知るに由なきを以て之れを明かになし置くの必要より其記載を命じたるなり。

第百三十九條 戸主カ其家族ヲ離籍セント欲スルトキハ左ノ事項ヲ屆書ニ記載シテ其旨ヲ屆出ツルコトヲ要ス。

一 離籍セラルヘキ者ノ氏名

二 離籍ノ原因

本條は離籍せんとする戸主に對し其屆出義務を命じ且つ其屆出手續を規定したるものなり。

離籍は離籍せらるべきものをして其戸主の家族たる身分を失はしむるもの

本條及次條は舊法百四十八條百四十九條に該當するも百四十八條の三號百四十九條の四號は通則にて纏めし故に之を削除したり。

離籍とは戸主たる權利を以て其家族を自家の戸籍より除外するをいふものにして戸主の

二五六

有する權利の一なり而して戸主か家族を離籍し得る場合は二あり一は成年の家族にして戸主の住居指定權に服從せざるものに對し行ふ場合と其二は戸主の意に反し婚姻又は養子緣組をなしたる場合是なり。

なれば之を正確にし且つ公示して第三者に知らしむること必要なり是れ本條の規定ある所以なり而して籍なるものは無形のものなれば之を市町村長に届出でたるときを以て此籍より離れたるものとするの外なし故に本條は間接に其趣旨を表示し戸主が其家族を離籍せんことを望むに當りては一號二號の諸件を具して届出でざるべからずと云ひたる所以なり。

本條が届出期間を示さゞるは届出なき間は離籍の效力を發生せざるを以て届出期間なき道理なればなり而して届出場所は届出人の本籍地の市町村長たるや言を俟たざるなり。

一　離籍せらるべきものゝ氏名

本號の届出を要したるは離籍せらるゝものゝ何人なるやを正確にせんが爲めなり又本籍地の届出を省きたるは届出人たる戸主と同一なるべき筈なればは必要なきを以てなり。

二　離籍の原因

離籍の原因とは成年の家族が戸主の居所指定權に服從せざるか又戸主

の意に反して婚姻又は養子縁組をなしたる場合の何れにか起因すること
とを記載するなり。

第百四十條 離籍ニ因リ一家ヲ創立シタル者ハ其事實ヲ知リタル日ヨリ十日內ニ其旨ヲ届出ルコトヲ要ス。

届書ニハ左ノ事項ヲ記載スルコトヲ要ス。

一 離籍者ノ氏名及ヒ本籍

二 離籍者ト離籍セラレタル者トノ續柄

三 離籍ノ原因及ヒ年月日

本條は離籍によりて一家を創立したるものに對し其届出義務を命し且届出手續を規定したるものなり。

離籍せられたる者は當然一家を新立することは民法第七百四十二條の規定する所にして離籍あれば被離籍者の知ると否とに關せず別に一家を創立す即ち從前或家の家族たりし者が戶主となりて身分を變更するに至る而して無籍者あるは國家の望まざる所なれば本籍を定めしめ之を届出でしむるこ

との必要なるは論を竢たざる所なり是れ本條の規定ある所以なり。離籍せられ一家を創立したるものは其離籍せられたる事實を知りたる即日より十日以内に本條第二項一號乃至三號に規定せられたる事項を届出でざるべからず而して其期間の起算點を離籍の事實を知りたる即日よりとなしたるは離籍は戸主の權内に於て是を届出るものなれば被離籍者は之を知らずして數日又は數ヶ月若くは數年を經過することなしとせざればなり又其期間を十日內となしたるは速に本籍地を定めんことを欲するによる而して其届出所管を示さゞるは被離籍者が本籍を定めんとする地の如何により異るが故に豫め規定し難きによる。

一　離籍者の氏名及び本籍

離籍をなしたる戸主の氏名等を届出でしむるは前戸主の何人なるかを正確ならしめんが爲めなり又其本籍地を届出でしむるは被離籍者の選擇により更に定むる新家の本籍地は之と異ることあるべきを以て從前の本籍地を明らかにせざれば經歷を正確に公證し得ざるが故なり。

二　離籍者と離籍せられたる者との續柄

離籍を爲したるものと被離籍者との親族關係又は法律上如何なる續柄なるやを明らかにする爲めに届出でしむるなり。

三　離籍の原因及び年月日

離籍の原因は前條に於て述べたる所にて其原因を記載し又離籍の年月日を記載せざるべからず是れ新家を創立したる起點となるを以てなり。

第百四十一條　戸主カ其家族タリシ者ノ復籍ヲ拒マント欲スルトキハ左ノ事項ヲ届書ニ記載シテ其旨ヲ届出ルコトヲ要ス。

一　復籍ヲ拒マルヘキ者ノ氏名及ヒ本籍

二　復籍ヲ拒マルヘキ者カ家族ナルトキハ戸主ノ氏名

三　復籍拒絶ノ原因

本條は復籍を拒まんとする戸主に對し其届出をなさゞるべからざる義務を命じ且つ其届出手續を規定したるものなり。

戸主は家族を統轄保護するの責任あるが故に又其責任を充實するが爲めに復籍拒絶は其出

でたる家に復歸するを豫め拒絶するものにして重要なる事項なり故に其事實を登記し正確にするは特り第三者の爲め必要なるのみならず被拒絶者の爲めに最も必要なる事項なりとす何となれは拒絶すれば被拒絶者は復舊すべき家を失ふが故に豫め覺悟せざるべからざるを以てなり而して拒絶を公示するは拒絶者の目的を達するものなるべければ其届出をなすべき相當の利益あるものなり是れ本條に於て拒絶者に對し其届出義務を命じたる所以なり。

必要なる權利を與へらる復籍拒絶の權利は其一種たり然れども不自然に又は正當の理由なくして前に籍を有したりし者の復歸を拒絶するは其被拒絶者の權利を奪ふものなれば正當なる原因に基くにあらずんば拒絶權を認むること能はず即ち(一)家族が戸主の同意を得ずして婚姻又は養子緣組をなして去りたるとき及び(二)家族が婚姻又は養子緣組によりて他家に入り更に婚姻又は養子緣組によりて他家に入らんと欲する時に際し婚家又は養家及び實家の戸主の同意を得ざるべからざるものにして同意を與へざりし戸主は婚姻又は養子緣組の日より一年内に限り復籍を拒絶し得るなり(民法七五〇條二項、七四一條二項)其他の場合及び其拒絶期間を經過するときは復籍を拒絶し得ざるものとす。

届出義務者たる戸主は本條第一號乃至第三號の事項を届出でざるべからず而して其期間を示さゞるは届出をなさゞれば拒絶の效力を生せざるものなるを以て期間を定むべき必要なきが故なり又其届出所管を示さゞるは事本籍に關し届出人の本籍地の市町村長なること言を俟たざればなり。

本條は舊法第百五十一條に該當するものにして改正

一　復籍を拒まるべきもの丶氏名及び本籍

復籍を拒まるべきもの丶何人なるかを知るは本届出の目的なるが故に其氏名を申出でしめ之を正確ならしむること必要なるのみならず何れの本籍に屬するものなるやを明かにすることの要あるはいふを俟たざるなり。

二　復籍を拒まるべきものが家族なるときは戸主の氏名

復籍を拒まるべきものが或家の家族なる時は其戸主の何人なるかを明かにすること必要なり蓋し此場合は被拒絶者の本籍は其戸主の本籍に屬すればなり之れ本號の規定ある所以なり。

三　復籍拒絶の原因

復籍拒絶の原因とは前述べたる如く例へば戸主の同意を得ずして他家に婚姻又は養子縁組にて入りたる如きをいふなり。

第百四十二條　復籍拒絶又ハ復籍スヘキ家ノ廢絶ニ因リテ一家ヲ創立シタル者カ縁組若クハ婚姻ノ取消又ハ離縁若クハ離婚ノ届書ニ其場

法に於ては復籍拒絶の場合或は復籍すべき家が廢絶家せる爲めに一家を創立する時に於ては一家を創立したるものが離縁離婚或は縁組の取消婚姻の取消等によつて其屆出をなす場合に一家創立の場所を記載したる時は其屆書により直ちに一家創立の手續をなし得る故に更に一家創立の屆出をなすの要なしさせり然れども此屆書に一家創立の記載なき時は更に二項の手續により屆出でざるべからさるなり。

所ヲ記載セサリシトキハ一家創立ノ事實ヲ知リタル日ヨリ十日内ニ其屆出テヲ爲スコトヲ要ス。

屆書ニハ左ノ事項ヲ記載スルコトヲ要ス。

一　復籍拒絶者又ハ廢絶家ノ戸主ノ氏名及ヒ本籍

二　復籍拒絶ノ原因及ヒ年月日又ハ廢絶ノ年月日

本條は復籍を拒絶せられ入籍すること能はずして一家を創立したる者に對し其屆出義務を命じ且つ其屆出手續を規定したるものなり。婚姻又は養子縁組によりて他家に入りたるものは離婚又は離縁によりて實家の籍に復すべきものなりと雖ども戸主は正當の理由あるときは復籍を拒絶し得るが故に實家の戸主に於て法律の規定に從ひ復籍を拒むときは遂に復籍することを得ず又復籍すべき實家が廢家又は絶家となりたるときは復籍すべき家籍あることなし而して無籍者あるは行政上に弊害あるのみならず秩序を害す是れ民法第七百四十條第七百四十二條第七百六十四條に於て如上の如き者は當然一家を創立すべきものとし本條に於て家籍を定むべき届出を命じたる所以なり而して縁組若しくは婚姻の取消又は離縁若くは離婚の届出書に一家創立の場所を記載したる時は特に届書を出すの必要なきも其場所を記載せざりしときは一家創立の事實を知りたる日より拾日内に本條第二項の揭ぐる事項を記載し届出をなさゞるべからず。

一 復籍拒絶者又は廢絶家の戶主の氏名及び本籍

復籍を拒みたる戶主及び廢絶したる家の戶主は一家を創立せる者の原籍の戶主なるを以て其出所を明かにする必要あるにより之等の戶主の氏名本籍を届出でしめ明確にせしめたるなり。

二 復籍拒絶の原因及び年月日又は廢絶の年月日

復籍拒絶の原因及び年月日に付ては前述せり又廢絶家の年月日とは戶主が廢絶家の届出を爲したる月日を云ふなり。

第十五節 廢家及び絶家

廢家とは戶主が他家に入る事を條件として其家を消滅せしむるを云ふ。而して戸主が廢家を爲すに當つては必ず左の條件の具備することを要するなり。

一　他家に入る事を條件とす

人は必ず本籍を有して以て一の家に屬せざる可からざるなり然るが故に入るべき家無き者には廢家を許さず若し斯かる者に之を許すとせば無籍者を生じ本法制定の趣旨に悖るに至るべければなり。

二　新に家を立てたる者なることを要す

こゝに新に家を立てたる者とは一家を創立したる者若しくは分家を爲したる者、廢絶家の再興者等を云ふべく是等の者に非ずんば廢家を許さゞるなり然れども本家の相續及び再興其他正當なる事由によりて裁判所の許可を得たる場合には之を許すものとす(民法第七百六十二條)

三　市町村長に届出づることを要す

廢家によりて一家を消滅するときは其家族は戸主に伴ふて他家に入るべく(民法第七百六十三條)從つて自己の一身上は勿論家族及び他人一般

本條は舊法の第百五十二條に該當す而して舊法には廢家したる者に隨ひて他家に入る者の名出生の年月日及び職業等を屆書

に對しても亦重大なる利害關係を及ぼすべきが故に市町村長に屆出づるに於て始めて其效力の生ずるを見る。

次に絶家とは戸主を失ふたる家が相續者無き爲め當然消滅に歸するを云ふ而して絶家を生ずるには左の條件の具備することを要す。

一　戸主を失ふたること　家が戸主を失ふには種々の場合あり即ち戸主が死亡したる場合戸主が隱居を爲さずして婚姻によつて他家に入りたる場合(民法七百五十四條第二項)戸主が婚姻又は養子縁組の取消によりて其家を去りたる場合、入夫の離婚の場合、戸主が認知せられたる爲め父又は母の家に入りたる場合其他國籍喪失の場合等是れなり。

二　家督相續人なきこと　我國は古來家族制度を尊重したるよりして民法は種々の方法によつて家督相續人を定め以て家の斷絶を未然に防ぎたりと雖も尙往々にして家督相續人なき場合是れあるなり(民法第七百六十四條第一項前段)

第百四十三條　廢家ヲ爲サント欲スル者ハ其者カ入ルヘキ家ノ戸主ノ

氏名及ヒ本籍ヲ届書ニ記載シテ其旨ヲ届出ツルコトヲ要ス但家督相續ニ因リテ戸主ト爲リタル者ニ非サルトキハ其旨ヲ届書ニ記載スルコトヲ要ス。

本條は廢家を爲さんと欲する者に對し其届出を爲すべきことを命じ且つ其手續を規定したるものなり。

廢家を爲さんと欲する者は自己の入るべき家の戸主の氏名及び本籍を記載して廢家の旨を届出づることを要すべく此處に入るべき家の戸主とは廢家者が入るべき家の戸主を云ふ而して右の届出を要するは廢家の戸主が何人の家に入りたるかを明ならしめんとするにあり廢家を爲さんと欲する者が家督相續によりて戸主となりたる者に非ざるときは其旨を記載すべきものとす。

第百四十四條　絶家ノ家族ハ絶家ノ事實ヲ知リタル日ヨリ十日內ニ一家創立ノ届出ヲ爲スコトヲ要ス。

届書ニハ左ノ事項ヲ記載スルコトヲ要ス。

に記載せしめしも改正法に於ては届出通則第四十七條第二項に右の如き場合を纒めて規定せるを以て改正法に於ては之を省けり。

又舊法には(一)家督相續によりて戸主となりたる者に非ざることの證明(二)又は廢家の許可に關する裁判の謄本とあるを改正法は單に「家督相續によりて戸主となりたる者にあらざるとき」とせり「これ家督相續によりて戸主となりたる者が家を廢するには必す裁判所の許可を必要とし從つて許可の謄本を添へて廢家を届出づべく然らざる

場合には隨意に廢家を爲し得るが故に屆書には何れかの一方を記載すれば市町村長に於て其廢家屆出が適法なりや否やを容易に調査し得べしとの旨趣によりて改正せられたるなり。

本條は舊法第百五十三條に該當せり而して舊法に於ては絶家屆、創立屆の二者を併せ行はしめたれども絶家の家族が一家創立を屆出づれは其の半面より絶家てふ事實を知るを得べく加之該屆書中に絶家の原因を記載せしむるが故に殊更に一家創立屆と相竝んで絶家屆を爲さしむるの要

一　絶家ノ戸主ノ氏名及ヒ本籍

二　絶家ノ原因及ヒ年月日

絶家したるときは其家族は民法第七百六十四條第一項前段の規定よりして當然一家を創立すべく而して本條は當該場合の屆出手續を規定したるものなり。

絶家の家族が一家を創立するには本條第一號及び第二號に掲ぐる事項を具して一家創立の屆出を爲さゞる可らず其屆出期日は十日にして十日の起算點は絶家の事實を知りたる即日なりとす蓋し家族が事實上の絶家を其當時に於て知らざることあるべければ絶家の時より起算するは不能を強ゆることなるべきを以て其事實を現に知りたる日よりと爲したるなり。

一　絶家の戸主の氏名及び本籍

絶家の戸主の氏名とは屆出者が戴きたる最終の戸主を云ふなり其戸主の氏名及び本籍を屆出でしむるは一家を創立したる戸主の出所を明確ならしめんとするにあり。

なく依つて斯くは改正したるなり。

分家は一の意思表示なるが故に當事者たる分家者か分家を爲すの意思あるを要するなり從つて分家の意思無き者を強いて一家を創立せしむる離籍とは大差あるを見る。

二　絶家の原因及び年月日

絶家の原因とは例へば絶家の戸主の死亡、離婚、婚姻、失踪宣告、國籍喪失等の如きを云ふ而して其年月日とは戸主なきに至りし日を指すなり

第十六節　分家及び廢絶家再興

分家とは家族が戸主の家より分離して一家を創立するを云ふ而して分家には左の條件の具備するを要す。

一　家族が分家を爲すの意思を有すること

二　分家せんとする者は法定の推定家督相續人にあらざること

三　一定の者の同意あること　分家を爲すには必ず其家の戸主の同意を受くることを必要とし且つ分家せんとする者が未成年者なるときには戸主の同意を得るの外更に親權を行ふ父若くは母または後見人の同意あるを要するなり(民法第七百四十三條)

四　市町村長に届出ること　分家は本家の家族たりし者が新に一家の戸主

なる身分を取得するものなるを以て若し之を公示せざれば他人は不測の損害を受くる事なきを保せず故に一定の方式に從ひ之を屆出でしむ。

廢絕家再興とは家族が自己若しくは自己の屬する家と一定の關係ある他家の廢絕したるものを再興するを云ふべく是れには左の條件を必要とするなり。

一　家族に廢絕家再興の意思あること

二　再興者または其屬する家と廢絕したる家との間に一定の關係あること　廢絕家を再興せんとするには再興者と廢絕したる家との間に實家てふ關係あるか若しくは其屬する家と廢絕したる家との間に本家、同家、分家又は親族の家たる關係あるを要す（民法第七百四十條第七百四十三條）

三　一定の者の同意を要すること　廢絕家を再興せんとする家族は其屬する家の戸主の同意を要し且つ其家族が未成年者なる塲合には親權を行ふ

廢絕家を再興する者は家族たることを要すべく戸主は自己の家を維持すへきものなるが故に他家を再興するの餘裕なし然れども分家の戸主は廢絕したる本家を再興するを得べし（民法第七百六十二條）また假令家族なりと雖も廢絕したる家と何等の關係なきものは再興を爲すことを許さゝるなり。

本條は舊法の第百五十四條に該當す而して舊法の同條第三號の「分家の家族となるべき者あるときは云々を削り其代りに第二號に於て戶主の同意を得て分家の家族となすべき直系卑族の規定を設け其他當然便宜に從つて分家の家族となるものは通則第四十七條の第二

父または母若しくは後見人の同意を得ることを要するなり(民法第七百四十三條)但し例外として實家を再興する場合には何人の同意をも要せざるものとす

四　市町村長に届出しむること　廢家又は絶家を再興せば從來の家の戶主又は法定の推定家督相續人若くは家族たりし身分は變じて再興せる家の戶主となるべし故に市町村長に届出しむるなり。

第百四十五條　分家ヲ爲サント欲スル者ハ左ノ事項ヲ届書ニ記載シテ其旨ヲ届出ツルコトヲ要ス。

一　本家ノ戶主ノ氏名本籍及ヒ其戶主ト分家ノ戶主トノ續柄

二　民法第七百四十三條第二項ノ規定ニ依リ分家ノ家族トナルヘキ者アルトキハ其氏名及ヒ出生ノ年月日

三　分家ノ戶主及ヒ家族ト爲ルヘキ者ノ父母ノ氏名及ヒ本籍

本條は分家を爲さんとする者に對し其届出を爲さゞる可らざる義務を命じ且つ其届出手續を規定したるものなり。

項の規定によりて届出しむることゝせり。

家族は戸主の同意あるときは分家を爲すを許さるべきも尙之を完全に成立せしめんとするには本條の届出を爲さゞる可らず從つて本條の規定に基き届出をなさゞる間は法律上分家したるものとは認められざるなり今其届書記載の事項につきて説明すること左の如し。

一　本家の戸主の氏名本籍及び其戸主と家族との續柄

本家の戸主は分家の親族會に於て意見陳述の權利を有するものにして重大なる關係を有す殊に分家の戸主は本家より出でたるものなるを以て之を明確にするの必要あり是れ本家の戸主の氏名及び其戸主と分家の戸主となるべきものとの續柄を届出でしむる要ある所以なり而して其本籍を届出でしむるは分家の本籍と異るところを明確に示すが爲めなり。

二　民法第七百四十三條第二項の規定により分家の家族となるべきものあるときは其氏名及び出生年月日

是れ本規定により分家の家族となりたる者の家籍を明にせんが爲めな

り。

三　分家の戸主及び家族となるべき者の父母の氏名及び本籍
分家の届出ありたるときは市町村長は戸籍を編製せざる可らざるものなるが故に戸籍に登載すべき戸主及び家族となるべき者の父母の氏名を届出でしむる要あり殊に其本籍は分家たる新家が始めて有すべきものなるを以て之を届出でしむるの必要なるは敢て言ふを俟たざる所なり

第百四十六條　廢絶家ヲ再興セント欲スル者ハ左ノ事項ヲ届出ニ記載シテ其旨ヲ届出ツルコトヲ要ス。

一　廢絶家ノ戸主ノ氏名及ヒ本籍

二　廢絶ノ年月日

三　廢絶家ト再興ヲ爲ス者ノ家トノ續柄

四　再興ヲ爲ス者カ家族ナルトキハ戸主ノ氏名及ヒ本籍

本條は廢家絶家を再興せんと欲する者に對し其届出を爲さゞる可らざる義務を命じ且つ其届出手續を規定したるものなり。

再興を成就せんとするものは本條第一號乃至第四號に揭ぐる事項を屆出でざる可らず其屆出期間を示さゞるは屆出なき間は再興の效力を生せざるが故に何等の害を見ることなく從つて之を定むるの必要なければなり今其屆書の記載事項を說明すること左の如し。

一　廢絕家の戶主の氏名及び本籍

廢絕家の戶主とは廢家の場合に於ては廢家せる戶主を謂ひ絕家の場合に於ては其家が斷絕する迄戶主たりし者を云ふ其氏名、本籍の屆出を要するは再興の家の祖先となるものにして家を重んずる我國に於ては緊要の事項なるより之を明確にするの必要あり。

二　廢絕の年月日

廢絕の年月日とは廢家又は絕家ありたる時期を云ふ。

三　廢絕家と再興を爲す者の家との續柄

廢家又は絕家したる家と再興を爲す者の家との續柄如何によりて始めて再興を爲し得るものなるが故に之を明にする要あるべきなり。

國籍を定むるにつきては國によりて出生地主義即ち其國に生れたる者は其國の臣民と見做さするものと血統主義即ち生れたる地には無關係に其血統によりて其國籍を定むる國とあり我國は血統主義を採用し生れたる子の父が日本人たる場合には如何なる國に於て生るゝとも其子は日本人たるものとせり

四　再興を爲す者が家族なるときは戸主の氏名及び本籍地

再興を爲す者が家族なるときは其者は何家の家族なるやを知る爲め戸主の氏名及び本籍を記載することを要す。

第十七節　國籍の得喪

本節は國籍の取得と喪失とに關する規定なり抑〻國籍とは或人が何國に籍を置けるや即ち何國の臣民又は人民なるかを明にするものにして其の取得とは外國人が日本人たる地位を得るを云ふ例へば外國人が日本人の妻又は養子となりたるとき又は日本人の入夫となりたるとき若くは日本人の父或は母によつて認知せられたるとき其他日本に歸化したる場合の如き是れなり。國籍の喪失とは法律上一定の原因あるによりて當然日本人たるの地位を喪失するを云ふ而して其原因左の如し。

一　婚姻　日本の女が外國人と婚姻したる時は日本の國籍を失ふ。

二　離婚または離縁　婚姻又は養子縁組によりて日本の國籍を取得したる

國籍の喪失には法律に定められたる一定の原因あることを要すべく從つて法律の規定によらずして任意に日本人たる地位を放棄するを許さず されば假令日本を去りて永久歸國せざることあるも法律上の原因によらざる限り日本人たるを失はず

者が離婚または離縁となりたる場合には日本の國籍を失ふ但し之が爲めに外國の國籍を取得せざる者は依然日本の國籍を有するものとす。

三 認知 日本人たる子が認知によりて外國の國籍を取得したるときには日本の國籍を失ふべし但し既に日本人の妻、入夫または養子となりたる者は依然日本の國籍を有するものとす。

四 歸化。

五 右一、二、三四中の何れかによりて日本の國籍を喪失したる者の妻及び子が其者の國籍を取得したる時に日本の國籍を喪失すべく又二の場合に妻が夫の離縁にあたつて離婚を爲さず若しくは子が父に從つて其家を去りたるときは其妻または子は日本の國籍を喪失するなり。

以上原因の一に該當するときは日本の國籍を喪失すべけれども之には本法第百五十一條に述ぶるが如き制限あり。

次に國籍回復につきて説明せんに國籍の回復とは一旦國籍を喪失したる者

が法律に定められたる條件を具備して再び原國籍を取得する事にして次の條件の存在を必要とす。

一　國籍を回復する者は生來の日本人に限る。

二　國籍を回復するには一定の事由あるを要す。即ち婚姻によりて日本の國籍を失ひたる者が婚姻解消の後日本に住所を有するとき又は外國に歸化し若しくは夫又は親が日本の國籍を失ひたる爲めに之に附隨して日本の國籍を失ひたる者が日本に住所を有するときは是等の者に限り國籍回復を許すものとす。

三　内務大臣の許可を得ること。

以上の條件を具備して日本の國籍を回復したる者は次條の規定によりて之が届出を爲すことを要す。

生來の日本人とは出生によつて日本の國籍を有する者を云ふ生來の日本人に非すんは國籍の回復を許さす從つて歸化人か日本の國籍を失ひたる後之を回復せんとするも許さるべきに非すして更に純然たる外國人と同一の手續によらさる可からす

第百四十七條　外國人カ養子縁組又ハ婚姻ニ因リテ日本ノ國籍ヲ取得スヘキトキハ縁組又ハ婚姻ノ届書ニ國籍取得者ノ原國籍ヲ記載スルコトヲ要ス。

本條は外國人が婚姻又は養子緣組によりて我帝國の國籍を取得せんとする場合の手續を規定したるものなり。

外國人が養子緣組によりて日本の國籍を取得すべきときとは日本人の養子となるときを云ひ婚姻によりて日本の國籍を取得すべきときとは日本人の妻となるとき又は婿養子となるとき及び入夫となるときの如きを云ふ蓋し養子は養親の家に入り妻は夫の家に入り入夫、婿養子は妻の家に入るべき民法上の原則は國籍法上に於ても認めらるゝ所なりとす。(國籍法第四條第四號第一號第二號)而して我國に於ては婚姻及び養子緣組は市町村長に届出づるを以て成立要件と爲せるが故に民法第七百七十五條及び第八百四十七條に依り其手續を爲さゞる間は我國に於ては法律上養親子又は夫婦と看做すこと能はざるなり即ち正當且つ有效に養子緣組又は婚姻を完成せんとする者は必ずや其届出を爲さゞる可らず而して養子緣組及び婚姻は當事者雙方及び成年の證人二人以上より口頭又は署名したる書面を以て之が届出を爲すことを要す而して此届出義務者は其届書に必ず國籍取得者の原國籍を記

外國人たる私生子が成年に達したるものなるとき又は他の外國人の妻なるときは國籍の取得は其本人又は夫の許可を得ざるべからざるは國籍法上の原則とす故

載せざる可らず原國籍とは外國人にして日本人の養子婿養子、妻若くは入夫となる者の本國を云ふ例へば其者が英國人ならんには英國と記載するが如し。

第百四十八條　外國人カ認知ニ因リテ日本ノ國籍ヲ取得スヘキトキハ認知ノ届書ニ子ノ原國籍ヲ記載スルコトヲ要ス。

認知者カ父ナルトキハ届書ニ母ノ國籍ヲ記載スルコトヲ要ス。

本條は私生子たる外國人が日本人たる父又は母の認知によりて日本の國籍を取得すべき場合に於て其認知届書に記載すべき要件を規定したるものなり。

前述したるが如く我國は血統主義に據るが故に日本人が外國に於て私生子を設け之を認知するときは其子は我國籍を取得するものなり而して私生子の認知は生前處分及び死後處分たる遺言によりて之を爲すことを得るも市町村長に届出でざれば其效力なきものなることと民法の規定するところなり(民法第八百二十九條)然るが故に私生子たる外國人が日本人なる父又は母の

に外國人たる私生子を日本人が認知するも其外國人たる私生子が成年者又は外國人の妻なるときは本人若くは夫の承諾なくんば我國籍を取得せざるなり

認知によりて日本の國籍を取得すべき場合には之が認知を市町村長に届出づることを要すべく其届書には子の原國籍を記載すべきものとす此所に原國籍を記載せしむるは其者の出所を明確ならしめんとの趣旨に外ならざるなり次に外國人たる私生子の認知者が父なるときは届書に母の國籍を記載せしむ即ち本場合に於ては私生子の母は必ず外國人なるべく且つ其國籍を知るを得べきが故に届書に記載せしめ以て本條第一項の規定と相俟つて國籍取得者の出所を明確にせんとするなり是れ本條第二項の存する所以なり。

歸化とは外國人か一定の條件を履踐し出願して內國人たる身分を取得するを云ふ通例內國に或年間住所を有し又は內國々家に功勞あり且つ成年者にして本國法

第百四十九條 歸化ノ届出ハ許可ノ日ヨリ十日內ニ之ヲ為スコトヲ要ス。

届書ニハ左ノ事項ヲ記載スルコトヲ要ス。

一 歸化ヲ為シタル者ノ原國籍

二 父母ノ氏名及ヒ國籍

三 許可ノ年月日

四 歸化ヲ為シタル者ト共ニ日本ノ國籍ヲ取得シタル者アルトキ

により能力を有し品行方正獨立の生計を營むに足るへき資產もしくは技能を有し之を證明して其內國官廳に出願するときは其國民たるの分限を與へらるゝものなり我國に於ても此旨趣による法律を設けて歸化を許す(國籍法第五條第五號第七條第九條第十條)

ハ其氏名出生ノ年月日及ヒ其者ト歸化人トノ續柄

歸化ヲ爲シタル者ノ妻又ハ子カ歸化人ト共ニ日本ノ國籍ヲ取得スルトキハ届書ニ其事由ヲ記載スルコトヲ要ス。

本條は歸化を爲したる者に對して其届出を命じ併せて其届出の方式を規定したるものなり。

外國人が日本人たるの分限を得れば身分の變更を來すや勿論なるべく從つて之か届出を爲さしむるの必要なるは敢て言を俟たざる所なり。

歸化は歸化の許可を受くると同時に成立するものと或は之を公告するときに於て初めて效力を生ずとするものとありと雖も多數の學說に於ては許可あるときに成立するものとし我國に於ても亦之に從ふものゝ如し(國籍法第十二條)是れ本條第一項に於て歸化を爲したる者は歸化の許可を受けたる日即ち我國籍を取得したる即日より起算して十日内に届出づるを要すべく而して其届書には左の事項を記載すべきものとする所以なり。

一　歸化を爲したる者の原國籍。

これ歸化人の出所を明にせんが爲めなり。

二　父母の氏名及び國籍。

父母とは勿論歸化人の父母なり其父母は歸化人の出所なるが故に之が氏名を明にするの要あるべく又其國籍を記載せしむるも同旨趣に基く。

三　許可の年月日。

歸化人が日本の國籍を取得し日本人たるの身分を有するには必ず許可を要すべきものなるが故に國籍取得の起點たる許可の年月日を届出でしむるの要あるなり。

四　歸化を爲したる者と共に日本の國籍を取得したる者あるときは其氏名出生の年月日及び其者と歸化人との續柄。

我國籍法第十三條第一項及び第十五條第二項によれば歸化人の妻子は歸化人と共に我國籍を取得して其家族となるべきが故に戸籍編制上其名、出生の年月日及び其者と歸化人との續柄を届出しむるの要あり。

次に歸化人の妻子が國籍法第十三條第二項及び第十五條第二項の規定

舊法に於ては國籍喪失前に其國籍を喪失せんとする者自身より届出でしむべき規定なりしが改正法は之を改めて國籍喪失後に届出でしむることゝせり斯るが故に國籍喪失者自身は喪失後にありては既に日本人に非ざるが故に其者自身より届出づるは穩當を缺くの嫌あり依て以て本條の如く戸主又は家督

よりして歸化人と共に我國籍を取得せざるときは夫妻、親子籍を異にすることゝなり我國法上の主義と異るが故に之を届出しめて明確に爲し置くの要あり是れ本條第二項に於て歸化人の妻又は子が歸化人と共に日本の國籍を取得せざるときは其事由を歸化人より申出ざる可らずと規定したる所以なり。

第百五十條 國籍喪失ノ届出ハ戸主又ハ家督相續人其事實ヲ知リタル日ヨリ一个月内ニ之ヲ爲スコトヲ要ス。

届書ニハ左ノ事項ヲ記載スルコトヲ要ス。

一 國籍喪失者ノ氏名及ヒ本籍。

二 國籍喪失ノ原因及ヒ年月日。

三 新ニ國籍ヲ取得シタルトキハ其國籍。

本條は日本の國籍を喪失したる場合に於ける届出義務者を定め併せて之が届出の方式を規定するものなり。

國籍喪失の場合に於ける届出は戸主又は家督相續人が其事實を知りたる日

相續人をして其事實を知りたるときより一ヶ月屆出でしむることと爲したるなり

舊法には「新に取得すべき國籍」とあるを改正法は改めて「新に國籍を取得したるとき」は其國籍」とせり是れ國籍喪失者は一方に我國籍を失ひたる場合に必す

より數へて一个月内に之を爲すことを要すべく而して其屆書には以下述ぶるが如き事項を記載すべきものとす。

一　國籍喪失者の氏名及び本籍。

國籍の喪失あるときは爾後日本人に非ざるを以て其喪失者の氏名及び本籍を明に爲すの要あるべし是れ本號の規定ある所以なり。

二　國籍喪失の原因及び年月。

國籍喪失の原因とは上述せるが如く外國人の妻となりたる等數個の事由を指すなり又國籍喪失の年月日とは例へば日本の女が外國人と婚姻を爲したる當日の如きを云ふなり。

三　新に國籍を取得したるときは其國籍。

國籍喪失者が何れの國籍に歸屬したるやを登記して正確に爲すは身分公證の性質に適ふへく依て本號の規定あるなり。

第百五十一條　國籍喪失者カ滿十七年以上ノ男子ナルトキハ其者カ陸海軍ノ現役ニ服シタルコト又ハ之ニ服スル義務ナキコトヲ證スヘキ

しも常に新に他の國籍を取得すへきものにあらされはなり例へは日本の女か加奈陀の男と婚姻するときは我國籍法第十八條によりて一方には我國の國籍を失ふと雖も婚姻したるか上に更に加陀奈に住所を構ふるにあらされは彼國の國法によりて該女は加奈陀の國籍を取得せざるべし斯かる場合あるか故に新に取得すべき國籍てふ字句は稍穩當を缺くの嫌ありにより本條の如く改正したるなり

書面ヲ届書ニ添附スルコトヲ要ス。

國籍喪失者カ日本ノ官職ヲ帶ヒタル者ナルトキハ其官職ヲ失ヒタルコトヲ證スヘキ書面ヲ届書ニ添附スルコトヲ要ス。

本條は滿十七歳以上の男子又は官職を帶びたる者が日本の國籍を喪失すべき場合の手續を規定したるものなり。

我帝國の男子は滿十七歳に達するときは國民軍籍に編入せらるゝなり而して國民が其國の兵役に服するは國民の一大義務なり故に何等の事情あるも國民たる者は之を免るゝことを得ず是れ各國に於て概ね兵役義務を果したる者なるか然らずんば其の義務なきものにあらずんば國籍喪失を許さゞる所以にして我國籍法に於ても亦此主義を採用せり。

右の如く我國籍法上に滿十七歳以上の男子に對しては既に兵役に服し又は兵役に服するの義務なき者にあらざれば國籍の喪失を許容せざるなり故に其國籍の喪失が適法なるや否やを明かにせんが爲めに滿十七歳以上の男子が國籍を喪失せんとする場合には之が證明書を提出せしむる必要あり是れ

本條第一項の規定ある所以にして即ち滿十七歳以上の男子にして國籍を喪失せんとするときは其國籍喪失屆出者に於て國籍喪失者が陸軍又は海軍の尋常の兵役を果し又は志願兵役を完うしたること又は老年に達したる故を以て之に服するの義務なきこと若くは身體檢査により除外せられ之に服する資格なきこと等を證明すべき書面を國籍喪失の屆書に添附せざる可らざるなり。

文武の官に就くことを得るは國民の特權なり蓋し國家に忠良なる衷情は固有の國民にして始めて保存するものなればなり是れ孰れの國に於ても外國人は文武の官職に任せしめざるを以て本則と爲す所以にして我國に於ても由來此主義を採用せり故に官職を帶びたる者は失職の後にあらざれば國籍を喪失することを得ざるものとす（國籍法第二十四條第二項）斯るが故に官職を帶びたる者が國籍を喪失せんとするときには其の官職を失ひたる事實に付き所屬長官の證明書を屆書に添附して提出せしめ以て其の國籍喪失が適法なることを明に示すの必要あるべく即ち本條第二項の規定ある所以あり。

第百五十二條　國籍囘復ノ屆出ハ許可ノ日ヨリ十日內ニ之ヲ爲スコトヲ要ス。
屆書ニハ左ノ事項ヲ記載スルコトヲ要ス。
一　日本ノ國籍ヲ失ヒタル原因及ヒ年月日
二　國籍囘復前ニ有セシ國籍
三　許可ノ年月日
四　國籍囘復者ト共ニ日本ノ國籍ヲ取得シ又ハ之ヲ囘復シタル者アルトキハ其氏名、出生ノ年月日及ヒ其者ト國籍囘復者トノ續柄
第百四十九條第三項ノ規定ハ前項ノ屆出ニ之ヲ準用ス。

本條は我國籍を囘復したる者に對し其屆出を爲すべき義務を命し且つ其屆出手續を規定したるものなり。
日本の國籍を囘復して日本臣民たる身分を取得したる者は其許可を得たる即日より十日內に於て本條第一號乃至第四號に掲ぐる事項を屆出でざる可らず。

一　日本の國籍を失ひたる原因及び年月日。

日本の國籍を失ひたる原因とは例へば日木人が外國人の養子となり又は志望によつて外國に歸化し又は日本の國籍を失ひたる者の妻又は子たりしが故に日本の國籍を失ひたりし事實の如きを云ふ是等の原因を届出でしむるは各原因により國籍回復の條件を異にし又其原因を知るに非すんば回復者なること明確とならざる道理なるを以てなり又國籍喪失の年月日を届出でしむるは其何れの時に於て國籍を喪失したるやを明にせんがためなり。

二　國籍回復前に有せし國籍。

國籍回復前に有せし國籍とは文字より解するときは我國籍を喪失したりし以來回復に因り我國籍を取得するに到りしまでの間に有せし總ての國籍を指すと云ふことを得べし然れども恐らくは其數個國の國籍を順次轉得したりしとするも其最後に有せしもののみを届出でしむる趣旨なるべし是れ國籍回復者の經歷を明にせんが爲めに届出を命じたるものに外な

らず。

三　許可の年月日。
許可の年月日とは内務大臣の許可ありたるときを云ふなり是れ其許可の年月日は即ち我國籍取得の時なるを以て之を明にするを要するなり。

四　國籍回復者と共に日本の國籍を取得し又は之を回復したる者あるときは其氏名出生の年月日及び其者と國籍回復者との續柄。
國籍回復者の妻又は子が生來の日本人たるときは國籍を回籍し然らざるときは國籍を取得して以て國籍回復者の家族となるものなるが故に其戸籍編製上の必要よりして本號の記載を命じたるなり。

尚右第一號乃至第四號の外國籍回復者の妻又は子が回復者と共に日本の國籍を取得せざるときは届書に其事由を記載せざる可らず事由とは本國法に反對の規定あるため又は成年者なるため國籍を取得せずと記するが如きを云ふ。

第十八節　氏名、族稱の變更及び襲爵

氏名とは人の苗字と名とを指稱し氏名の變更とは他の法律上の效果によらずして從來の氏名を廢して新に他の氏名を稱するを云ふなり元來人の氏名は一定の人を表示するものなるが故に濫りに改むる事を許さずと雖も萬不得已の事情あるか若しくは正當なる理由ある場合例へば同一市町村内又は同一官廳内に同姓名の者ありて度々過誤を生ずるが如き場合又は祖先傳來の戶主が名乘り來れる名を家督相續人が承繼する爲め若しくは先祖傳來の苗字を封建時代に藩主又は代官より禁止せられ之を維新後再ひ襲はんがために變更を願出づる如き場合に於ては之を許可するものとす。

婚姻、養子緣組、入籍廢絕家再興等の爲め他の家に入りて其家名を稱するは勿論氏名の變更なれとも這は他の法律の效果として當然生したるものなれば此處に所謂氏名の變更には非ざるなり

苗字禁止の實例は祖先が松平と稱し來りしを德川氏のために禁止せられたるが如きを云ふ

族稱とは人の有する公の階級を云ふべく華族士族の如き身分を指稱するなり而して族稱の變更とは前の族稱を失ふて新なる族稱を得る事を云ふ族稱變更の原因は種々あれども其の重なるものは左の二種なり。

一　新に爵を授けられたる者は之に因りて華族の族稱を取得す。

二　華族又は士族は褫奪返上分家廢絶家再興若くは處刑等によりて其族稱を失ふものとす。

襲爵とは當代の華族たる戶主が隱居又は死亡したる場合に相續人が勅許によりて前者の地位を繼承するを云ふ。

第百五十三條　氏名變更ノ屆出ハ許可ノ日ヨリ十日內ニ之ヲ爲スコトヲ要ス。

屆書ニハ左ノ事項ヲ記載スルコトヲ要ス。

一　變更前ノ氏名。

二　變更シタル氏名。

三　許可ノ年月。

本條は氏名を變更したる者に對し其屆出義務を命じ且つ其手續を規定したるものなり。

氏名を變更したる者は本條第二項第一號乃至第三號の要件を具備し許可ありたる即日より起算して十日內に屆出を爲さざる可らず。

一　變更前の氏名。
變更するまで冠し來れる氏又は改名前まで呼稱したる名を届出でざる可らず此届出無くんば其變更を知るに由なし。

二　變更したる氏名。
變更したる後の氏名を届出づることを必要とするは爾後用ふべき其人の表示を明確ならしめんが爲めなり。

三　許可の年月日。
許可の年月日とは地方廳が氏名の變更を聽届けたる日を云ふなり此日を届出でしむるは即ち從前の氏又は名を棄てゝ更に別氏又は別名を稱する境界點たるべきを以てなり。

第百五十四條　新ニ華族ニ列セラレ又ハ士族ニ編入セラレタル者ハ十日内ニ辭令書又ハ許可書ノ謄本ヲ添附シ其旨ヲ届出ツルコトヲ要ス。
届書ニハ左ノ事項ヲ記載スルコトヲ要ス。
一　新舊族稱。

氏の復舊又は改名の許可は行政廳に於て之を取扱ふべきものとす（明治三十二年二月法曹會決議）
新に士族に編入せらるゝとは例へは明治五年太政官布告第二十九號第四十四號等により當然士族に編入せらるべきものが誤

つて編入漏となり今日に至り其編入を出願して之を許可せらるゝ場合の如きと云ふ戸主に非ざる者が爵を授けられたるときは一家を創立す
　民法中分家に關する規定は前項の場合に之を準用す
(明治三十八年「三月」法律第六十二號第一條)

二　族稱變更ノ原因。

三　辭令又ハ許可ノ年月日。

本條は新に華族に列せられたる者又は士族に編入せられたる者に對し届出義務を命じ且つ其届出手續を規定せり。新に華族に列せられたるものは其辭令を受けたる即日より起算して十日內に本條第一號乃至第三號の事項を辭令書の謄本に添附して届出づるを要すべく又新に士族に編入せられたる者も地方廳の許可書の謄本を添へ同一期日內に届出づることを要す今左に之を說明せん。

一　新舊族稱。

新舊族稱とは從來士族たりし者が華族に列せらるゝ場合につきて云はば士族は舊族稱にして華族は新族稱たるが如し。

二　族稱變更の原因。

族稱變更の原因とは新に爵を授けられたること又は華士族が其族稱を失ふに到りたる事由即ち褫奪返上分家廢絶家再興若くは處刑等の如きを云

本條を新設したるは當代華族たる戸主が死亡又は隱居したるときに其家督相續人が爵を襲はんには襲爵の勅許を仰ぎ辭令の交附を受くることを要するは華族令の規定する所なれば唯に華族家に家督相續の開始ありたるのみにては市町村長は果して襲爵すべきものなる

ふなり。

三　辭令又は許可の年月日。

族稱の變更ありたる場合には必ず之に關する辭令又は許可あるべし而して其年月日を記載せしむるは族稱の變更したるときを知るか爲めのみならず正當の期間內に其屆出を爲したるや否やを調査するにも必要なるを以てなり。

第百五十五條　爵ヲ襲キタル者ハ辭令書ノ交付ヲ受ケタル日ヨリ十日內ニ其謄本ヲ添附シ其旨ヲ屆出ツルコトヲ要ス。

屆書ニ辭令ノ年月日ヲ記載スルコトヲ要ス。

本條は襲爵者に其屆出の義務を命じ且つ其手續を規定したるものなり。襲爵したる者は辭令書の交附を受けたる日より起算して十日內に謄本を添附し其旨を屆出づることを要すべく而して屆書には辭令面に所載の年月日を記載すべきものとす。

第百五十六條　華族又ハ士族ノ族稱ヲ喪失シタル場合ニ於テハ戸主ハ

や否やを知ることを得さるべく以て戸籍簿に之が記載を爲すに由なきよりして襲爵の勅許ありたる後其届出を爲さしむるなり

有爵戸主が死亡若しくは隱居し家督相續人が其家督を相續して戸主となるも未た襲爵の許可無き間は戸籍上之を如何に取扱ふべきかは大に議論の存するところなりと雖も華族として取扱ふべしと解

十日内ニ其旨ヲ届出ツルコトヲ要ス。

届書ニハ族稱喪失ノ原因及ヒ年月日ヲ記載スルコトヲ要ス。

本條は華族又は士族の族稱を喪失したる場合に於ける届出を命じ且つ其手續を規定したるものなり。

華族又は士族の族稱を喪失したる場合に於ては戸主は十日内に其旨を届出づるを要するなり而して其届書には族稱喪失の原因及び年月日を記載すべく族稱喪失の原因は前述したるが如くにして此處に所謂年月日は前條の夫れと異るところなし。

第百五十七條 前條ノ規定ハ處刑ニ因リテ族稱ヲ喪失シタル場合ニハ之ヲ適用セス此場合ニ於テハ裁判所ハ本人ノ本籍地ノ市町村長ニ其旨ヲ報告スルコトヲ要ス。

本條は處刑によりて族稱を喪失したる者に對しては前條の届出義務を命せざる旨を示し該場合に於ては其處刑を爲したる裁判所をして其旨を族稱喪失者の本籍地の市町村長に報告せしむべきことを規定したるものなり。

するは當を得たるものなり

處刑によつて族稱を失ひたる者を强制して自ら其喪失屆を爲さしむるは是れ情の忍びざる所なるが故に之が屆出義務を命せず然りと雖も其儘に放置するに於ては族稱の喪失を公示する機會なきが故に此場合には本人の屆出に代へ刑の確定宣告を爲したる裁判所より受刑者の本籍地の市町村長に其旨を報告すべきものとせり而して右の報告は明治三十一年八月司法省訓令第六號に依り刑の執行を爲すべき裁判所の檢事局より之を爲すべきものとせり。

第十九節　轉籍及び就籍

轉籍とは一家擧つて一の場所より他の場所に本籍を移轉するを云ふ即ち家の所在地を移轉することを目的とする意思表示又は其狀態なり彼の一の家の一人又は數人か其家を去りて他の家に入るは所謂轉籍には非ず即ち轉籍とは人に出入なく家其ものか所在(法律上の)地を移轉する場合を指稱するなり。

就籍とは日本人たる分限を有する者が手續の闕漏其他の事由よりして本籍を有せさる場合に其籍を定むるを云ふ而して手續の闕漏とは例へは子の出生ありたるを届出義務者か其届出を爲さゞりしがため又假令届出を爲したるにもせよ市町村長の過失によつて之を記載せさりしため其子か戸籍に表示せられざる場合の如き其他種々の事情よりして起る問題なり抑〻日本人たる身分を有しなから而かも本籍を有せさるは勉めて避くべきことに屬す然るか故に一定の手續によりて本籍を定むることを得せしめさる可らす是れ本法に於て無籍者に就籍の途を與へたる所以なり。

第百五十八條 轉籍セント欲スルトキハ新本籍ヲ届書ニ記載シ戸主其旨ヲ届出ツルコトヲ要ス。

他ノ市町村ニ轉籍スル場合ニ於テハ戸籍ノ謄本ヲ届書ニ添附スルコトヲ要ス。

本條は轉籍の場合に於ける届出義務を命じ且つ其手續を規定したるものなり。

新本籍とは新に有せんとする本籍なりこゝに本籍に冠するに特に新の字を以てしたるは届出を爲す迄は新に有せんとする本籍未だ定まらす從つて本籍と書くは聊か眞實に反する嫌あれはなり

轉籍せんと欲するときは原籍及び新本籍を届書に記載して戸主より其旨を届出つることを要するなり。

他の市町村に轉籍せんとする場合に於ては戸籍の謄本を届書に添附することを要するものとす。

第百五十九條 轉籍ノ届出ハ轉籍地ニ於テ之ヲ爲スコトヲ得。

本條は轉籍の場合に於ける届出地を規定したるものにして其の届出は第四十三條の規定によるの外轉籍地に於ても之を爲し得べきものなることを定む。

第百六十條 本籍ヲ有セサル者ハ其就籍セント欲スル地ヲ管轄スル區裁判所ノ許可ヲ得テ十日内ニ就籍ノ届出ヲ爲スコトヲ要ス。

届出ニハ第十八條ニ掲ケタル事項ノ外就籍許可ノ年月日ヲ記載スルコトヲ要ス。

本條は裁判所の許可を得て爲すへき就籍届出に關して規定するものなり無籍者の存することは勉めて之を避けさる可らすされは本籍を有せさる者に

は就籍を許すべきものなりと雖も亦一面より戸籍は人の身分及ひ親族關係並に一家の關係を證明するものにして眞正確實なるを要すへきが故に輕々しく變更すへきものにあらす蓋し容易に變更するときは其變更か反つて眞實ならさること往々にして是れあるべく斯の如くんば其弊害は更に重大なり依て本條に於て無籍者か就籍の届出を爲すに當りては先つ其就籍すへき市町村を管轄する區裁判所に向ひ就籍許可を申請すへき旨を命じ其の許可を得たる後就籍の届出を爲すべしと規定したる所以なり而して就籍届出期間は十日にして其起算點は就籍許可申請の裁判が確定したる即日なるべく其届書には既に第十八條に於て説明したる事項を掲くる外就籍許可の年月日を掲ぐべきものとす。

第百六十一條 就籍ノ届出ハ就籍地ニ於テ之ヲ爲スコトヲ得。

本條は就籍届出を爲すべき地を定めたる規定にして本届出も亦轉籍の場合と等しく第四十三條の規定によるの外就籍せんとする地に於て之を爲し得べきものなることを定む。

第百六十二條 就籍許可ノ裁判ヲ得タル者カ就籍ノ屆出ヲ爲サヽルトキハ戸主之ヲ爲スコトヲ要ス。

本條は就籍許可を得たる者が其屆出を爲さゝるときは戸主が其屆出を爲すべき旨を規定するものなり。

前條に述へたるが如く就籍の屆出は裁判所の許可を得たる本人又は第四十九條による代理人より爲すべきものなれとも若し是等の者が爲さざる場合に於ては戸主をして之が屆出義務を負はしむるものとす蓋し戸主は一家の長にして家政を統督すべき者なるを以て其治下に起りたることの一切につきて處理すべき責任あるは當然なり是れ本條に於て屆出義務を戸主に負擔せしめたる所以なり。

第百六十三條 第百六十條ノ規定ハ確定判決ニ因リテ就籍ノ屆出ヲ爲スヘキ場合ニ之ヲ準用ス此場合ニ於テハ判決ノ謄本ヲ屆書ニ添附スルコトヲ要ス。

本條は確定判決により就籍の屆出を爲すべき場合に於ける屆出人及ひ手續

を規定するものなり。

確定判決に因る届出は就籍を爲さんとする者より爲すべきものとす蓋し確定裁判は爭あるときに爲さるゝものにしてこれによりて就籍を爲す場合は就籍を爭ひたる戸主か敗訴者なるを以て之に對して届出を爲さしむるは人情の許さゞる所なるのみならす戸主か其届出を懈怠すること通例なるべし是れ特に本條を設けて就籍者を届出人と爲し判決謄本を添附して之が届出を爲さしむる所以なり。

第五章　戸籍の訂正

戸籍の訂正とは戸籍の記載が法律上許すべからざるもの又は其記載に錯誤又は遺漏あるか若くは其他の事由によりて事實に適合せざる登記の存する場合に於て是等の事項を取消さしむるをいふ。

舊戸籍法に於ては其身分登記中に身分の變更なる節を設けて登記簿に錯誤遺漏ある場合に備へたり然れども改正法に於ては廣く戸籍簿の訂正なる一章を設け效力の既往に溯及すべきものを蒐集し申請なる形式により萬般の届出事項の訂正をなさしむることゝせり。

第百六十四條　戸籍ノ記載カ法律上許スヘカラサルモノナルコト又ハ其記載ニ錯誤若クハ遺漏アルコトヲ發見シタル場合ニ於テハ利害關係人ハ其戸籍ノ存スル市役所又ハ町村役場ノ所在地ヲ管轄スル區裁判所ノ許可ヲ得テ戸籍ノ訂正ヲ申請スルコトヲ得。

本條は戸籍訂正の一般に通ずる規定にして利害關係あるものは其記載事項

法律上許すべからざる記載とは例へは戸籍簿に刑罰に處せられたる事項若くは破産宣告の記載を爲したるか如き事項を云ふ。

錯誤とは普通に所謂思ひ違ひのことなり例へば長男と記載せんと欲して長女と記載するか如きを云ふ。

許可とは一般に禁止せられたる行爲を或條件を以て

に錯誤又は遺漏若くは法律上許すべからざる事項あることを發見したる場合に於ては其戸籍の存する市役所又は町村役場の所在地を管轄ずる區裁判所に申出で其許可を得て戸籍の訂正を申請するを得るものなるを規定せり。

第百六十五條 届出ニ因リ效力ヲ生スヘキ行爲ニ付キ戸籍ノ記載ヲ爲シタル後其行爲ノ無效ナルコトヲ發見シタルトキハ届出人又ハ届出事件ノ本人ハ前條ノ區裁判所ノ許可ヲ得テ戸籍ノ訂正ヲ申請スルコトヲ得。

本條は届出により效力を生ずる行爲例へは婚姻又は養子縁組をなしたる場合に戸籍の記載を終りし後其行爲の無效なることを發見せし時に處するの規定なり即ち右の場合に於ては届出人又は届出事件の本人は其戸籍の存する市役所又は町村役場の所在地を管轄する區裁判所の許可を得て戸籍の訂正を申請するを得るなり。

第百六十六條 前二條ノ許可ノ裁判アリタルトキハ一箇月内ニ其謄本ヲ添附シ戸籍ノ訂正ヲ申請スルコトヲ要ス。

許容するを云ふ。故に許可を要する行爲に付ては一私人は其行爲の自由を有せず許可を得て始めて之を爲すことを得

本條は前二條に定めたる事項の戸籍訂正に付其訂正を許可する裁判ありたる場合の届出義務を規定せり即ち戸籍の訂正を裁判所に願出で其許可を受けたるものは一箇月以内は其裁判所許可の謄本を添へ其戸籍の存する市役所又は町村役場に右訂正を申請するを要するなり。

第百六十七條 確定判決ニ因リ戸籍ノ訂正ヲ爲スヘキトキハ訴ヲ提起シタル者ハ判決確定ノ日ヨリ一箇月内ニ判決ノ謄本ヲ添附シ訂正ノ申請ヲナスコトヲ要ス。

檢事カ訴ヲ提起シタル場合ニ於テハ判決確定ノ後遲滯ナク戸籍ノ訂正ヲ請求スルコトヲ要ス。

戸籍の訂正をなすに當り確定判決を待つて後始めてなすべき時には訴を提起したるものは判決が確定したる日より一箇月以内に其判決文の謄本を添附し其戸籍の存する市役所又は町村役場に戸籍訂正の申請をなさゞるべからず。

又右の場合に於て訴を提起したるものが檢事なる時は判決が確定したる後

遲滯なく其訴を提起せる檢事よりして訂正せらるべき戸籍の存する市役所又は町村役場に其訂正を請求せざるべからず。

第百六十八條　第四十三條第四十六條乃至第五十條、第五十二條乃至第五十九條及第六十三條乃至第六十八條ノ規定ハ戸籍訂正ノ申請ニ之ヲ準用ス。

本條は戸籍訂正に關する手續は第四章届出第一節通則中の諸規定の準用を受くべきことを規定せるものにして右に掲けたる諸條項は戸籍訂正の場合に於ても準用せらるべきものとす。

第六章　抗告

抗告と監督
抗告と市町村長の監督とは大に其趣を異にするものなり監督は戸籍事務に關して不當の結果を生ぜしめざる爲め市町村長そのものを監督するを目的とするものなり
然るに抗告とは市町村長のなしたる處置に重きを置き之を取消し又ば變更して利益を害せられたるものを救ひ糺すことを目的とするものなり

抗告とは戸籍事件に關し市町村長の取扱を不當として裁判所に不服の申立を爲し市町村長の取扱によつて生じたる結果の取消又は變更を請求する手續をいふ。

抑戸籍に關する事務は常に適法に行ふべきものにして若し其事務を掌る處の市町村長が故意又は過失によりて不當なる取扱をなしたる場合に此不當處分に對して何人も不服を申立る能はずとせば人民の權利利益を保護するの途に於て缺くる處あるに至るべし是れ抗告なる制度を設け不當處分に對して裁判所に出訴するを得せしむる所以なり。

第百六十九條　戸籍事件ニ付キ市町村長ノ處分ヲ不當トスル者ハ市役所又ハ町村役場ノ所在地ヲ管轄スル區裁判所ニ抗告ヲ爲スコトヲ得

戸籍事件に付き市町村長の處分を不當とする者例へば屆出をなしたる場合に其管轄に屬するものを管轄違とし又は完全なる書類を不完全なりとして

受附を拒み或は許されたる口頭の届出を受理するに當り届出人に讀み聞かせざるが如き或は法律の規定に依り代理人を以て届出でたるに其届出を受理せざるが如き場合若くは届出人が届書の受附證明書の下附を申請したるに對し之に應せざる如き其他手數料を納めて戸籍簿の閲覽を求め又は謄本若くは抄本の交付を求めたるに對し之を許可せざるが如き場合に於て其届出人又は届出事件の本人其他不當處分を受けたる者は其市役所又は町村役場の所在地を管轄する區裁判所に對し市町村長の處分を不當として抗告することを得るものとす。

第百七十條　抗告ハ管轄區裁判所ニ抗告狀ヲ提出シテ之ヲ爲ス。
抗告狀ニハ届書又ハ申請書及ヒ關係書類ヲ添附スルコトヲ要ス。

本條は抗告狀提出の手續を規定せり即ち抗告せんとする者は其市町村を管轄する區裁判所に抗告狀を差出さゞるべからず。
抗告狀には例へば戸籍に關する届出につき市町村長が不當なる處分をなしたる時は其告知書を添へ其他抗告に關する届書又は申請書及び其他の關係

書類を添付することを要するなり。

第百七十一條 抗告ヲ受ケタル裁判所ハ抗告ニ關スル書類ヲ市町村長ニ送付シテ其意見ヲ求ムルコトヲ要ス。

本條は抗告を受けたる裁判所が市町村長に對するの措置を規定せり市町村長の處分を不當なりとして抗告の訴ありたる時は其管轄裁判所は該抗告狀とそれに添付せる一切の書類とを市町村長に送付し其意見を求めざるべからず是れ蓋し出訴者のみの意見によりて事實を判斷するの弊を避けしむるが爲めなり。

第百七十二條 市町村長ハ抗告ヲ理由アリト認ムルトキハ處分ヲ變更シテ其旨ヲ裁判所及ヒ抗告人ニ通知スルコトヲ要ス。
抗告ヲ理由ナシト認ムルトキハ意見ヲ附シ送付ヲ受ケタル日ヨリ五日內ニ書類ヲ裁判所ニ返還スルコトヲ要ス。

前條の規定により市町村長が抗告に關する書類の送付を受けたる場合に於て取調の結果自己の處分を不當なりと認めたる場合に於ては其處分を變更

して其旨を裁判所及び抗告人に通知せざるべからず蓋し右の手續を取らしむるは是れによりて裁判の手續を省略せしむると共に一面に於て速に抗告人の正當なる願意を達せしめんが爲めなり。

又市町村長が抗告人の申出を理由なきものと認めたる時には意見を付し書類の交付を受けたる日より五日以内に裁判所に返付せざるべからず。

第百七十三條　裁判所ハ抗告ヲ理由ナシトスルトキハ之ヲ却下シ理由アリトスルトキハ市町村長ニ相當ノ處分ヲ命スルコトヲ要ス。

抗告ヲ却下シ又ハ處分ヲ命スル裁判ハ決定ヲ以テ之ヲ爲シ市町村長及ヒ抗告人ニ送達スルコトヲ要ス。

決定を以てする裁判とは口頭辯論を經ることなく抗告人の差出したる抗告狀其他の關係書類竝に市町村長の提出したる意見を書面に基きて審理し其得たる結果

市町村長が抗告人申立を理由なしとし其書類を裁判所に返付したる時は裁判所は抗告人の申立と抗告狀に添附せる書類及び市町村長の意見とを參照して取調をなし抗告人の申立を理由なしと認めたる時は其申立を却下し若し又抗告人の申立正當にして市町村長の處分不當なりと認めたる時は其市町村長に對し届出又は申請に付相當の處分を命ずることを要す故に例へば

に基きて裁判するを云ふ而して該決定は之を言渡さずして其決定は之を市町村長及び抗告人に送達するものなり。

届書を受理せざる事件に關する抗告なる時は其届書を受理すべきことを命じ戸籍簿の閲覽を不當に拒みたるものなる時は其閲覽を許すべき事を命ずるが如し以上述べたる如き抗告人の申立を却下し又は抗告人の申立を正當なりとして市町村長に相當の處分を命ずる裁判は決定の形式により市町村長及び抗告人に送付するを要す。

第百七十四條　裁判所ノ決定ニ對シテハ法律ニ違背シタル裁判ナルコトヲ理由トスルトキニ限リ非訟事件手續法ノ規定ニ從ヒテ抗告ヲ爲スコトヲ得。

抗告裁判所ノ裁判ニ對シテハ不服ヲ申立ツルコトヲ得ス。

裁判所の決定に對しては其裁判が法律に違反せる場合を除くの外抗告することを得ず法律に背きたる裁判とは例へば抗告を受けたる裁判所が市町村長の意見を求めずして裁判を決定し又は抗告を却下せるに拘はらず市町村長に對して或る處分を命じ或は正當の管轄裁判所なるを管轄違なりと裁判したるが如き場合をいふなり。

裁判所のなしたる決定が右述べたる如く法律に違背したるものなる場合に限り更に裁判所に對し抗告をなし得れども右抗告は一回限りに止り第二抗告裁判所の裁判に對しては如何なる理由を以てするも更に抗告するを許さゞるものとす。

第百七十五條　抗告ノ費用ニ付テハ非訟事件手續法ノ規定ヲ準用ス。

抗告の費用に付ては非訟事件手續法の規定を準用す今次に非訟事件手續法の規定に基き戸籍に關する抗告の費用について説明せん。

一　抗告費用の負擔者　訴訟事件の費用に付ては其訴訟に付敗訴の判決を受けたるものに於て負擔するを原則とすれども戸籍に關する抗告の如きは元より訴訟事件に非ざるを以て敗訴者なるものなし故に此種の抗告に關する費用は其結果の如何を問はす抗告人に於て之を負擔すべきものとす(非訟事件手續法律第二十六條)

二　費用の裁判に對する不服の申立裁判所が爲したる費用の決定に對して不服ある時は其負擔を命せられたるものに限り不服を申立ることを

主たる決定とは即ち市町村長の不當處分の當否に關する決定をいふ而して此決定は再抗告を以てなすにあらざれば不服を申立るの途なきを以て費用に關する不服の申立も亦再抗告をなしたる場合に限らるゝものとす。

得(同法第三十條)費用の決定に對して不服ある場合とは例へば其額の不當に多きが如き若くは抗告人二名以上なる場合に於て其分擔額の公平ならざるが如き場合をいふ然れども此不服の申立は獨立してなすことを得ざるものなるを以て主たる決定に對し不服を申立る時に同時になすを得るのみ。

第七章　罰則

戶籍の届出人又は申請人は届出もしくは申請を眞實に爲すの義務あり此義務に違背する者は一定の制裁を受くべし而して之が制裁には行政上のものと司法上のものとあり即ち本章中第百七十六條乃至第百七十九條は前者にして第百八十條は後者に屬す。

罰則とは法律の命ずる處に遵はざる者即ち之が違背者に對して加ふべき制裁を規定せるものを云ふ蓋し法律にして制裁なからんか折角の金科玉條も空しく徒法たるに終ること多し然るが故に苟も法律の實效を確保せんと欲せば之が違背者に對し相當の體刑を加へ又は財産權を剝奪するの制裁を科すべき規定を爲すを必要とす是れ本章を設け本法の現實に施行せられんことを期したる所以なり。

第百七十六條　正當ノ理由ナクシテ期間内ニ爲スヘキ届出又ハ申請ヲ爲サヽル者ハ十圓以下ノ過料ニ處ス。

本條は本法規定の届出又は申請期を怠りたる者に對して課する制裁を規定せり。

曰く本法は上來屢々說明したるが如く届出及び申請の期間を各條々下に於て規定せり該期間は法律が其期間内に届出又は申請を爲すべきことを命じ

過料と科料

過料は一種の行

政罰にして單に義務に違背したる場合に科すべき制裁なり科料は之に反して司法上の刑罰にして犯罪に對する制裁なり。

届出人又は申請人を過料に處するには必ず其者に懈怠ありたることを要するか故に不可抗力によりて市役所又は町村役場に到ること能はさりし場合の如き若しくは裁判の送達なかりしため届出又は申請の義務を知らさりし場合の如きは決して過料に付せらるゝことなきなり。

催告の效力を生ずる時期

催告は單獨行爲なるか故に相手方

たる期間にして之を懈怠するを許さず若し之を許すときは戸籍の信實を保ち難く從て信憑を害すべき結果を生ずるものなるに因り本法は其命令の嚴格に實行せられんことを期するため届出又は申請を怠りたる者は之を十圓以下の過料に處すべきことを規定したり本條の過料は最高額を十圓と定め最低額を限定せざるを以て裁判所は十圓以下の範圍內に於ては隨意に過料の額を定むることを得べきものとす。

第百七十七條　第六十四條ノ規定ニヨリ市町村長カ期間ヲ定メテ届出又ハ申請ノ催告ヲ爲シタル場合ニ於テ正當ノ理由ナクシテ其期間內ニ届出又ハ申請ヲ爲サヽル者ハ二十圓以下ノ過料ニ處ス。

本條は市町村長の定めたる届出期間又は申請期間を懈怠したる者に對して科すべき制裁を定めたるものなり。

戸籍の記載は獨り當事者の爲めのみならず公益に基くものなれば届出又は申請期間を懈怠したる場合に於ても單に其懈怠者に對し制裁を課して能事了れりと爲すべきものにあらず必ずや届出又は申請義務を履行せしめて之

の承諾を要するものに非す、されは相手方に到達すると同時に效力を生す。

が記載を完了するの方針を取らざる可からず故に本法は届出又は申請義務者に於て期間内に届出又は申請を爲さゞる時は一方に於て前條の規定に從つて制裁を加ふると同時に他方に於て市町村長に對し相當の期間を定めて届出又は申請義務者に對して催告を爲すべきことを命じたり(第六十四條)而して市町村長が期間を定めて届出又は申請を爲すべきことを催告したるにも拘らず其義務者に於て尚其届出又は申請を爲すことを怠るときは之に對して一層重き制裁を加へざる可らず然らずんば再び法律に違背する者なからしめんとする目的を達し得ざればなり是れ本條に於て催告を受け尚催告期間を懈怠したる届出義務者及び申請義務者に對しては前條の制裁に倍したる二十圓以下の過料を課すべき事を規定したる所以なり。但二回以上催告に應せざる場合に於て逐次加重するは稍酷に失するの嫌あるを以て之を爲さゞるものとす。

第百七十八條　市町村長ハ左ノ場合ニ於テ三十圓以下ノ過料ニ處ス。

一　正當ノ理由ナクシテ届出又ハ申請ヲ受理セサルトキ

二　戸籍ノ記載ヲ爲スコトヲ怠リタルトキ
三　正當ノ理由ナクシテ戸籍簿、除籍簿又ハ第三十六條ノ書類ノ閲覽ヲ拒ミタルトキ
四　正當ノ理由ナクシテ戸籍若クハ除カレタル戸籍ノ謄本抄本又ハ第六十七條ノ證明書ヲ交付セサルトキ
五　其他戸籍事件ニ付職務ヲ怠リタルトキ

本條は市町村長が其遵守すべき或職責に懈怠したるにより制裁を受くべき場合及び課すべき制裁を規定したるものなり。

戸籍に關する屆出若くは申請を受理して懈怠なく之が記載を爲し戸籍簿除籍簿又は第三十六條第二項の書類を閲覽せしめ及び戸籍簿若しくは除かれたる戸籍の謄本抄本又は第六十七條の證明書を交附し其他一切の戸籍事件に付きて誠實に職務を執掌するは市町村長の義務にして必ず履行せざる可らざる職務なりとす而して是等の事項は當該本人に取りて重要緊切なるは勿論其以外の人に取りても利害關係を及ぼすものなり然るが故に此重大な

る事項に付職責を有する市町村長に於て其義務を履行せざるときは届出義務者又は申請義務者が其義務に違背したるに比して一層重き制裁を加ふべき理由あるものと云はざる可らず是れ本條に於て市町村長に一號乃至五號に掲ぐる如き違背ある場合に三十圓以下の過料に處すべきことを規定したる所以なり。

一　正當の理由なくして届出又は申請を受理せざるとき。

市町村長は必ずしも常に如何なる場合にも届出又は申請を受理せざる可らざるものにあらず正當の理由あるときは受理せざることを得るなり例へば戸籍簿の全部若しくは一部が水災震災に因りて滅失し司法大臣に於て其再製又は補完の期間中新に記載を得んがためにする届出も若しくは申請は之を受理せざることを告示したる場合の如き市町村長は新なる戸籍記載の届出又は申請は受理せざることを得べく從つて斯かる場合の不受理は正當なる理由あるものと云ふべければ本號に該當すべきものにあらざるべく從つて制裁を受くべきものに非ず。

二　戸籍の記載を爲すことを怠りたるとき。

戸籍に關する屆出若しくは申請あるときは遲滯なく之が記載を爲すべきは本法の期待する所なりと雖も數十個の屆出數十個の申請が積んで山を爲すが如き場合に於て該事務を鞅掌する吏員が少人數なる時は直ちに記載に着手すること能はざるが故に斯かる場合に於ては市町村長が今日の屆出又は申請を翌日に及びて記載すればとて記載を爲すことを怠りたるものと云ふことを得ざるべく其怠りたるとは裕に記載すべき餘暇あるにも拘らず之を爲さゞりし場合ならざる可らず例へば簡單なる記載事項の屆出または申請を受け而かも喫烟に時を費し雜談に日を送りて其記載を爲さゞるが如き又當日第一に受付けたる戸籍屆を机上に置き第二、第三、第四次に受付けたる屆出又は申請のみの記載を爲し第一に受付けたるものを意地惡く後廻しに爲すが如きは本號に所謂戸籍の記載を爲すことを怠りたるに該當するものにして市町村長は本條の制裁を免れざるものとす。

三　正當の理由なくして戸籍簿除籍簿又は第三十六條の書類の閲覽を拒みたるとき。

市町村長は右帳簿及び書類を閲覽せしむべき義務あるも必ずしも常に之を閲覽せしめざるべからざるものに非ず例へば今現に記載を爲しつゝある戸籍簿の閲覽を求められたるときの如きは之を許さゞることを得べし斯かる理由の下に閲覽を拒絶するは本號の規定に該當すべきものに非ず唯正當の理由なくして閲覽を拒みたる時に於て制裁を受くるのみ。

四　正當の理由なくして戸籍簿若しくは除かれたる戸籍の謄本抄本又は第六十七條の證明を交付せざるとき。

例へば今現に記載しつゝある其戸籍の謄本若しくは抄本を請求に應じて直に交付せざるは是れ正當なる理由あるものと云ふを得べく又は届書若くは申請書が不完全を極め到底受理すべからざるものを強いて市町村長の机上に差出して届出又は申請の受理の證明の交付を請求する

に當りて市町村長が之に應せざるときの如きも亦正當の理由あるものと云ふを得べく依つてかゝる場合に於ては市町村長は本條の制裁を受くべきものにあらず。

五　其他戸籍事件に付き職務を怠りたるとき。

以上第一號乃至第四號の外尙戸籍事件に付き市町村長が職務を怠りたるときとは例へば戸籍簿の記載を亂雜に爲し又は故意過失に依り屆出申請の記載事項に誤謬を生じたるが如きを云ふなり。

第百七十九條　過料ノ裁判ハ過料ニ處セラルヘキ者ノ住所又ハ居所ノ地ヲ管轄スル區裁判所之ヲ爲ス其裁判及ヒ裁判執行ニ付テハ非訟事件手續法ノ規定ヲ準用ス。

本條は過料處分を爲すべき管轄裁判所及び其裁判を爲すべき手續及び執行手續を規定したるものなり。

本章に定められたる過料の裁判を爲す裁判所は過料に處せられたるものゝ住所又は居所の地を管轄する區裁判所なり即ち戸籍に關する屆出又は申請

義務者が其義務に違背したるものなるときは其事件は其者の住所地又は居所地を管轄する區裁判所に屬し市町村長が義務に違背したるものなるときは當該事件は其市町村長の住所地を管轄する區裁判所に屬するなり。又此裁判を爲すの手續に付ては非訟事件手續法の規定によるべく今同法を案ずるに第二百七條に於て過料に關する裁判手續を規定したるを以て本章の過料の裁判手續も亦之に據るべきなり即ち過料の裁判は理由を附したる決定の形式を以て之を爲すべく又裁判を爲すに當りては豫め該事件の本人の申述を聞き又檢事の意見をも求めざるべからざるものとす然れども決定を以てする裁判なるか故に書面審理を本則とすべく從つて檢事の立合を要せざるものとす又其事件の當人及び檢事は其裁判に對して七日内に抗告を爲すを得べく之を即時抗告と云ふ若し抗告ありたるときは執行停止の效力を生ずるが故に過料を取立つること能はず又抗告裁判所が當人の申立を相當なりとする裁判を下したるときは抗告手續の費用及び前裁判に於て當人の負擔したる費用は國庫より辨償すべきものとす。

本條は舊法の第二百十五條に對應する規定なれとも大に其内容を異にするものあり即ち舊法第二百十五條に「自己又は他人の利を圖り若しくは他人を害する目的を以て又は戸籍に關し詐僞の届出若くは申請を爲したる者は……」とあるを改正法は本條の如く規定して戸籍に記載を要する場合に於ける虚

次に裁判の執行につきても亦非訟事件手續法第二百八條の規定によるべきが故に過料の裁判は檢事の命令によつて之を執行し其命令は執行文を附したる確定裁判と同しく執行力を有する債務名義と同效力あり又過料の裁判の執行は執行前裁判の送達を要せざる部分を除き其他は民事訴訟法第六編の規定に從つて之を爲さゞる可らず。

第百八十條　戸籍ノ記載ヲ要セサル事項ニ付キ虚僞ノ届出ヲ爲シタル者ハ一年以下ノ懲役又ハ百圓以下ノ罰金ニ處ス日本ノ國籍ヲ有セサル者ニ關スル事項ニ付キ虚僞ノ届出ヲ爲シタル者亦同シ。

本條は戸籍の記載を要せざる事項及び國籍を有せざる者に關する事項に付き虚僞の届出を爲したる者に對する處罰規定なり。

戸籍の記載を要せざる事項とは第十八條第十九條第二十一條以外の事項にして例之は胎兒認知の場合に於て妊娠の事實なきに故意に妊娠せる者として認知届を爲したるとき又は隱居の場合に於て家督相續人の承諾なきに承諾ありとの旨の届出を爲すが如き是れなり斯かる事項につきて虚僞の届出

偽の届出を爲したる場合を除外せり是れ斯かる場合は刑法第百五十七條に依つて處罰することを得べければなり。

を爲したる者は一年以下の懲役又は百圓以下の罰金に處せらるべく又日本の國籍を有せざる者に關する事項例へは外國人の出生、死亡等に付き虚僞の届出を爲したる場合も亦右同樣に處罰せらるべきものとす。

附則

附則とは本則に於て規定すべき性質を有せざるものにして而かも之を規定せされば本則を實施するに當りて不便なるが故に此不便を匡救せんがために規定せられたる法則なり是等の規定は皆夫々本法の公布及び施行の當初に於ては極めて緊要なりと雖も施行後年と共に其實用を減ずるものなり以下之を説明せん。

第百八十一條 本法施行ノ期日ハ勅令ヲ以テ之ヲ定ム。

本條は本法の施行期日に關する規定なり。

本法は既に成規の手續を經大正三年三月三十日法律第二十六號を以て公布せられたりと雖も市町村長をして新法を周知せしめんため及び其他種々の

事由によつて未だ實施を見るに至らず之が實施期日は追て勅令を以て定めらるべきなり。

第百八十二條 本法ノ施行ニ關スル細則ハ司法大臣之ヲ定ム。

本條は本法を施行するに必要なる細則は何人か之を定むるかを規定したるものなり。

本法も亦他の諸法と等しく其實施に當りて施行上に必要なる詳細の規則を要すべく之が制定は司法大臣をして爲さしむるものとす。

第百八十三條 本法ノ規定ハ本法施行前ノ届出其他ノ事由ニ因リテ戸籍ノ記載ヲ爲シ又ハ新ニ戸籍ヲ編製スル場合ニモ亦之ヲ適用ス。

本條は本法の時に關する效力を規定したるものなり。

凡て法規の效力は施行期日以前に遡らざるを以て一般原則とすれとも本法は便宜上よりして左の場合には其效力を施行以前に發生したる事項に遡及せしむるものとす。

一　本法施行以前の届出其他の事由に因り戸籍の記載を爲す場合。

既に説明したる裁判による決定、又は檢事の請求等を云ふ。

新に戸籍を編製することは例へは分家及び一家創立等によりて戸籍を作る場合を云ふ。

本場合は施行以前に發生したる事由を施行後に於て記載するものなるが故に新舊兩法が競合して該事件に效力を及ぼすべく從つて其當時に實施されたる法規即ち舊法によつても亦之が記載を爲し得べしと雖も本法は本條を以て斯かる場合には新法に依つて記載を爲すべき旨を明言せり。

二　本法實施前の届出其他の事由により新に戸籍を作る場合

本場合も亦施行前に發生したる事由に基きて新に戸籍を作るものなるが故に前項と同一旨趣によりて本法によるべきものとせり。

第百八十四條　舊法ノ規定ニヨル戸籍ハ本法ノ規定ニ依ル戸籍トシテ其效力ヲ有ス但本法ノ規定ニヨリ戸籍ニ記載スヘキ事項ニシテ舊法ノ規定ニ依ル戸籍ニ記載ナキモノハ身分登記ニヨリ之ヲ記載スルコトヲ得。

司法大臣ハ前項ノ規定ニ拘ハラス本定ノ規定ニ依リ戸籍ヲ改製スヘキコトヲ命スルコトヲ得。

本條は舊法の規定による戸籍の效力と之が訂正及び改製に付きて規定する

ものなり。

舊法の規定による戸籍は本法の規定による戸籍として依然其效力を保有するものとす但し舊法の規定による戸籍と本法による戸籍とは記載事項が同一ならざるを以て舊法の規定に依る戸籍を本法の規定に照すときは欠缺事項あるを以て此欠缺事項は身分登記によりて之を記載せしむることとせり斯くて舊法の規定に依る戸籍は本條第一項によりて本法實施後も尚依然として戸籍たるの效力を保有すべし然れども司法大臣は前項の規定に拘はらず本法の規定によつて戸籍の改製を命ずることを得るものとす。

第百八十五條 舊法ノ規定ニ依リテ改製セサリシ戸籍ハ司法大臣ノ命スル所ニ依リ本法ノ規定ニ依リテ之ヲ改製スルコトヲ要ス但シ記載ヲ要スル事項ニシテ從前ノ戸籍ニヨリ其事實ヲ知ルコト能ハサルモノハ其記載ヲ省クコトヲ得。

本條は舊法の規定によりて改製せざりし戸簿の改製手續につきて規定するものなり。

即ち本條によれば舊法の規定によりて改製せざりし戸籍は司法大臣の命ずる所に依つて本法の規定に從ひ之を改製することを要すべく而して記載を要する事項中從前の戸籍により其事實を知ること能はざるものは其記載を省くことを得るものとす。

第百八十六條 身分登記簿及ヒ舊法保存期間ノ定アル帳簿竝ニ書類ノ保存期間ハ司法大臣之ヲ定ム。

本條は本法の實施と共に不用となるべき舊法實施時代の身分登記簿及び同時代に舊法に保存期間の定められたる帳簿竝に書類を如何に處分すべきかを定めたる規定にして司法大臣をして其保存期間を定めしむるものとせり。

寄留法

寄留法制定の理由

現今に於ては行政警察の方面より一市一町村に居住せる人口調査の方法ありと雖も單に警察に於ける調査のみを以ては身分關係等に關する詳細なる事項を知るを得ず蓋し人の出入移動等に關し住所本籍主義を採らんには斯かる憂はなかるべけんも住所無制限主義を採りたる上は其出入移動を知らんと欲するも該調査のみによらんか現在其身を寄せたる市町村に於て調ふるも何處より來りしものなるか又如何なる戸籍のものなるかを知るを得ず此くの如き缺を補はんが爲め寄留法の必要を生ずるに到り此に其制定を見たるなり。抑從來行はれたる寄留手續なるものは明治四年大政官布告寄留法に基き逐次斷片的に發布せられたる幾多の法律規則よりなりたるものにして其煩鎖復雜なる到底今日の時世に伴ふべきものにあらざるを以て玆に戸籍法の改正を機とし之を統一し一の單行法となし公布したるものなり而して本法の骨子とも見るべき點は九十日以上一定の場所に居住するものを寄留者と稱し寄留届を差出さしむる點に在り。

第一條 九十日以上本籍外ニ於テ一定ノ場所ニ住所又ハ居所ヲ有スル者ハ之ヲ寄留者トス。

本籍ナキ者本籍分明ナラサル者及ヒ日本ノ戸籍ヲ有セサル者ニシテ九十日以上一定ノ場所ニ居住スル者亦同シ。

寄留者ニ關スル事項ハ届出ニ因リ又ハ職權ヲ以テ之ヲ寄留簿ニ記載スルコトヲ要ス。

本條に規定する所は寄留者の意義及び届出手續を規定するものなり。九十日以上本籍地外の一定の場所に於て住所又は居所を有する者及び戸籍法に於ける無籍者又は本籍分明ならざるもの及び日本の戸籍を有せざるものは之を寄留者と稱す九十日以上と規定せらるゝも事實上九十日を經過したるの要なく九十日以上居住するの意思を有する場合に於ても寄留者なりといふを得而して此期間を一定の場所に於て經過せざるべからざるを以て

一定の場所とは文字の示せる如く所謂確的なる場所を稱するものものにして何町何番地等の如きを稱す。

九十日以上一定の場所に住所又は居所を有する者はと規定せられたる

を以て或場所を永久的に住所又は居所とする場合に於ては勿論寄留届をなすを必要とす、而して民法に於て住所地主義を採りたる故に本籍を住所に移轉せしむるは便宜なる方法なれども吾國古來の風習として是を好まざる故に止むを得ずかゝる規定を設けたるなり。

甲場所に三十日乙場所に三十日丙所に三十日を經過したるごとく中絶せざることを必要とす。

寄留者は寄留に關する届出をなさゞるべからず若し寄留者に於て届出でざる場合は職權を以て寄留簿に記載する事を必要とす職權を以て記載を行ふ場合は警察に於て調査したる結果を利用し登錄するを以て足れりとす此の場合は九十日以上一定の場所に住所又は居所を有したるものが寄留者として取扱はるゝに至りたる時に行はるゝものなり。

第二條　寄留ニ關スル事務ハ市町村長之ヲ管掌ス。

戸籍法第三條第五條及第六條ノ規定ハ寄留ニ關スル事務ニ之ヲ準用ス。

本條は寄留事務の取扱に付ての規定なり。

寄留に關する事務は戸籍に關する事務なるを以て市町村長之を管掌し其監督に付ては市に於ける區及び市町村制を實施せざる土地等に對しても戸籍法の規定を準用する旨を規定したるなり。

第三條 寄留ニ關スル屆出、屆出義務者、屆出期間、寄留簿其他寄留ニ關スル事項ハ勅令ヲ以テ之ヲ定ム。

本條は寄留に關する屆出方法及び其義務者又屆出期間寄留簿調製其他の詳細なる事項に付ては後日勅令を以て定むる旨を規定したるものにして特に說明すべき要あるを見ず。

第四條 寄留ニ關スル屆出ヲ怠リタル者ハ五圓以下ノ過料ニ處ス。

戶籍法第百七十九條ノ規定ハ前項ノ過料ニ付之ヲ準用ス。

本條は寄留屆出を怠りたる場合に處罰すべきことを規定したるものなり即ち寄留屆を爲さざるが如き場合には五圓以下の過料に處し其過料の裁判に付ては戶籍法第百七十九條の規定を準用し過料に處せらるべきもの丶住所又は居所の地を管轄する區裁判所之を裁判し其執行に就ては非訟事件の手續に從ふべきを規定したるなり。

附則

本法施行ノ期日ハ勅令ヲ以テ之ヲ定ム。

本法實施期日は勅令を以て之を定めらるべし總て法律は周知期日を存すべきものなれば公布と同時に實施せらるゝものにあらず是れ即ち此規定ある所以なり。

附

尚ほ此外戸籍に關する重要なる規定あるを以て參考の爲め左に列擧せん。

一 戸主に非ざる者爵を授けられたる場合に關する件（明治三十八年三月法律第六二號）

（大正三年三月法律第二八號修正）

第一條 戸主ニ非サル者カ爵ヲ授ケラレタルトキハ一家ヲ創立ス。

第二條 前條ノ規定ニ依リ一家ヲ創立シタル者ハ授爵ノ日ヨリ十日内ニ左ノ諸件ヲ具シ辭令書ノ謄本ヲ添ヘテ之ヲ市町村長ニ届出ツヘシ。

一 一家創立ノ場所

二 届出人カ家族タリシ家ノ戸主ノ氏名本籍及ヒ其戸主ト届出人トノ續柄

三 届出人ノ家ニ入ルヘキ者アルトキハ其ノ名出生ノ年月日及ヒ其者ト届出人トノ續柄

四 届出人及ヒ其家族ノ父母ノ氏名、本籍及ヒ父母トノ續柄

五　授爵ノ年月日

市町村長カ前項ノ届出ヲ受理シタルトキハ之ニ依リ戸籍記載ノ手續ヲ爲スヘシ。

本條ノ場合ニ於テハ戸籍法第百五十四條ノ届出ヲナスコトヲ要セス。

二　皇族より臣籍に入りたる者及び婚嫁に因り臣籍より出で、皇族と爲りたる者の戸籍に關する件（明治四三年四月法律第三九號 大正三年三月法律第二九號修正）

第一條　華族ノ養子ト爲リタル皇族男子離緣ノ場合又ハ華族ニ嫁シタル皇族女子離婚ノ場合ニ於テ直系尊屬ノ臣籍ニ入リ創立シタル家アルトキハ其家ニ入リ其家ナキトキハ一家ヲ創立ス。

第二條　前條皇室親族令第三十二條若ハ第三十三條又ハ皇族身位令第三十四條ノ規定ニ依リ直系尊屬ノ家ニ入リ又ハ實家ニ復籍シタル者ハ十日内ニ左ノ諸件ヲ具シ入籍又ハ復籍ノ原因ヲ證スル書面ヲ添ヘテ之ヲ市町村長ニ届出ツヘシ。

一　入籍又ハ復籍シタル者ノ父母及ヒ其者ト父母トノ續柄。

二　入籍又ハ復籍ノ原因及ヒ年月日。

第三條　第一條皇室親族令第三十三條又ハ皇族身位令第二十六條ノ規定ニ依リ一家ヲ創立シタル者ハ十日内ニ左ノ諸件ヲ具シ一家創立ノ原因ヲ證スル書面ヲ添ヘテ之ヲ市町村長ニ届出ツヘシ。

一　一家創立ノ場所。

二　届出人ノ家ニ入ルヘキ者アルトキハ其名出生ノ年月日及ヒ其者ト届出人トノ續柄。

三　届出人及ヒ其家ニ入ルヘキ者ノ父母並ニ其者ト父母トノ續柄。

四　一家創立ノ原因及ヒ年月日。

第四條　養子緣組又ハ婚嫁ニ因リテ皇族ヨリ臣籍ニ入リタル者又ハ婚嫁ニヨリテ臣籍ヨリ出テ皇族トナリタル者アル場合ニ於テハ其入リ又ハ出テタル家ノ戸主ハ十日内ニ其者ノ氏名出生ノ年月日本籍又ハ原籍父母及ヒ其者ト父母トノ續柄並ニ入籍又ハ除籍ノ原因及ヒ年月日ヲ具シテ之ヲ市町村長ニ届出ツヘシ。

第五條　市町村長前三條ノ届出ヲ受理シタルトキハ之ニ依リ戸籍記載ノ手續ヲ爲スヘシ。

改正
戸籍法註解　終

改正 戸籍法届出書式例目次

出生之部

私生子認知之部

縁組之部

○養子縁組届

婚姻之部

親權・財産管理權喪失之部

後見之部

隱居之部

失踪及ヒ死亡ノ部

家督相續之部

入籍・離籍・復籍拒絶之部

○入籍屆

○離籍屆

○復籍拒絶屆

一家創立之部

廢家及ヒ分家之部

○廢家届

○分家届

廢絶家再興及ヒ族稱變更之部

國籍ノ得喪及ヒ回復ノ部

氏名變更及ヒ就籍・轉籍之部

改正戸籍法届出書式例目次終

改正 届出書式例

戸第六九條參照

出生届（父ヨリ本籍地ヘ届出ノ例）

東京市京橋區山下町五番地戸主
父會社員 山本鐵次
母無業 はる
長男 春男

出生ノ時大正參年四月五日午前九時
出生ノ場所京橋區山下町五番地
右出生届出候也

大正參年四月拾日

右届出人
父 山本鐵次㊞
明治元年九月七日生

東京市京橋區長川村勇殿

戸第六九條參照

出生届（父不在ノ爲メ母ヨリ届出ノ例）

東京市京橋區山下町五番地戸主
父會社員 山本鐵次
母無業 キミ
貳男 壽

出生ノ時大正參年四月拾日午後八時
出生ノ場所京橋區山下町五番地
右出生届出候也

大正參年四月拾日

右届出人父旅行不在ニ付
母 山本キミ㊞
明治七年參月五日生

東京市京橋區長川村勇殿

戸第四三、五二、六九條參照

出生届（所在地ヘ届出ノ例）

所在地東京市京橋區山城町八番地
本籍地神奈川縣横濱市花咲町貳丁目五番地
戸主官吏
父 吉田五造

母無業亡　ミネ
貳女　スミ
出生ノ時大正參年四月八日午前五時
出生ノ場所東京市帝國醫科大學病院
右出生届出候也
大正參年五月壹日
右届出人
父　吉田五造㊞
明治拾年六月五日生
東京市京橋區長吉永六造殿
（此場合ハ正副二本ヲ要ス）
（宛名ニ通共所在地區長宛）

戸第六九條第七二條參照
（父カ子ノ出生前離婚又ハ離縁ニ因リ其家ヲ去リタル場合母ヨリ出生届出ヲ爲スノ例）

出生届

東京市京橋區永島町六番地戸主吉三郎弟
父官吏　平川三四郎
東京市神田區小川町六番地戸主庄太郎養子
母無業　吉田はつ
出生ノ時大正參年貳月五日午前四時
出生ノ場所東京市神田區小川町壹番地
右出生届出候也
大正參年貳月拾日
父三四郎出生前離縁（又ハ離婚）ニ因リ其家ヲ去リタルニ付キ
届出人母　吉田はつ
明治貳拾年六月八日生
東京市神田區長佐藤貞一郎殿

戸第七四條參照
（父未定ノ嫡出子ヲ母ヨリ届出ヲ爲ス場合ノ例）

出生届

東京市京橋區木挽町壹丁目六番地
戸主芳太郎妻無職業
母　川上なつ
男　金次郎

右なつ前夫吉川三之助ト婚姻解消（又ハ取消）後六箇月ヲ經過セスシテ婚姻シタルニ因リ父未定

出生ノ時大正參年五月壹日午後貳時

出生ノ場所東京市京橋區木挽町壹丁目六番地

右出生屆出候也

大正參年五月拾日

屆出人母　川上なつ㊞

明治拾五年六月拾參日生

東京市京橋區長竹田梅次郎殿

戸第七六條參照

（病院監獄其他公設所長又ハ管理人ヨリ出生屆ヲ爲ス場合ノ例）

出生屆

東京市京橋區木挽町壹丁目六番地

戸主官吏

父　佐藤喜代造

母無業　かつ

長女　梅子

出生ノ時大正參年五月參日午前八時

出生ノ場所（神田區小川町伊藤病院／牛込區天神町何々救護所 …………何々監獄）

右出生屆出候也

大正參年五月拾日

父母共ニ屆出ヲ爲スコト能ハサルニ因リ

東京市深川區常盤町壹丁目六香地戸主

屆出人　伊藤病院長／何々救護所長／何々監獄典獄／管理人　伊藤弘一㊞

明治元年貳月八日生

東京市京橋區長富田好一殿

戸六九條參照

庶子出生屆（父ノ家ニ入ル場合ノ例）

東京市神田區千代田町五番地戸主

吉五郎貳男無業

父　梅田吉藏

宮城縣仙臺市瓦町八番地戸主
清貳女無業
母　八田うめ
庶子男　清吉
出生ノ時大正參年八月拾五日午前九時
出生ノ場所東京市神田區千代田町五番地
右清吉出生前ニ認知セラル（出生届前認知セラル）

右出生届出候也

大正參年拾月貳拾日

右届出人
父　梅田吉藏㊞
明治元年九月九日生

東京市神田區長吉村勇藏殿

入籍同意者戸主
父　梅田吉五郎㊞

戸第六九條參照
（父ノ家ニ入ルコトヲ得ス母ノ家ニ入ル場合ノ例）

庶子出生届

本籍地兵庫縣神戸市錦町貳丁目四番地
戸主龜次郎叔父無職業
父　長田長太郎
本籍地長野縣長野市元町壹丁目五番地
戸主三次郎妹無職業
母　吉田つる子
庶子女　花子
花子出生届前認知セラル（出生前認知セラル）
一出生ノ時大正參年五月拾日午前貳時
一出生場所東京市神田區三河町貳丁目八番地
右庶子ハ父ノ家ニ入ルコトヲ得ザルニ因リ母ノ家ニ入ル

右庶子出生届出候也

大正參年五月拾八日

届出人父　長田長太郎㊞
明治拾年八月七日生

東京市神田區長富田彌太郎殿

庶子花子入籍ニ同意ス

母つる子　戸主　吉田三次郎㊞
安政貳年五月拾日生

戸第六九條參照
（父母ノ家ニ入ルコトヲ得ス一家創立ノ場合ノ例（屆書一通））

庶子出生屆

東京市本所區柳町八番地戸主
春太郎叔父無職業
父　內田時之助
東京市深州區綠町貳番地戸主
金太郎妹無職業
母　森田まさゑ
庶子男　時造

右時造ハ出生前認知セラル（出生屆前認知セラル）
一出生ノ時大正參年五月貳日午後參時
一出生ノ場所東京市深川區綠町貳丁目貳番地
右時造ハ父母ノ家ニ入ルコトヲ得サルニ因リ東京本所區柳町八番地ヘ內田氏ヲ冒シ一家ヲ創立ス
右庶子出生屆出候也
大正參年五月十日
屆出人　內田時之助㊞
明治四年五月四日生
東京市本所區長松永正太郎殿

戸第六九條參照
（家族タル母カ本籍地ヘ私生子出生屆出ノ例（屆書一通））

私生子出生屆

東京市芝區櫻川町壹丁目貳番地戸主
宗太郎妹無職業
母　竹田千代
私生子女　梅子

一出生ノ時大正參年四月貳日午前八時
一出生ノ場所東京市神田區千代田町貳番地
右私生子出生屆出候也
大正參年四月八日
屆出人母　竹田千代㊞
明治八年五月四日生

右梅子ノ入籍ニ同意ス

戸主 竹田宗太郎㊞

明治元年壹月拾日生

東京市芝區長松川三四郎殿

戸第六九條參照

（母ノ家ニ入ルコトヲ得ス一家創立スル場合ノ例（届書一通））

私生子出生届

長野縣長野市中村町壹丁目五番地

戸主惣助姪職工

母 遠田まり子

私生子男 秋太郎

一出生ノ時大正參年四月五日午前壹時

一出生ノ場所長野縣長野市中村町壹丁目五番地

右秋太郎ハ母ノ家ニ入ルコトヲ得サルニ因リ長野縣長野市善光寺町八番地ヘ遠田氏ヲ冒シ一家創立ス

右私生子出生届出候也

大正參年四月拾日

届出人母 遠田まり子㊞

明治八年九月十日生

長野縣長野市長加藤正太郎殿

戸第七八條參照

棄兒發見届出書

原籍住所氏名不詳

棄兒男子

生後五ヶ月位

一發見ノ時大正參年五月六日午後貳時

一發見ノ場所及狀況東京市京橋區木挽町貳丁目壹番地先路上ニ遺棄シアルヲ發見シタリ

一附屬物品

一双子織袷 壹枚

一何々 壹枚

一玩弄風車 壹個

右棄兒發見致シ候ニ付申出候也

大正參年五月六日

東京市京橋區木挽町貳丁目一番地戸主
申出人　川北八三郎㊞
明治拾年五月參日生

東京市京橋區長大石力三郎殿

戸第七八條參照

棄兒調書

東京市京橋區木挽町貳丁目壹番地戸主
棄兒男　細川三之助
推定大正參年壹月六日生

一發見ノ時大正參年五月六日午後貳時
一發見ノ塲所東京市京橋區木挽町貳丁目壹番地先路上
一發見狀況前記ノ場所ニ遺棄シアルヲ發見取調ヘタルモ原籍住所氏名不詳ナリ
一附屬品
一双子織着物　壹枚
一何　々　壹枚
一何　々　壹枚
一玩弄物風車　壹個

右川北八三郎ノ棄兒發見申出ニ基キ前記ノ通リ氏名ヲ命シ本籍ヲ定メ出生年月日ヲ推定シ本調書ヲ作ル

大正三年五月六日

東京市京橋區長大石力三郎㊞

戸第七九條參照
（棄兒ヲ引取リタル後棄兒發見申出ニ基キ作リタル戸籍訂正申請ノ例）

棄兒戸籍訂正申請

東京市京橋區川口町貳番地戸主
棄兒男　松田金太郎
推定明治四十貳年一月八日生

右棄兒自分私生子ナルコト判明シ今般東京市養育院ヨリ引取リ大正參年五月拾四日出生届出致シ候ニ付明治四拾貳年五月六日棄兒發見申出ニ基キ作リタル戸籍抹消相成度及申請候也

大正參年五月拾日

東京市本所區本所林町壹番地
申請人母　中村こと㊞
明治拾年貳月參日生

東京市京橋區長大石力三郎殿

戸第八一條參照
（戸主タル父カ私生子ヲ認知届出ノ例）

私生子認知届

愛知縣名古屋市中區深川町四番地
戸主太三郎妹
母　長谷川すみ子
被認知者私生子男　鐵次郎
明治四拾貳年四月貳日生

右認知届出候也

大正參年五月貳日
東京市神田區千代田町八番地
戸主官吏
認知者　栗田宇之助㊞
慶應元年壹月拾五日生

東京市神田區長岩田正之助殿

備考　被認知者ノ出生届出未濟ノトキハ（但シ出生届出前認知）ト記載スルヲ以テ足ル

戸第八一條參照
（家族タル父カ戸主ノ同意ヲ得テ成年ノ私生子ヲ認知スルノ例）

私生子認知届

愛知縣名古屋市中區深川町四番地
戸主太三郎妹
母　長谷川すみ子
被認知者私生子男　鐵次郎
明治拾五年八月五日生

右認知届出候也

大正參年五月貳日
東京市神田區千代田町八番地戸主
半次郎貳男大工職
認知者　栗田宇之助㊞
慶應元年壹月拾五日生

東京市神田區長岩田正之助殿

承諾者　長谷川鐵次郎㊞
入籍同意者戸主　栗田半次郎㊞
文政元年貳月五日生

戸第八一條參照
（戸主タル成年ノ私生子ヲ認知スルノ例）

私生子認知届

石川縣金澤市吉川町壹丁目貳番地戸主
被認知者　石川與一郎
明治貳拾年壹月貳日生
東京市小石川區指ヶ谷町八番地
戸主梅三郎妻
右母　大野はるよ

被認知者與一郎ハ戸主ナルニ因リ認知者ノ家ニ入ルヲ得ス
右認知届出候也
大正參年五月壹日
東京市赤阪區榎坂町八番地戸主酒商
認知者　田川芳藏㊞
明治貳年五月八日生

東京市赤坂區長小川榮一郎殿
承諾者　石川與一郎㊞

戸第八一條及第八五條參照
（成年ノ私生子ヲ遺言ニ因リ認知スルノ例）

私生子認知届

福井縣福井市松前町八番地戸主
仁三郎妹
母　安田ヤス
被認知者私生子女　くま
明治貳拾年貳月貳日生
宮城縣仙臺市東三番町五番地戸主
時三郎叔父金物商
認知者亡　柳川助三郎

右助三郎遺言ニ依リ認知致シ候依テ別紙遺言書謄本添付届出候也
大正參年五月拾五日
宮城縣仙臺市東三番町八番地戸主
届出人遺言執行者

羽田友三郎㊞
明治四年五月六日生

宮城縣仙臺市長坂田富太郎殿

承諾者 安田くま㊞
入籍同意者戸主 柳川時三郎㊞
明治拾年五月六日生

戸第八一條參照
（成年ノ直系卑屬アル死亡者ニ對シ私生子認知ノ例）

私生子認知屆

東京市京橋區因幡町六番地戸主
母 藤川とる
被認知者私生子男 松太郎
明治參年八月拾日生

明治四拾年六月拾日死亡
右松太郎直系卑屬タル長男
梅次郎
明治貳拾參年五月拾日生

右私生子認知屆出候也

大正參年五月壹日
東京市京橋區南小田原町壹丁目八番地
戸主無職業
屆出人認知者 川田寛一郎㊞
天保參年六月四日生

東京市京橋區長中川春太郎殿

承諾者 藤川梅次郎㊞

備考 直系卑屬未成年ナルトキハ承諾ヲ要セス

戸第八一條第八四條參照
（裁判上ノ認知屆出ノ例）

私生子認知屆

東京市小石川區柳町六番地戸主
母 酒田あき
被認知者私生子女 まさ
大正元年拾月壹日生

東京市本郷區弓町六番地戸主官吏
認知者 西川要次郎

右大正參年五月壹日認知ノ裁判確定ニ付別紙裁判ノ謄本添付屆出候也

大正參年五月四日
届出人　まさ母
届出人訴提起者　酒田あき㊞
明治貳拾年四月五生
東京市本鄕區長古賀雅之助殿
戸第八一條參照
（戸主ノ同意ヲ得サル爲メ父ノ家ニ入ルコト能ハサル私生子認知ノ例）
私生子認知届
神奈川縣三浦郡三崎町八拾六番地戸主
吉三郎妹
母　新田まつ
被認知者私生子男　芳三郎
明治參拾貳年壹月貳日生
但芳三郎ハ戸主ノ同意ヲ得ルコト能ハサルニ依リ父ノ家ニ入ルコト得ス
右認知届出候也
大正參年五月貳日

東京市京橋區木挽町壹丁目貳番地戸主
幸太郎弟荒物商
認知者　竹田秋次郎㊞
明治拾八年五月貳日生
東京市京橋區長丸尾彌太郎殿
戸第八一條參照
（父母婚姻中他家ニアル私生子ヲ認知スルノ例）
私生子認知届
三重縣三重郡深草村八百四拾番地戸主
民三郎甥
被認知者　前田辰三郎
明治參拾五年八月四日生
右母
東京市麴町區永田町貳丁目五番番地
戸主國三郎妻　田中むら
辰三郎ハ父母婚姻中ノ認知ナルニヨリ嫡出子長男タル身分取得
右私生子認知届出候也

大正參年五月一日

東京市麴町區永田町貳丁目五番地戸主洋服商

認知者　田中吉之助㊞

明治五年八月六日生

東京市麴町區長信田彥三郞殿

備考　被認知者ノ出生届出未濟ノ場合ハ（但シ出生届出前認知）ト記載スルヲ以テ足ル

戸第八一條參照

（父母婚姻中同一籍內ニアル私生子ヲ認知スルノ例）

私生子認知届

宮城縣仙臺市八日町貳番地戸主

又七郞妻

母　奥田まり

被認知者私生子女

初子

初子ハ父母婚姻中ノ認知ナルニ依リ嫡出子長女タル身分取得

右私生子認知届出候也

大正參年五月貳日

届出人　戸主會社員

認知者　奥田又七郞㊞

明治五年貳月貳日生

宮城縣仙臺市長金田金次郞殿

戸第八二條參照

（家族タル父カ胎兒認知届出ノ例）

胎兒認知届

愛知縣愛知郡片田村貳拾番地戸主

五郞助貳女

梶田ゆき

胎兒

右胎兒認知届出候也

大正參年五月貳日

東京市麴町區飯田町五丁目貳番地

戸主彌之助貳男左官職

認知者　田川力三郞㊞

明治八年四月九日生

東京市麴町區長太田原信三郞殿

承諾者母　梶田ゆき㊞

戸第八六條參照

胎兒死體分娩屆

愛知縣愛知郡片田村貳拾番地戸主
五郎助貳女
梶田ゆき
胎兒

右胎兒認知大正參年五月貳日御屆置候處同月拾五日死胎ニテ分娩致候ニ付別紙死產證書添附屆出候也

大正參年五月拾六日

東京市麴町區飯田町五丁目貳番地戸主
彌之助貳男
屆出人　田川力三郎㊞
明治八年四月九日生

東京市麴町區長太田原信三郎殿

戸第八八條第九〇條參照
（十五年未滿ノ養子ニ代ハリ其繼父母又ハ嫡母カ親族會ノ同意ヲ以テ緣組ノ承諾ヲ爲シ屆出ヲ爲スノ例）

養子緣組屆

東京市京橋區築地壹丁目七番地
戸主官吏
養父　長谷川六三郎
明治七年六月壹日生
養母無業　花子
明治貳拾年壹月貳日生

東京市日本橋區北島町貳丁目九番地
戸主勇次郎庶子男無業
養子　菊田花三郎
明治四拾年六月七日生

本籍地仝上
右父　菊田勇次郎
（貳男庶子男）

東京市京橋區日吉町五番地
右母　峰岡きん

右養子緣組屆出候也

大正參年五月拾五日

屆出人
養父　長谷川六三郎㊞
養母　花子㊞

養子花三郎拾五年未滿ニ付代テ縁組
承諾者父
菊田勇次郎㊞
明治九年六月六日生
同上ニ付承諾者繼母又嫡母
戸主勇次郎妻
菊田まつ子㊞
明治拾六年八月拾日生
北海道室蘭郡室蘭町字常盤町六番地
證人 阿部才次郎㊞
明治貳年貳月貳日生
東京市小石川區春日町五番地
證人 山下六二郎㊞
安政六年八月六日生

東京市京橋區長川合喜三殿

同意者養子ノ戸主
菊田勇次郎㊞
養子花三郎ニ代ハリ其繼母又ハ嫡母まつ子ガ
縁組ノ承諾ヲ爲スコトニ同意ス
親族會員

山本鐵太郎㊞
大野友三郎㊞
長谷川義一㊞

戸第八八條第九〇條參照
（拾五年未滿ノ養子ニ代ハリ實父母縁組ノ承諾ヲ爲シ且ツ届出ヲ爲スノ例）

養子縁組届

東京市日本橋區蠣殼町壹丁目五番地
戸主料理店業
養父 大野定男
安政貳年貳月貳日生
養母無業
ヨシ
文久元年正月朔日生
東京市神田區花房町六番地戸主
喜太郎貳女無業
養子 山本吉枝
明治四拾壹年壹月貳日生
本籍地仝上
右父 山本喜太郎
貳女

本籍地仝上

右　母　ツ　ネ

右養子縁組届出候也

大正參年五月壹日

右届出人

養　父　大　野　定　男㊞

養　母　ヨ　シ㊞

養子吉枝拾五年未滿ニ付代リテ縁組ノ

承諾者

實　父　山　本　喜　太　郎㊞

明治拾年壹月壹日生

同　上

實　母　ツ　ネ㊞

明治貳拾年八月八日生

東京市小石川區春日町五番地

證　人　野　村　清　太　郎㊞

慶應元年九月七日生

埼玉課北足立郡南千住町百五拾番地

證　人　吉　澤　春　太　郎㊞

安政元年六月拾日生

東京市日本橋區長大山健殿

同意者養子ノ戸主　山　本　喜　太　郎㊞

戸第八八條第九〇條參照

（養子拾五年未滿ニシテ父母其家ニ在ラサル場合ノ例）

養子縁組届

山形縣飽海郡酒田町六番地戸主

會社員

養　父　永　井　靜　太　郎

明治元年六月拾日生

養母無業　ヨ　シ

明治拾五年八月七日生

新潟縣高田市岡崎町五番地戸主

榮妹無業

養　子　山　田　チ　ヱ　子

明治四拾年六月九日生

東京市下谷區山伏町五番地

右父亡　山　田　吉　次　郎

四　女

本籍同上

右母亡　はるゑ

右養子縁組届出候也

大正三年六月十五日

届出人

養　父　永井靜太郎㊞

養　母　　ヨ　シ㊞

養子チヱ子拾五年未滿ニシテ父母其家ニ在サルニ依リ代テ縁組承諾者

後見人戸主　山田　榮㊞

明治拾五年六月拾日生

同上ニ付親族會員

新潟縣高田市表川原町壹番地戸主

菅井孝太郎㊞

元治元年七月九日生

同上ニ付親族會員

新潟縣中頸城郡直江津町字川端五番地戸主

大山吉太郎㊞

安政五年五月五日生

同上ニ付親族會員

山形市八田町貳拾九番地戸主

貞治妻

山本花枝㊞

明治十六年八月八日生

東京市麻布區笄町五番地

證　人　梅原重三郎㊞

明治元年壹月七日生

東京市麻布區櫻田町八拾八番地

證　人　川合正三郎㊞

安政元年九月九日生

山形縣飽海郡酒田町長吉川正策殿

同意者

養子ノ戸主　山　田　榮㊞

戸第八八條參照

（婚姻届ト同時タルコト）

婿養子縁組届

東京市淺草區福富町四拾六番地戸主

材木商

養　父　相川金兵衛

安政貳年四月拾日生

養母無業　　　　　　　　さ　よ
安政四年貳月四日生
東京市京橋區新富町貳丁目壹番地戸主
鐵次郎弟無業
壻養子　　澁　澤　仁　三　郎
明治五年壹月四日生
本籍地同上
右父亡　　澁　澤　信　之　助
貳　　男
本籍地同上
右　　母　　ま　　つ
右婿養子縁組届出候也
大正參年五月拾日
屆出人養父　相　川　金　兵　衛㊞
同　　養母　相　川　を　よ㊞
同　　養子　澁　澤　仁　三　郎㊞
東京市京橋區鈴木町四番地
證　　人　太　田　芳　三　郎㊞
明治四年五月貳日生
東京市神田區和泉町四番地

證　　人　吉　川　吉　之　助㊞
明治貳年貳月拾日生
東京市淺草區長淺田深次郎殿
右婿養子縁組ニ同意ヲ表シ候也
仁三郎戸主　澁　澤　鐵　次　郎㊞
明治參年貳月四日生
仁三郎母　澁　澤　ま　つ㊞
嘉永元年貳月拾日生

（夫妻ニテ養子縁組ヲ爲シ養母カ意思表示不能ノ場合ノ例）
戸第八八條參照

養子縁組屆
東京市麹町區麹町六丁目貳番地戸主
土木請負業
養　　父　松　浦　梅　太　郎
明治拾年貳月九日生
養母無業　　さ　と
明治拾壹年五月拾日生
東京市神田區三崎町貳丁目五番地戸主
繁太郎弟鍛冶職

養　子　前田吉太郎
明治拾五年拾月壹日生
本籍地同上
右　父　前田夘三郎
貳　男
本籍地同上
右母亡　しづ
右吉太郎妻無職業
養　子　前田ふじ
明治拾六年貳月拾日生
神奈川縣横濱市長者町壹丁目貳番地
右父亡　花田雪三郎
貳　女
本籍地同上
右　母　つゆ

右養子縁組届出候也

大正參年五月參拾日

養母さと病氣ノ爲メ意思ヲ表示スルコト能ハサルニ因リ夫梅太郎雙方ノ名義ヲ以テ縁組ヲ爲ス

届出人養父　松浦梅太郎㊞
同　養子　前田吉太郎㊞
同　養子　前田ふじ㊞
東京市神田區大和町六番地
證　人　辻田治三郎㊞
明治元年四月拾日生
東京市本所區林町六番地
證　人　守屋安太郎㊞
明治拾年九月參日生

東京市麴町區長伊藤榮次郎殿

右養子縁組ニ同意ヲ表シ候也

養父梅太郎父　松浦貞次郎㊞
安政元年拾月六日生
養子吉太郎及ふじ戸主　前田繁太郎㊞
明治拾年貳月八日生
同吉太郎父　前田卯三郎㊞
安政元年八月九日生

（養家ヨリ更ニ養子トシテ他家ニ入ル場合ノ例）
戸第八八條參照

養子縁組届

東京市京橋區新富町壹丁目貳番地戸主
待合業
養母 井部まさ
明治元年四月五日生

東京市京橋區築地壹丁目六番地戸主
好太郎妹無業
養子 北川ゆり子
明治貳拾貳年壹月八日生

東京市神田區末廣町八番地
右實父 梅川忠一郎
參女

本籍地同上
右實母 くら

東京市京橋區築地壹丁目六番地
右養父 北川次郎吉

本籍同上
右養母 すみ

東京市神田區末廣町八番地
養子實家戸主 梅川初太郎

右養子縁組届出候也
大正參年五月八日
届出人養母 井部まさ㊞
同 養子 北川ゆり子㊞

東京市京橋區佃田島町八番地
證人 佃政次郎㊞
明治貳年參月四日生

東京市京橋區永島町貳番地
證人 長田八三郎㊞
明治五年五月八日生

東京市京橋區長太田助三郎殿

右養子縁組ニ同意ヲ表シ候也
ゆり子養家戸主 北川好太郎㊞
明治拾年貳月五日生
同 實家戸主 梅川初太郎㊞
明治五年參月四日生
同 養父 北川治郎吉㊞
安政元年貳月參日生
同 養母 北川すみ㊞
安政貳年八月九日生

同　實　父　梅川忠一郎㊞
嘉政元年壹月四日生
同　實　母　梅川くら㊞
嘉永參年四月八日生
備考　婿家ヨリ養子ト爲ル場合ハ前例中養父母ニ關スル事項全部削除スルヲ以テ足ル

戸第八八條及九一參照

（遺言ニ依ル縁組屆出ノ例）

養子縁組屆

東京市京橋區松川町八番地戸主無職業
養母亡　服部ちか
明治五年貳月拾日生
東京市京橋區木挽町貳丁目參番地廢家
戸主官吏
養　子　幸田芳次郎
明治拾年四月參日生
東京市神田區表神保町貳番地
右　父　幸田政治郎　貳男

本籍地同上
右　母　やす

右ちかノ遺言ニ依リ養子縁組致候依テ別紙遺言書ノ謄本相添屆出候也

大正參年五月參拾日
東京市京橋區南小田原町貳丁目五番地戸主
屆出人遺言執行者　加藤金三郎㊞
明治貳年貳月八日生
屆出人養子　幸田芳次郎㊞
東京市芝區芝新錢座町六番地
證　人　竹田常三郎㊞
明治四年貳月八日生
東京市牛込區山吹町六番地
證　人　近藤七之助㊞
明治元年參月八日生

東京市京橋區長川口六一郎殿

戸第九三條參照

（確定判決ニ依ル縁組取消シノ場合ノ例）

養子縁組取消屆

東京市小石川區戸崎町六拾八番地戸主
養　父　谷川庄五郎
養　母　はる
養　子　喜八郎
明治貳拾年五月七日生
東京市神田區旭町六番地
右父亡　保田貞次郎
次　男
本籍地同上
ヨシ
東京市神田區旭町六番地
養子ノ入ルベキ家ノ戸主兄
保田助三郎

右大正參年五月拾日縁組取消ノ裁判確定ニ付別紙裁判謄本添付届出候也

大正參年五月拾五日
届出人起訴者　谷川庄五郎㊞
明治五年六月八日生

東京市小石川區長村田長太郎殿

注意　裁判謄本ノ外確定證明書添付ノコト

備考　養子ガ入ルベキ家ナキ場合ハ左ノ如ク記載スルヲ以テ足ル

養子喜八郎（廢家ノ上縁組ヲ為シタルニヨリ、實家廢／絶家トナリタルニ因リ）入ルベキ家ナキニ付
東京市小石川區久堅町六番地ヘ（保田氏一家創立ス／實家保田氏再興ス）

戸第九五條第九八條參照
（裁判上ノ離縁ノ場合）

離縁届

東京市芝區愛宕下町壹丁目四番地戸主
養　父　前田作次郎
養　母　前田あさ
養　子　前田三次郎
明治拾貳年貳月四日生
東京市京橋區永島町六番地
右　父　今川虎之輔
次　男
本籍地同上
右　母　くら

東京市京橋區永島町六番地
（養子ガ復籍スヘキ家ノ戸主父）今川虎之輔

右大正參年六月貳日離緣ノ裁判確定候間別紙裁判謄本添付届出候也

大正參年六月拾日

届出人起訴者　前田三次郎㊞

東京市芝區長佐々木春雄殿

注意　裁判謄本ノ外確定證明書ノ添付ヲ要ス

戸第九五條參照
（滿二十五年以上ノ養子ガ夫妻共ニ離緣ニ依リ養家ヲ去ル塲合ノ例）

離緣届

東京市本所區林町壹丁目六番地戸主
養父　福田吉三郎
安政元年四月拾日生
養母　福田まつ
安政四年貳月五日生
養子　福田信之助
明治拾年八月七日生

東京市赤坂區仲ノ町壹丁目八番地
右父亡　友田安次郎　貳男
本籍地同上
右母　はな
右信之助妻
養子　福田たけ
明治拾貳年壹月四日生
東京市神田區富永町九番地
右父　時田三次郎　長女
本籍地同上
右母　うめ
東京市赤坂區仲ノ町壹丁目八番地
（養子カ復籍スベキ家ノ戸主兄）友田彌一郎

右離緣届出候也

大正參年六月壹日

届出人養父　福田吉三郎㊞
同　養母　福田まつ㊞

同　養子　福田信之助㊞

同　養子　福田たけ㊞

東京市京橋區鈴木町五番地

證人　相川三四郎㊞

明治四年五月六日生

東京市四谷區傳馬町壹丁目貳番地

證人　木村芳雄㊞

明治九年壹月九日生

東京市本所區長梅田喜三郎殿

戸第九五條參照

（成年以上滿貳拾五年ニ達セサル養子ガ離縁ニ依リ實家復籍ノ例）

離縁届

東京市麴町區富士見町壹丁目貳番地戸主

養父　芳野長太郎

安政元年八月拾日生

養母　よしの

安政四年貳月拾日生

養子　時次郎

明治拾年八月四日生

東京市麻布區霞町壹丁目八番地

右父亡　吉川信雄　貳男

本籍地同上

右母亡　さく

東京市麻布區霞町壹丁目八番地

養子ガ復籍スヘキ家ノ戸主兄　吉川要太郎

右離縁届出候也

大正參年六月五日

届出人養父　芳野長太郎㊞

同　養母　芳野よしの㊞

養子　芳野時次郎㊞

東京市麴町區永田町六番地

證人　山田八郎㊞

明治貳年五月四日生

東京市四谷區坂町四番地

證人　川上音吉㊞

明治八年拾月五日生

東京市麴町區長松田松次郎殿

戸第九五條

（養子ガ復籍スヘキ家ナク一家創立又ハ實家再興ノ場合ノ例）

離縁届

東京市神田區大和町六番地戸主

養父　杉山太一郎

明治元年貳月參日生

養子　壽三郎

明治貳拾年六月貳拾日生

東京市芝區櫻田町壹番地

右父　田川久太郎

右　貳男

本籍地同上

右母　玄づ

養子壽三郎（ハ復籍ヲ拒絶セラレタルニ因リ／ハ廢家ノ上縁組シタルニ因リ／ノ實家ハ廢絶シタルニ因リ）復籍ス可キ家ナキニ付東京市神田區千代田町六番地へ（田川氏一家創立ス／實家田川氏再興ス）

右養子離縁届出候也

大正參年五月七日

届出人養父　杉山太一郎㊞

届出人養子　杉山壽三郎㊞

東京市京橋區川口町四番地

證人　太田三次㊞

明治元年六月四日生

東京市深川區中島町四番地

證人　坂倉きく㊞

明治拾年參月六日生

東京市神田區長出川海太郎殿

戸第九五條第九六條

（實家ニ父母ナキ拾五年未滿ノ養子ニ代テ親族會ガ離縁ノ協議及届出ヲ爲ス場合ノ例）

離縁届

東京市京橋區木挽町壹丁目壹番地戸主

養父　田川芳之助

明治拾年五月拾日生

養子　田川幸次郎
明治四拾年貳月拾日生
東京市神田區千代田町六番地
右父亡　中田信次
參男
本籍地同上
右母亡　ます
本籍地同上
養子ガ復籍スベキ家ノ戸主兄　中田芳太郎

右離緣届出候也
大正參年五月拾日
養父　田川芳之助㊞

養子幸次郎拾五年未滿ニシテ父母在ラサルニ因リ親族會代リテ離緣ノ協議及届出ヲ爲ス

東京市京橋區川口町八番地戸主
親族會員　中田三次郎㊞
明治六年四月貳日生
東京市牛込區辨天町八番地戸主
親族會員　吉野かつ㊞
明治拾年五月拾日生
東京市京橋區永島町貳番地戸主
親族會員　佐藤彌一郎㊞
明治六年八月參日生
東京市深川區中島町壹番地
證人　福田音三郎㊞
明治貳拾年貳月四日生
東京市麴町區飯田町壹丁目貳番地
證人　岡田ハツ㊞
明治八年五月拾日生

東京市京橋區長村田時三郎殿

戸第九五條第九六條參照
（拾五年未滿ノ養子離緣届出ノ例）

離緣届

東京市神田區小川町貳番地戸主
養父　中村仁三郎
明治拾五年貳月四日生

養子 中村又次郎
明治四拾年五月八日生
東京市京橋區木挽町貳丁目五番地
右 父 加藤信次郎
四男
本籍地同上
右母亡 よつ
東京市京橋區木挽町貳丁目五番地
養子又次郎復籍スヘキ家ノ戸主父 加藤信次郎

右養子離縁届出候也

大正三年六月六日
届出人養父 中村仁三郎 印
養子又次郎拾五年未滿ニ付代テ離縁ノ協議者父 加藤信次郎 印
明治元年壹月八日生
東京市京橋區明石町六番地
證人 有泉近太郎 印
明治四年八月四日生
東京市京橋區木挽町壹丁目四番地
證人 指田吉五郎 印
明治拾年六月貳日生

東京市神田區長大原小十郎殿

戸第九五條第九七條參照
（養父死亡後戸主ノ同意ヲ得テ離縁届ノ例）

離縁届

東京市神田區美土代町貳丁目八番地
戸主鐵次郎父
養父亡 金子安之助
右鐵次郎弟
養子 金子吉太郎
明治拾年六月五日生
東京市京橋區木挽町貳丁目四番地
右 父 稻田文太郎
貳男
本籍地同上
右 母 さだ
東京市京橋區木挽町貳丁目四番地戸主
養子吉太郎復籍スヘキ家ノ戸主兄 稻田東次郎

右養父死亡ニ付戸主金子鐵次郎ノ同意ヲ得テ離縁致シ候間届出候也

大正參年六月八日

届出人　金子吉太郎㊞

東京市京橋區川口町六番地

證　人　鈴木三太郎㊞

明治拾年八月拾日生

東京市深川區中島町六番地

證　人　吉田吉太郎㊞

明治八年五月拾日生

東京市神田區長大原八十郎殿

同意者戸主　金子鐵次郎㊞

安政元年貳月四日生

戸第百條參照

（夫三十年未滿妻未成年者ニシテ父母ナキ場合ノ例）

婚姻届

東京市神田區小川町壹番地戸主

延次郎弟無職業

夫　指田要之助

明治貳拾年四月拾日生

本籍地同上

右　父　指田圓次郎　貳男

本籍地同上

右　母　つる

東京市京橋區木挽町壹丁目四番地

戸主三次郎妹無業

妻　鈴木はる江

明治貳拾九年貳月四日生

本籍地同上

右父亡　鈴木友太郎　參女

本籍地同上

右　母　まる

右婚姻届出候也

大正參年五月貳拾日

届出人夫　指田要之助㊞

同　妻　鈴木はる江㊞

東京市四谷區坂町貳番地
證　人　吉田音三郎㊞
明治四年五月壹日生
東京市四谷區伊賀町五番地
證　人　近田遠三郎㊞
明治貳年四月五日生

東京市神田區長吉川牛三郎殿

右婚姻ニ同意ヲ表シ候也

夫要之助戸主　指田延次郎㊞
明治拾年參月四日生
夫要之助父　指田圓次郎㊞
安政元年四月五日生
夫ノ母　つる㊞
安政五年五月六日生
妻はろ江戸主及後見人　鈴木三次郎㊞
明治貳年貳月拾日生
妻はろ江未成年ニシテ父母其家ニ在ラサルニ依リ親族會員
東京市京橋區永島町拾四番地
菊地源三郎㊞

同　上
東京市京橋區竹川町貳番地
池田德太郎㊞
同　上
東京市神田區旭町參拾四番地
近藤民次郎㊞

戸第一〇〇條第一〇一條參照
（夫三拾年以上妻貳拾五年未滿ノ場合）

婿養子婚姻屆　（緣組ト同時ニ屆出ツルモノ）

東京市淺草區福富町四拾六番地戸主
金兵衛長女無職業
妻　相川よし江
明治貳拾五年貳月拾日生
本籍地同上
右　父　相川金兵衛
本籍地同上
右　母　さよ　長女
東京市京橋區新富町貳丁目壹番地戸主

鐵次郎弟無職業
夫　澁澤仁三郎
明治五年壹月四日生
本籍地同上
右父亡　澁澤信之助
貳男
本籍同上
右母　まつ

右婿養子婚姻届出候也

大正參年五月拾日
届出人妻　相川よし江㊞
届出人夫　澁澤仁三郎㊞
東京市京橋區鈴木町四番地
證人　太田芳三郎㊞
明治四年五月貳日生
東京市神田區和泉町四番地
證人　吉川吉之助㊞

淺草區長淺田深太郎殿

右婿養子婚姻ニ同意ヲ表シ候也

妻よし江戸主父　相川金兵衛㊞
安政貳年四月拾日生
妻よし江母　相川さよ㊞
安政四年貳月四日生
夫仁三郎戸主　澁澤鐵次郎㊞
明治參年貳月四日生

戸第一〇〇條參照
（養家ヨリ更ニ婚姻ニ依リ他家ニ入ル場合ノ例）

婚姻届

東京市神田區錦町壹丁目八番地戸主
梅三郎弟無職業
夫　阿部竹次郎
明治貳拾年貳月拾日生
本籍地同上
右父　阿部信次郎
貳男
本籍地同上
右母　うめ
東京市麹町區麹町貳丁目四番地戸主

政一郎養子無職業
妻　相川きよ
明治貳拾五年拾月八日生
神奈川縣横濱市櫻木町壹丁目貳番地
右實父　松田芳次郎
貳女
右本籍地同上
右實母　たつ
東京市麴町區麴町貳丁目四番地
右養父　相川政一郎
本籍地同上
右養母　まつ
東京市本所區林町五番地
妻きよ實家戸主　松田助太郎

右婚姻届出候也

大正參年五月拾日

届出人夫　阿部竹次郎㊞
届出人妻　相川きよ㊞

東京市京橋區永島町六番地
證人　進藤才一郎㊞
明治元年貳月拾日生
東京市芝區愛宕町壹丁目貳番地
證人　酒田金之助㊞
明治拾年五月拾日生

東京市神田區長中村半三郎殿

右當事者間ノ婚姻ニ同意ヲ表シ候也

同意者夫竹次郎戸主　安部梅三郎㊞
明治拾五年參月貳日生
同上夫竹次郎父　安部信次郎㊞
安政元年六月八日生
同上夫竹次郎母　安部うめ㊞
安政參年四月四日生
同上妻きよ養家戸主及養父　相川政一郎㊞
文久貳年參月拾日生
同上妻きよ養母　相川まつ㊞
文久參年九月七日生
同上妻きよ實家戸主　松田助太郎㊞
明治九年五月八日生

備考　婚家ヨリ婚姻スル場合ハ養父母ニ關スル事項全部

削除スレハ足ル

戸第一〇〇參照

（家族アル廢家者カ婚姻ニ因リ他家ニ入ル場合ノ例）

婚姻屆

東京市四谷區伊賀町拾壹番地戸主無職
夫　和田好三郎
明治貳拾年五月拾日生

本籍地同上
右父亡　和田銀次郎　貳男

本籍地同上
右母　かつ

東京市京橋區銀座貳丁目四番地
廢家戸主無職業
妻　石田たま
明治貳拾壹年貳月五日生

東京市京橋區川口町五番地
右父　石田卯三郎　貳女

東京市下谷區徒士町壹丁目六番地
右母　吉川はま

廢家者母たまノ婚姻ニ從ヒ入ルヘキ者
私生子男　雅之助
明治四拾年六月六日生
右母　石田たま

右婚姻屆出候也

大正參年五月八日

屆出人夫　和田好三郎㊞
屆出人妻　石田たま㊞

東京市神田區旭町貳拾番地
證人　西田三之助㊞
明治元年參月拾日生

東京市芝區佐久間町四番地
證人　勝門時之助㊞
明治貳年四月五日生

東京市四谷區長佐野吉太郎殿

右婚姻ニ同意ヲ表シ候也

夫好三郎母　和田かつ㊞
明治元年貳月拾日生

戸第一〇〇條第一〇一條參照
（夫カ家督相續ヲ爲ス入夫婚姻ノ例）

入夫婚姻屆

東京市麴町區飯田町貳丁目壹番地
戸主質商
妻　村田りつ
明治貳拾年貳月拾日生
東京市赤坂區一ツ木町四番地
右　父　村田三四郎
參　女
本籍地同上
右　母亡　しか
東京市京橋區鈴木町四番地戸主幸造弟
肥料販賣業
入　夫　島田孝次郎
明治拾五年四月拾日生
東京市小石川區柳町四番地
右　父　島田治三郎
四　男

本籍地同上
右　母　あさ
入夫孝次郎ハ家督相續戸主トナル
右入夫婚姻屆出候也
大正參年五月拾日
屆出人妻　村田りつ㊞
屆出入夫　島田孝次郎㊞
東京市日本橋區村松町八番地
證　人　有泉米吉㊞
明治四年五月六日生
東京市神田區千代田町五番地
證　人　角田丸次郎㊞
明治拾年壹月貳日生
東京市麴町區長太田芳三郎殿
右婚姻ニ對シテ戸主幸造ハ同意セサルニ因リ此儘御受理相成度候也
夫　島田孝次郎㊞

戸第一〇二條參照

（確定判決ニ因ル婚姻取消ノ場合）

婚姻取消届

東京市四谷區傳馬町拾壹丁目五番地戸主
夫 安藤信一郎
妻無職業 やす
明治拾年壹月四日生

東京市神田區大和町八番地
右 父 上田芳三郎
貳女

本籍地同上
右 母 かつ

東京市深川區中島町八番地
妻やす入ルベキ家ノ戸主兄 上田八太郎

右大正參年五月拾日取消ノ裁判確定ニ付別紙裁判謄本添付届出候也

大正參年五月貳拾日

届出人起訴者 安藤やす㊞

東京市四谷區長近田正雄殿

但裁判謄本ノ外確定證明書ノ添付ヲ要ス

備考 入ルベキ家ナキ場合ハ左ノ如ク記載スルコト

妻やす（廢定ノ上婚姻シタルニ因リ／ノ實家廢絶シタルニ因リ）入ルベキ家ナキニ付キ東京市四谷區伊賀町六番地（上田氏一家創立ス／實家上田氏再興ス）

（滿貳拾五年ニ達セサル夫妻離婚ノ例）

戸一〇四條參照

離婚届

東京市京橋區銀座貳丁目六番地戸主
芳次郎長男無職業
夫 富川金之助
明治貳拾五年貳月拾日生

本籍地同上
右 父 富川芳次郎

本籍地同上
右 母 くま妻無職業 富川とめ
明治貳拾五年五月拾日生

東京市神田區松下町八番地

右　父　前田友之助
長　女

本籍地同上
右　母　はつ

東京市神田區松下町八番地
右とめ復籍スベキ家ノ戸主兄
前田美雄

右離婚届出候也

大正参年六月五日

届出人夫　富川金之介㊞

同　妻　富川とめ㊞

東京市神田區末廣町六番地
證　人　井上平八郎㊞
明治拾年六月六日生

東京市京橋區長澤町四番地
證　人　中川鐵次郎㊞
明治貳年四月五日生

東京市京橋區長川喜田久三郎殿

右離婚ニ同意ヲ表シ候也

夫金之介父　宮川芳次郎㊞
慶應元年貳月拾日生

夫金之介母　富川くま㊞
明治元年四月八日生

妻とめ父　前田友之助㊞
安政元年四月九日生

妻とめ母　前田はつ㊞
安政貳年貳月六日生

戸第一〇四條参照
（離婚復籍スベキ家ナク一家創立又ハ實家再興ノ場合ノ例）

入夫離婚届

東京市麴町區麴町貳丁目四番地戸主
孫次郎妻女髪結業
妻　勝田はま
明治元年八月拾日生

神奈川縣横濱市長者町九番地
右父亡　勝田雅介
三　女

本籍地同上

右母亡　つよ

夫金物商　勝田孫次郎

明治五年四月八日生

東京市京橋區鈴木町四番地

右父　藤澤與三郎

貳男

右母　ふじ

本籍地同上

入夫孫太郎（ハ廢家ノ上婚姻シタルニ因リ／ハ復籍ヲ拒絶セラレタルニ因リ／ノ實家廢絶シタルニ因リ）復歸スヘキ家ナキニ付キ東京市麴町區永田町八番地ヘ（藤澤氏一家創立ス／實家藤澤氏再興ス）

右入夫離婚届出候也

大正參年六月八日

届出人妻　勝田はま㊞

同夫　勝田孫次郎㊞

東京市京橋區永島町六番地

證人　井上勝之進㊞

明治四年八月拾日生

東京市神田區千代田町貳番地

證人　池田太一郎㊞

明治八年貳月八日生

東京市麴町區長吉田喜十郎殿

戸第一〇四條第一〇五條參照

（裁判ニ依ル離婚届出ノ例）

離婚届

東京市麻布區笄町八番地戸主

夫　瀧川勝次郎

本籍地同上

右父　竹田梅太郎

長男

本籍地同上

右母　まつ

妻無職業　瀨川かつ

明治拾年貳月五日生

東京市本所區綠町四丁目九番地

右父　戸田忠次郎

貳女

本籍地同上

右母　しづ

東京市本所區綠町四丁目九番地
妻かつ復籍スヘキ家ノ戸主兄
戸田勝之助

右大正參年六月貳日離婚ノ裁判確定候ニ付別紙
裁判ノ謄本添付届出候也

大正參年六月八日

届出人訴提起者　瀨川かつ㊞

東京市麻布區長堀尾政次郎殿

注意　裁判確定證明書添付スルヲ要ス

戸第一〇七條參照

親權財產管理權喪失届

東京市牛込區辨天町八番地戸主
貞之助親權者父
親權財產管理權喪失者　野田信次

大正參年四月壹日親權（又ハ財產管理權）喪失ノ
裁判確定シタルニ因リ母くま其權利ヲ行フ
右親權又ハ管理權ノ喪失別紙裁判ノ謄本添付届
出候也

大正參年四月六日

届出人信次母　野田くま㊞
明治五年八月四日生

東京市牛込區長山內新吾殿

戸第一〇八條參照

親權財產管理權喪失取消届

東京市牛込區辨天町八番地戸主
貞之助父
親權管理權喪失者　野田信次

右失權取消ノ裁判大正參年五月貳拾日確定ニ付
別紙裁判謄本添付届出候也

大正參年五月貳拾五日

届出人訴提起者　野田信次㊞
明治貳年參月貳日生

東京市牛込區長山內新吾殿

戸第一〇九條參照

後見人就職届

東京市京橋區南小田原町參丁目壹番地戸主
被後見人　松山吉之助
明治參拾五年壹月七日生

右吉之助（親權者母財産管理ヲ辭シタルニ因リ禁治産ノ宣告ヲ受ケタルニ因リニ對シ親權ヲ行フ者ナキニ因リ）大正參年壹月五日後見開始

東京市神田區旭町貳拾番地戸主
後見人　竹田國次郎
明治元年貳月拾日生

右親族會ニ選任セラレ大正參年四月貳日後見就職條間別紙選任ニ關スル證明書添付届出候也

大正參年四月五日

届出人　竹田國次郎㊞

東京市京橋區長角田丸三郎殿

證明書（別紙）

東京市京橋區南小田原町參丁目壹番地戸主
被後見人　松山吉之助
明治參拾五年壹月七日生

右吉之助ノ親族會ハ大正參年四月貳日東京市神田區旭町貳番地戸主竹田國次郎ヲ同人ノ後見人ニ選定致候此段證明候也

大正參年四月五日

親族會員　吉岡宗十郎㊞
同　上　細田芳之助㊞
同　上　太田倉藏㊞

後見人更迭就職届

戸第一〇九條第一一一條參照

東京市神田區旭町六番地戸主
被後見人　吉田吉次
明治四拾年五月五日生

右吉次ニ對シ親權ヲ行フ者ナキニ因リ大正參年四月貳日後見開始

前任後見人　山本守雄

東京市神田區旭町六番地戸主
後任後見人　高須信
明治貳拾年五月拾日生

右前任後見人辭任（死亡）シタルニ因リ親族會ニ選任セラレ大正參年五月壹日更迭就職候間別紙選任證明書添付屆出候也

大正三年五月拾日

右　高　須　信㊞

東京市神田區長山川渡殿

證明書（別紙）

東京市神田區旭町六番地戸主

被後見人　吉　田　吉　次

後任後見人　高　須　信

右高須信ハ大正參年五月壹日當親族會ニ於テ選任セシコトヲ證明ス

大正參年五月拾日

親族會員

芳　川　増　男㊞

山　本　貞　次㊞

吉　田　花㊞

戸第一〇九條第一一一條參照

（遺言ニ因リ後見人ニ指定セラレタル場合屆出ノ例）

後見就職屆

東京市京橋區川口町八番地戸主

國次郎弟

被後見人　前　田　庄　次　郎

明治四拾年六月六日生

右親權ヲ行フ者ナキニ因リ大正參年四月四日後見開始

東京市神田區須田町六番地戸主

後見人　吉　川　弘　三

明治拾年六月八日生

右被後見人最後ノ親權者父信吉ノ遺言ニ因リ後見人ニ指定セラレ大正參年五月壹日後見就職候ニ付別紙遺言書ノ謄本添付屆出候也

大正參年五月拾日

屆出人後見人　吉　川　弘　三㊞

東京市京橋區長山田文次郎殿

戸第一一二條參照

後見人任務終了屆

東京市京橋區南小田原町參丁目壹番地戸主

被後見人　杉田松次郎

東京市京橋區山城町七番地戸主

後見人　橋本道三郎

明治元年六月拾日生

右被後見人松次郎 ｛大正參年四月壹日成年ニ達シタルニ／大正參年四月壹日死亡シタルニ因リ／大正參年四月壹日禁產宣告取消サレタルニ因リ／大正參年四月壹日父又ハ母ノ親權ニ服シタルニ因リ｝ 同日後見人任務終了候ニ付屆出候也

大正參年四月拾五日

右　橋本道三郎㊞

東京市京橋區長角田三郎殿

戸第一一五條參照

（有夫ノ女戸主カ夫ノ同意ヲ得テ隱居ヲ爲ス場合ノ例）

隱居屆

東京市神田區三河町貳丁目八地戸主

隱居者　伊藤たま

明治元年八月拾日生

右たま長男

家督相續人　伊藤文太郎

明治貳拾年四月八日生

右ハ家政上ノ都合ニ依リ隱居致候間屆出候也

大正參年五月拾日

隱居者　伊藤たま㊞

家督相續人　伊藤文太郎㊞

東京市神田區長大原三四郎殿

右妻たまノ隱居ニ同意ス

夫　伊藤小三郎㊞

明治元年貳月拾日生

家督相續單純承認者　伊藤文太郎㊞

戸第一一五條參照

（滿六十年以上ニテ成年ノ相續人アル場合ノ屆出ノ例）

隠居届

東京市京橋區木挽町貳丁目八番地戸主
隠居者　早川富三郎
文政元年貳月四日生
右富三郎長男
家督相續人　早川延次郎
明治拾五年五月五日生

右富三郎老衰家政ヲ執ルコト能ハサルニ依リ隠居致候ニ付届出候也

大正參年五月拾日
隠居者　早川富三郎㊞
家督相續人　早川延次郎㊞

東京市京橋區長田川作次郎殿

右家督相續單純承認仕候
早川延次郎㊞

戸第一一五條參照
（女戸主カ他家ニアル指定家督相續人ト隠居届出ノ例）

隠居届

東京市京橋區竹川町六番地戸主
隠居者　西川かつ
明治拾年六月拾日生
東京市神田區旭町八番地戸主六之介弟
指定家督相續人　飯田芳雄
明治貳拾年五月拾日生

右（婚姻）（緣組）ニ因リ他家ニ入ル爲メ隠居致シ候間届出候也

大正參年五月拾日
隠居者　西川カツ㊞
指定家督相續人　飯田芳雄㊞

東京市京橋區長早川延次殿

家督相續單純承認者　飯田芳雄㊞

戸第一一五條參照
（家督相續人指定ノ後裁判所ノ許可ヲ得テ隠居届出ノ例）

隠居届

東京市神田區大和町貳拾六番地戸主
隠居者　小西長太郎
明治拾年貳月拾日生

右長太郎弟
指定家督相續人　小西信之助
明治拾貳年八月八日生

右長太郎病氣ノ爲メ家政ヲ執ルニ堪ヘサルニ依リ裁判所ノ許可ヲ得テ隱居致候間別紙裁判ノ謄本添付届出候也

大正參年五月拾日

隱居者　小西長太郎㊞
家督相續人　小西信之助㊞

東京市神田區長大原三四郎殿

戸第一二四條參照

失踪届

東京市神田區美土代町五番地戸主
失踪者　太田源三郎

一失踪期間滿了ノ時明治參拾九年八月參日
（七年ノ期間滿了）（參年ノ期間滿了）

右源三郎ニ對スル失踪ノ裁判大正參年四月貳拾日確定候ニ付別紙裁判謄本添付届出候也

大正參年四月參拾日

右源三郎長男
失踪宣告請求者　太田友三郎㊞
明治拾年六月貳日生

東京市神田區長富田利三郎殿

戸第一一六條參照
（同居者ヨリ死亡者本籍地ヘ届出ノ例）

死亡届

東京市麴町區上六番町六番地戸主官吏
男　西田久次郎

一死亡ノ時大正參年五月拾日午後貳時
一死亡ノ場所東京市赤坂區田町貳丁目貳番地

右死亡別紙醫師ノ診斷書添付届出候也

大正參年五月拾貳日

亡戸主久次郎長男
届出人同居者　西田喜一郎㊞
明治貳拾貳年參月四日生

東京市麴町區長花井龜次郎殿

（死亡者及届出人カ寄留地若クハ所在地ナルトキハ各本籍地ノ外其寄留地若クハ所在地ヲ記載スルヲ以テ足ル）

戸第一一六條參照

死亡届

（死亡者ノ戸主カ其本籍地ヘ届出ノ例）

東京市四谷區伊賀町八番地戸主
治三郎孫無業
男　西野吉太郎

一死亡ノ時大正參年五月八日午前八時
一死亡ノ場所東京市小石川區柳町六番地
右死亡別紙醫師診斷書添付届出候也

大正參年五月拾日

届出人戸主　西田治三郎㊞
安政元年六月拾日生

東京市四谷區長加藤正一殿

戸第一二五條參照

（前戸主隱居又ハ死亡ニ因ル場合ノ例）

家督相續届

岐阜縣郡山郡山田村大字山田五番地戸主
家督相續人前戸主常次郎貳男　池野茂三郎
明治五年拾月拾日生

大正參年四月貳拾日前戸主父常次郎（隱居／死亡）ニ
因リ同日家督相續戸主ト爲ル
右家督相續届出候也

大正參年五月拾日

届出人　池野茂三郎㊞

岐阜縣郡山郡山田村長山田輝一郎殿

戸第一二五條第一一六條參照

（親族會ノ選定ニ依ル場合ノ例）

家督相續届

東京市下谷區清水町八番地戸主
元東京市麴町區麴町八丁目六番地戸主
中川準作叔父
選定家督相續人前戸主春太郎甥　秋田三太郎
明治拾年五月拾日生

右父亡　中川要一　貳男

右母亡　かや

前戸主叔父春太郎儀明治四拾貳年壹月拾日死亡ノ處同人ニハ法定ノ推定及指定ノ家督相續人無之爲メ大正參年五月拾日親族會ニ選定セラレ同日家督相續戸主ト爲ル

右家督相續別紙親族會選定證明書相添屆出候也

大正參年五月拾壹日

屆出人　秋田三太郎㊞

東京市下谷區長西田東太郎殿

同意者戸主　中川準作㊞

證明書

東京市下谷區清島町八番地戸主

被相續人亡　秋田春太郎

東京市麴町區麴町八丁目六番地戸主

準作叔父

選定家督相續人　中川三太郎

明治拾年五月拾日生

右當親族會ニ於テ選定セシコトヲ證明ス

亡秋田春太郎親族會員

中山春吉㊞

吉田はな㊞

山本勇㊞

（亡戸主ノ父又ハ母ノ選定ニ依ル場合ノ例）
戸第一一二五條第一一二六條參照

家督相續屆

東京市麴町區永田町壹丁目五番地

前戸主南太郎弟

選定家督相續人　北川信雄

明治拾年八月拾日生

前戸主兄南太郎明治四拾五年貳月九日死亡ノ處同人ニハ法定ノ推定及指定ノ家督相續人無之爲メ亡南太郎父作太郎ニ選定セラレ大正參年五月拾壹日家督相續戸主トナル

右家督相續屆出候也

大正參年五月拾壹日

屆出人　北川信雄㊞

東京市麴町區長小山正一郎殿

選定書（別紙）

東京市麹町永田町壹丁目五番地戸主
被相續人亡　北川南太郎
選定家督相續人亡南太郎弟
北川信雄

明治四拾五年貳月九日北川南太郎死亡ノ處同人法定ノ推定及指定ノ家督相續人無之ニ依リ同人弟信雄ヲ亡南太郎ノ家督相續人ニ選定ス

大正參年五月拾壹日

亡南太郎父
北川作太郎㊞

戸第一二五條參照
（他家ニアル指定家督相續人ヨリ届出ヲ爲ス場合）

家督相續届

元東京市神田區錦町壹丁目六番地戸主
佐久間芳之助弟
東京市京橋區木挽町參丁目貳番地
前戸主信次郎甥

指定家督相續人　佐藤民三郎
明治拾年八月拾日生
右父亡　佐久間金次郎
貳男
右母　つま

大正參年五月貳日指定人叔父信次郎（隱居／死亡）ニ因リ同日家督相續戸主ト爲ル

右家督相續届出候也

大正參年五月貳日

届出人　佐藤民三郎㊞

東京市京橋區長山田孝太郎殿

民三郎實家戸主
同意者　佐久間芳之助㊞
明治八年四月拾日生

戸第一二五條參照
（家督相續原因ノ各種ノ場合届出ノ例）

家督相續届

東京市神田區佐柄木町六番地

前戸主秀藏長男
家督相續人　佐々木　秀太郎
大正貳年四月四日生

大正參年五月貳日父秀藏
國籍ヲ喪失シタルニ因リ
婚姻ノ取消ニ因リ家ヲ去
縁組ノ取消ニ因リ家ヲ去
入夫離婚ニ因リ
リタルニ付キ
リタルニ付キ
同日家督相續戸主ト爲ル

右家督相續届出候也

大正參年五月五日

右秀太郎未成年ニ付親權者母
届出人　佐々木かつ㊞
明治貳拾年貳月貳日生

東京市神田區長山田國太郎殿

戸第一二九條參照

家續相續同復届

東京市神田區千代田町貳拾番地戸主材木商
家督相續人前戸主長三郎孫　安部安太郎
明治貳拾年五月四日生

明治四拾五年貳月拾日祖父長三郎死亡ニ因リ
同日家督相續戸主トナル

右長三郎貳男富次郎明治四拾五年參月貳日家督相續届出候處大正參年五月貳拾日相續權回復ノ裁判確定候ニ付別紙裁判謄本相添届出候也

大正參年五月貳拾日

届出人　安部安太郎㊞

東京市神田區長川田俊雄殿

戸第一二七條參照

家督相續届

東京市京橋區木挽町壹丁目八番地
戸主亡佐々木治三郎嫡出子
家督相續人　胎　兒

父治三郎死亡ニ因リ大正參年四月拾日相續開始

右家督相續開始候ニ因リ別紙醫師ノ診斷書相添ヘ届出候也

大正參年五月拾日

亡戸主治三郎妻
届出人毋　佐々木うめ㊞
明治拾年五月拾日生

東京市京橋區長田喜三郎殿

戸第一二八條參照

胎兒死體分娩届

東京市京橋區木挽町壹丁目八番地
亡戸主佐々木治三郎家督相續人
胎　兒

右胎兒家督相續開始ノ旨届出置候處本年五月參拾日胎兒死體ニテ分娩致シ候ニ付別紙醫師ノ診斷書添付届出候也

大正參年五月參拾壹日
届出人母　佐々木うめ㊞
明治拾年五月拾日生

東京市京橋區長田喜三郎殿

備考（母ガ届出ヲ爲サザルトキハ相續人ヨリ爲スノ例）
胎兒ノ母届出ヲ爲サヾルニ因リ

亡戸主治三郎貳女
届出人家督相續人　佐々木さる㊞
明治拾年貳月五日生

戸第一三一條參照

家督相續人廢除届

東京市本所區林町貳拾番地戸主
誠次郎長男
被廢除者　市川忠次郎

右ハ疾病ニ因リ家政ヲ執ルニ堪ヘサルニ基ク推定家督相續人廢除ノ裁判大正參年五月拾日確定致候ニ付別紙裁判謄本添付届出候也

大正參年五月拾五日
届出人被相續人　市川誠次郎㊞
安政元年貳月拾日生

東京市本所區長林德太郎殿

注意　裁判確定證明書添付ヲ要ス

戸第一三二條參照

家督相續人廢除取消届

東京市本所區林町貳拾番地戸主
誠次郎長男
市川忠次郎

右家督相續人廢除被相續人市川誠次郎ヨリ届出ノ處本年六月壹日廢除取消ノ裁判確定候ニ付別紙裁判ノ謄本添付届出候也

大正參年六月壹日

届出人訴提起者 市川忠次郎㊞
明治拾五年貳月拾日生

東京市本所區長林德太郎殿

注意 裁判確定證明書添付スルヲ要ス

戸第一三三條參照

家督相續人指定届

東京市芝區愛宕町貳丁目參番地戸主
由藏參男
指定家督相續人 花川仁三郎

右ハ法定ノ推定家督相續人無之ニ付家督相續人ニ指定致候間届出候也

大正參年貳月拾日

東京市麴町區飯田町貳丁目八番地戸主
届出人被相續人 田口卯之助㊞
明治元年貳月拾日生

東京市麴町區長川上作太郎殿

戸第一三四條參照

家督相續人指定取消届

東京市芝區愛宕町貳丁目參番地戸主
由藏參男
指定家督相續人 花川仁三郎

右家督相續人ニ指定ノ處今般部合ニ依リ取消候間届出候也

大正參年五月貳拾日

東京市麴町區飯田町貳丁目八番地戸主
届出人被相續人 田口卯之助㊞
明治元年貳月拾日生

東京市麴町區長川上作太郎殿

戸第一三三條第一三五條參照
（遺言ニ因リ指定セラレタル家督相續人ヲ遺言執行者ヨリ届出ヲ爲ス場合ノ例）

家督相續人指定届

東京市本所區林町貳丁目六番地戸主
被相續人　亡　西川庄次郎
右庄次郎甥
指定家督相續人　西川三之助

被相續人庄次郎法定ノ家督相續人ナキニ因リ遺言ヲ以テ右三之助ヲ家督相續人ニ指定セラル

右家督相續人指定別紙遺言書ノ謄本添付届出候也

大正參年五月四日

東京市京橋區川口町拾六番地戸主
届出人遺言執行者　吉田久太郎㊞
明治拾年六月拾日生

東京市本所區長坂田賢三郎殿

戸第一三四條第一三五條參照
（遺言ニ因ル家督相續人ノ指定取消ヲ遺言執行者ヨリ届出ヲ爲ス場合ノ例）

家督相續人指定取消届

東京市淺草區田島町參番地戸主助藏弟
指定家督相續人　早川常太郎
東京市京橋區南飯田町六番地戸主
被相續人　亡　西山利三郎

右被相續人利三郎遺言ヲ以テ家督相續人指定ヲ取消シタルニ因リ別紙遺言書ノ謄本添付届出候也

大正參年五月六日

東京市赤坂區仲ノ町四番地戸主
届出人遺言執行者　島田幸藏㊞
明治參年貳月五日生

東京市京橋區長國田仁三郎殿

戸第一三六條參照

指定家督相續人死亡届

東京市牛込區赤城下町六番地戸主秀雄弟
指定家督相續人　野田竹次郎

右家督相續人ニ指定届出ノ處大正參年五月參日死亡シタルニ因リ別紙死亡診斷書添付届出候也

大正參年五月七日

東京市京橋區岡崎町壹丁目六番地戸主
届出人被相續人　松川龜太郎㊞
明治六年五月參日生

東京市京橋區長竹田松太郎殿

戸第一三八條參照

（婚姻ニ依リテ他家ニ入リタル妻カ戸主及夫ノ同意ヲ得テ自己ノ親族ヲ其家族ト爲ス場合ノ届出ノ例）

入籍届

東京市小石川區竹早町五拾六番地戸主
入籍スヘキ家ノ戸主　近田遠三郎
右遠三郎妻　なつ
從姉
東京市京橋區南小田原町貳丁目參番地
戸主新一郎姪
入籍者　島田ゆき
明治貳拾九年六月拾日生
右父亡　島田助三郎　四女
右母　よし

右戸主及夫ノ同意ヲ得テ入籍爲致候ニ付届出候也

大正參年五月拾日

届出人
戸主遠三郎妻
入籍者ゆき從姉　近田なつ㊞
明治拾年八月拾日生

東京市小石川區長伊達安太郎殿

前記ゆき入籍ニ同意候也

ゆき入ル可キ家ノ戸主兼なつ夫　近田遠三郎㊞
安政元年貳月拾日生
ゆき去ル可キ家ノ戸主　島田新一郎㊞
安政貳年八月拾日生
入籍者ゆき未成年ニ付親權者母

島田よし㊞
安政貳年八月拾日生

戸第一三七條參照
（成年者カ父ノ家ニ入籍スル場合届出ノ例）

入籍届

東京市四谷區傳馬町壹丁目六番地
入籍スヘキ家ノ戸主　長岡政太郎
東京市牛込區矢來町八拾五番地廢家戸主
右政太郎庶子女
入籍者　立川こと
明治貳拾年壹月拾日生
右父　長岡政太郎
庶子女
右母　立川はつ

右入籍届出候也
大正參年五月參拾日
所在地東京市四谷區傳馬町壹丁目拾六番地
届出人入籍者　立川こと㊞

東京市四谷區長柴田金三郎殿
同意者戸主　長岡政太郎㊞
明治元年八月拾日生

戸第一三七條參照
（義子縁組ニ因リテ他家ヘ入リタル者カ養親ノ親族ニ非ラサル自己ノ親族ヲ養家ヘ入籍セシムル場合ノ届出ノ例）

入籍届

東京市神田區松枝町拾貳番地
入ル可キ家ノ戸主　岡田新三郎
右新三郎婿養子竹次從妹
東京市京橋區川口町六番地戸主貞之助姪
入籍者　飯田はま
明治參拾年貳月六日生
右父　飯田助次郎
右母　むめ
參女

右入籍爲致候ニ付届出候也
大正參年五月六日
戸主新三郎婿養子

入籍者はま從兄
屆出人　岡田竹次㊞
明治拾年五月拾日生
東京市神田區長小川新之助殿
前記はまノ入籍ニ同意ス
はま入ル可キ家ノ戶主兼竹次養父
岡田新三郎㊞
明治元年四月四日生
竹次養母　岡田よし㊞
明治六年參月五日生
竹次　妻　岡田かつ㊞
明治拾五年八月五日生
はま去ル可キ家ノ戶主
飯田貞之助㊞
明治八年六月五日生
はま未成年ニ付親權者父
飯田助次郎㊞
明治參年貳月參日生

戶第一三九條參照

離籍屆

東京市麴町區麴町八丁目六番地戶主
離籍セラルヘキ者　大川平三郎
右平三郎（妻又ハ養子）
平三郎ト共ニ家ヲ去ルベキ者　かつよ
右平三郎ハ戶主ノ同意ヲ得ズシテ大正參年參月五日（婚姻／緣組）シタルニ因リ離籍致候ニ付屆出候也
大正參年五月貳日
屆出人戶主　大川良平㊞
明治八年貳月拾日生
東京市麴町區長梅田桃三郎殿

戶第一四〇條參照

離籍ニ因ル一家創立屆

東京市麴町區麴町八丁目六番地
離籍ヲ爲シタル戶主　大川良平
一家創立地東京市麴町區麴町貳丁目壹番地
創立者良平弟　大川平三郎
明治拾年八月拾日生

右　父　大川友吉

貳男

右　母　いち

共ニ入ルヘキモノ（妻又ハ養子）　かつよ

明治拾五年壹月拾日生

右　父　相原一郎

參女

右　母　コト

右戸主ノ同意ヲ得ス（婚姻縁組）ヲ爲シタルニ因リ大正參年五月壹日離籍セラレ同日肩書地ヘ大川氏一家創立候ニ付届出候也

大正參年五月拾五日

届出人　大川平三郎㊞

東京市麴町區長梅田桃三郎殿

戸第一四一條參照

復籍拒絶届

東京市芝區新櫻田町貳番地戸主

松田梅三郎養子

被復籍拒絶者　松田まつ

右まつ戸主ノ同意ヲ得スシテ大正參年壹月四日婚姻（縁組）シタルニ依リ復籍拒絶致候ニ付届出候也

大正參年貳月拾日

東京市京橋區築地壹丁目五番地戸主

まつ兄

復籍拒絶者　阪田彌太郎㊞

明治五年八月八日生

東京市京橋區長川喜田久三郎殿

戸第一四二條參照

（離縁又ハ離婚ノ届書ヘ一家創立ノ旨記載セサリシトキ届出ノ例）

復籍拒絶ニ因ル一家創立届

東京市京橋區築地壹丁目五番地

復籍ヲ拒ミタル戸主　阪田彌太郎

元東京市芝區新櫻田町貳番地戸主

松田竹次郎弟梅三郎養子（妻）

一家創立者　阪田まつ
明治貳拾年四月四日生
右父　阪田彌一郎
參女
右母　くり

一家創立地東京市芝區佐久間町壹番地

右ハ松田梅三郎ト（離縁／離婚）ノ處戸主ノ同意ヲ得スシテ（縁組／婚姻）シタル爲メ明治四拾貳年貳月貳日實家戸主阪田彌太郎ヨリ復籍拒絶セラレタルニ依リ大正參年五月壹日阪田氏一家創立致シ候ニ付届出候也

大正參年五月貳日

届出人　阪田まつ㊞

東京市芝區長風間堅一殿

戸第一四二條參照

縁組（婚姻）ノ取消又ハ離縁（離婚）ノ届書ヘ一家創立ノ旨記載セサリシトキノ届出ノ例）

絶家ニ因ル一家創立届

東京市麴町區麴町貳丁目六番地
絶家最終ノ戸主　井上常次郎
明治四拾年拾月貳拾五日絶家
元東京市神田區表神保町貳拾六番地戸主
佐々木平三郎妻（養子）
一家創立者　井上はな
明治四年五月貳日生
右父　井上久三郎
貳女
右母　うめ

一家創立地東京市神田區三崎町貳丁目拾六番地

右佐々木半三郎ト離婚（離縁）致候處實家絶家ノ爲メ復籍スルコトヲ得サルニ因リ大正參年六月貳日井上氏一家創立ニ付届出候也

大正參年六月貳日

届出人　井上はな㊞

東京市神田區長太田吉三郎殿

戸第一四二條參照
緣組（婚姻）ノ取消又ハ離緣（離婚）ノ届書ニ一戸創立ノ旨記載セサリシトキノ届出ノ例）

廢家ニ因ル一家創立届

東京市京橋區木挽町貳丁目四番地
廢家最終ノ戸主　吉田まさ

右明治參拾八年五月拾日廢家

元東京市京橋區鈴木町八番地戸主
前田仁三郎養子（妻）
一戸創立者　吉田まさ
明治拾年貳月拾日生
右父　吉田久一
貳女
右母　とり

一家創立地東京市京橋區長澤町八番地
右前田仁三郎ト（離緣）離婚ノ處廢家ノ上緣組（婚姻）ヲ爲シタル爲メ復籍スヘキ家ナキニ因リ大正參年六月四日吉田氏一家創立シタルニ付届出候也

大正參年六月四日
届出人　吉田まさ㊞

東京市京橋區長川喜田久三郎殿

戸第一四二條參照
（家督相續ニテ戸主ト爲リタル者ニ非サル者ノ廢家届出ノ例）

廢家届

東京市小石川區竹早町五番地戸主
廢家者　田草川信一郎
明治拾年八月五日生

右家督相續ニ因リテ戸主ト爲リタル者ニアラズ

東京市麴町區富士見町貳番地
廢家者ノ入ル可キ家ノ戸主　友田半次郎

右廢家届出候也

大正參年五月參日
届出人　田草川信一郎㊞

東京市小石川區長西田善一郎殿

戸第一四三條參照
（家督相續ニテ戸主トナリタル者カ裁判所ノ許可ヲ得テ廢家スル場合ノ届出ノ例）

廢家届

東京市四谷區坂町九番地戸主
廢家者　須田花子
明治貳拾年五月拾日生
東京市赤坂區田町一丁目貳番地
入ルヘキ家ノ戸主　西川時之助

右裁判所ノ許可ヲ得テ廢家致シ候間別紙裁判謄本相添ヘ届出候也

大正參年五月四日
届出人　須田花子㊞

東京市四谷區長小川三四郎殿

戸第一四五參照
（未成年者カ分家ヲ爲ス場合ノ届出ノ例）

分家届

東京市麹町區飯田町貳丁目參番地
本家戸主　皆川音三郎
右音三郎弟
分家ノ戸主ト爲ル可キモノ　皆川正之介
明治參拾年四月六日生
本籍地同上
右父　皆川信藏　參男
本籍地同上
右母　ヨシ
分家地東京市深川區中島町四番地

右分家届出候也

大正參年五月拾日
所在地東京市深川區中島町四番地
分家者　皆川正之介
右未成年ニ付親權者父
戸主音三郎繼父
届出人　皆川信藏㊞
明治拾年八月拾五日生

東京市深川區長武田彦太郎殿

同意者本家戸主　皆川音三郎㊞
明治貳拾年貳月八日生

同意者正之助親權者父　皆川信藏㊞

戸第一四五條參照

（十五年以上直系卑屬ノ同意ヲ要スル場合ノ届出ノ例）

分家届

本籍東京市麴町區麴町貳丁目參番地

本家戸主　横田榮次郎

右戸主榮次郎叔父

分家地東京市赤坂區一ツ木町五番地

分家戸主ト爲ル可キ者　横田金三郎

明治元年八月四日生

本籍地神奈川縣横濱市長者町五番地

右父亡　横田時雄

四男

本籍地宮城縣仙臺市東四番町貳番地

右母　西川はま

分家ノ家族ト爲ルヘキ者

右金三郎妻　ます

明治貳年六月四日生

本籍地東京市芝區櫻田町八番地

右父　菊田彌太郎

貳女

本籍地同上

右母　さと

分家ノ家族ト爲ルヘキモノ

右金三郎長男　英一郎

明治貳拾年貳月壹日生

右父　横田金三郎

右母　ます

分家ノ家族ト爲ルヘキ者

右金三郎長女　ゆき

明治參拾七年貳月壹日生

右父　横田金三郎

右母　ます

右分家届出候也

大正參年五月五日

所在地東京市赤坂區一ツ木町五番地

届出人分家戸主　横田金三郎㊞

東京市赤坂區長近田喜一郎殿

同意者長男　横田英一郎㊞
同意者戸主　横田榮次郎㊞
明治參拾年五月貳日生
右戸主未成年者に付
親權者母　横田まさの㊞
明治拾年五月拾日生

戸第一四六條參照

廢家再興屆

東京市牛込區辨天町拾五番地
廢家最終ノ戸主　安部芳太郎
右明治參拾五年八月拾五日廢家
東京市麴町區上六番町八番地戸主
友田卯三郎壻養子
廢家再興者　友田芳太郎
明治貳年八月拾日生
右　父　安部吉三郎
貳　男
右　母　くら

再興者ニ從ヒ共ニ入ルベキ者
右芳太郎妻　とく
明治五年貳月四日生
右　父　友田卯三郎
參　女
右　母　うめ
再興地東京市麴町區永田町貳番地
右ハ元廢家安部氏再興候ニ付屆出候也
大正參年五月拾五日
屆出人　友田芳太郎㊞
東京市麴町區長小林外次郎殿
同意者戸主　友田卯三郎㊞
天保拾年貳月參日生

戸第一四六條參照

絶家再興屆

東京市麴町區飯田町參丁目壹番地
絶家最終ノ戸主　吉田太一郎
明治參拾壹年拾月拾日絶家

東京市京橋區木挽町壹丁目貳番地戸主
喜作參男
右絶家最終ノ戸主太一郎甥
再興者　西川彌一郎
明治貳拾貳年參月壹日生
右父　西川喜作
參男
右母　はま
再興者ニ從ヒ其家ニ入ルベキ者
妻　こと
明治貳拾參年壹月貳日生
右父　田川喜三郎
四女
右母　まつ

再興地東京市麴町區麴町五丁目八番地

右絶家再興届出候也

大正參年五月拾五日

届出人　西川彌一郎㊞

東京市麴町區長矢部平三郎殿

右絶家再興ニ同意ヲ表シ候也

戸主　西川喜作㊞

戸第一四四條參燥

（絶家ノ家族ガ一家創立届出ノ場合ノ例）

絶家ニ因ル一家創立届

東京市京橋區木挽町參丁目拾八番地
絶家ノ戸主　內藤久次郎

右戸主死亡家督相續人ナキニ因リ大正參年五月貳日絶家

右亡久次郎甥
一家創立者　內藤作一郎
明治拾年參月九日生
右父亡　內藤友造
長男
右母亡　かつ
右作一郎ニ從ヒ其家ニ入ル者
妻　はま
明治貳拾年四月四日生

右母　川田みつ
私生子女

大正參年五月貳日東京市京橋區因幡町貳番地ヘ氏内藤ヲ冐シ一家創立ス
右絶家ニ因ル一家創立屆出候也
大正參年五月六日
屆出人　内藤作一郎㊞

東京市京橋區長富川藏之助殿

戸第一五四條參照
（新ニ華族ニ列セラレ族稱變更シタル場合ノ屆出ノ例）

族稱變更屆

東京市四谷區南伊賀町拾貳番地戸主
舊族稱士族
新族稱華族　川上秀治郎

右大正參年五月貳日華族ニ列セラレ族稱變更シタルニ因リ別紙辭令書ノ謄本添付屆出候也
大正參年五月六日
屆出人　川上秀治郎㊞
明治元年五月四日生

東京市京橋區長堀田金次郎殿

戸第一四九條參照

歸化ニ因ル國籍取得屆

原國籍獨逸國人
住所東京市京橋區明石町六拾壹番地
歸化ニ因ル國籍所得者　オ、ベルガン
西暦千八百五年八月七日生
右父獨逸國人　オ、ベーシン
右母同　上　オ、ハアゲン
右夫ト共ニ日本ノ國籍所得者
妻　オ、ヘーメン
西暦千八百九年七月六日生
右父獨逸國人　ベー、カルン
右母同　上　ベー、シメン

右大正參年六月五日内務大臣ノ許可ヲ得テ歸化致シ住所地ニ本籍ヲ相定メ候間別紙許可書ノ謄本相添屆出候也
大正參年六月一日

屆出人　オ、ベルガン㊞

東京市京橋區長川喜田久三郎殿

戸第一五〇條參照

（婚姻ニ依ル場合ノ屆出ノ例）

國籍喪失屆

東京市麴町區永田町壹丁目八番地戸主
吉之助貳女
國籍喪失者　井上かつよ

右大正參年六月四日獨逸國プレメン州プレメン市ファルケン街フクハルバードト婚姻シタルニ依リ日本ノ國籍ヲ喪失シタルニ付屆出候也

大正參年六月八日

屆出人戸主　井上吉之助㊞

東京市麴町區長松田金三郎殿

戸第一五〇條第一五一條參照

（認知ニ依ル場合ノ屆出ノ例）

國籍喪失屆

東京市京橋區明石町六十一番地戸主
まつ私生子男
國籍喪失者　竹內孝太郎

右大正參年六月壹日獨逸國プレメン市ファルケン街フリーハリマンノ認知ニ依リ同日同國籍ヲ取得シタルニ依リ日本ノ國籍ヲ喪失致候ニ付獨逸國國籍取得ニ關スル證明書添付屆出候也

大正參年六月九日

戸主　竹內まつ㊞
明治元年貳月拾日生

東京市京橋區長川喜田久三郎殿

備考　國籍喪失者カ滿拾七年以上ノ男子ナルトキハ陸海軍ノ現役ニ服シタルコト又ハ兵役ノ義務ナキ證明書ヲ添付スルコト若シ日本ノ官職ヲ帶ヒタル者ナルトキハ其官職ヲ失ヒタル證明書ヲ添付スルコト

戸第一五二條參照

國籍回復屆

住所東京市神田區三崎町壹丁目貳番地

國籍回復者　吉川しづ子
明治五年八月拾日生
右　父　吉川仙太郎
貳　女
右　母　くま

右しづ子獨逸國人アンリーヘルナルトト婚姻シ（又ハ獨逸國ヘ歸化シ）明治參拾五年八月拾日日本國籍喪失

右しづ子長女
國籍取得者　アンクリー
西暦千八百九拾參年四月四日生
右　父　アンリーヘルナルト
右　母　吉川しづ子

右しづ子ハ獨逸國籍ヲ有セシ處前夫ト婚姻解消シタルニ因リ（右しづ子ハ歸化ニ因リ獨逸國籍ヲ有セシ處）内務大臣ノ許可ヲ得テ大正參年五月壹日日本ノ國籍ヲ同復シ長女アンクリーハ同時ニ日本ノ國籍ヲ取得シ前肩書地ニ本籍ヲ定メタルニ付別紙許可書ノ謄本添付届出候也

大正參年五月五日
届出人　吉川しづ子㊞
東京市神田區長平田幸太郎殿

戸第一六四條參照

氏變更届

東京市京橋區銀座四丁目八番地戸主
變更前氏　大宮民三郎
變更シタル氏　佐久間民三郎

右大正參年五月拾日京橋區長ノ許可ヲ得テ氏變更致シ候間別紙許可書ノ謄本添付届出候也

大正參年五月拾貳日
届出人　佐久間民三郎
明治八年五月拾日生
東京市京橋區長川喜田久三郎殿

戸第一五三條參照

名變更届

東京市神田區雉子町八拾六番地戸主

變更前ノ名　服部久太郎
變更シタル名　服部芳雄

右大正參年五月拾八日神田區長ノ許可ヲ得テ名變更致候間別紙許可書ノ謄本相添届出候也

大正參年五月貳拾日

届出人　服部芳雄㊞
明治六年七月八日生

東京市神田區長大原四十吉殿

〰〰〰〰

戸第一六〇條參照

就籍届

就籍地東京市神田區錦町參丁目五番地
就籍者　長田友次郎
明治元年貳月拾五日生
右父亡　長田友右衛門
長男
右母亡　りき
元東京市小石川區指ヶ谷町八番地戸主
相川三次郎姉

妻　はつ
安政貳年五月拾貳日生
右父亡　相川與四郎
長女
右母　たけ
長男　時次郎
明治拾年五月拾八日生
右父　長田友次郎
長男
右母　はつ
元東京市深川區東大工町五番地戸主
皆川秀雄叔母
婦長男時次郎妻　はる
明治拾壹年貳月拾日生
右父　皆川要一郎
長女
右母亡　あき
孫　時次
明治參拾年壹月貳日生

右　父　長田時次郎
長　男
右　母　はる

右就籍許可ノ裁判大正參年五月壹日確定ニ付別紙裁判ノ謄本添付届出候也

大正參年五月五日

届出人　長田友次郎㊞

東京市神田區長川井義雄殿

戸第一五八條參照

轉籍届

原籍地山口縣山口郡岩國町大字岩國五番地
轉籍地東京市麴町區麴町貳丁目五番地戸主
福島信太郎
明治拾年八月拾五日生

右轉籍別紙戸籍謄本相添届出候也

大正參年五月拾日

届出人　福島信太郎㊞

東京市麴町區長小川與一郎殿

（注意　同一宛名ノ届書貳通提出ノ事）

戸第一五八條參照

轉籍届

原籍地東京市本郷區弓町貳拾八番地
轉籍地東京市本郷區天神町拾貳番地戸主
長田文一郎
明治五年參月拾日生

右轉籍届出候也

大正參年五月拾五日

長田文一郎

東京市本郷區長本田芳三郎殿

改正戸籍法註解書式終

大正三年七月一日印刷
大正三年七月五日發行

改正 戸籍法註解奥附

正價金壹圓貳拾錢

禁漢譯

著作權所有

著作者　澤野民治

發行者　江草重忠
東京市神田區一ツ橋通町五番地

印刷者　松澤珏三
東京市麴町區下六番町十七番地

發行所　東京市神田區一ツ橋通町五番地
電話本局三二三番、四四九番
振替口座東京三七〇番
有斐閣書房

發賣所　東京市神田區南神保町十三番地
振替口座東京五四〇六番
有斐閣雜誌店

賣捌所　東京市本郷區森川町一番地
有終閣書房

賣捌所　東京市牛込區早稻田鶴卷町
文影堂書店

印刷所東京市麴町區下六番町十七番地（電話番町二六九）同勞舍

改正戸籍法註解　全　　　　別巻 1432

2024(令和６)年12月20日　　復刻版第１刷発行

著　者　澤　野　民　治
発行者　今　井　　貴
発行所　信　山　社　出　版
〒113-0033　東京都文京区本郷６-２-９-102
モンテベルデ第２東大正門前
電　話　03 (3818) 1019
FAX　03 (3818) 0344
郵便振替 00140-2-367777(信山社販売)

Printed in Japan.

制作／(株)信山社，印刷・製本／松澤印刷・日進堂

ISBN 978-4-7972-4445-8 C3332

別巻　巻数順一覧【1349 ～ 1530 巻】※網掛け巻数は、2021 年 11 月以降刊行

巻数	書　名	編・著・訳者　等	ISBN	定　価	本体価格
1349	國際公法	W・E・ホール、北條元篤、熊谷直太	978-4-7972-8953-4	41,800 円	38,000 円
1350	民法代理論 完	石尾一郎助	978-4-7972-8954-1	46,200 円	42,000 円
1351	民法總則編物權編債權編實用詳解	清浦奎吾、梅謙次郎、自治館編輯局	978-4-7972-8955-8	93,500 円	85,000 円
1352	民法親族編相續編實用詳解	細川潤次郎、梅謙次郎、自治館編輯局	978-4-7972-8956-5	60,500 円	55,000 円
1353	登記法實用全書	前田孝階、自治館編輯局(新井正三郎)	978-4-7972-8958-9	60,500 円	55,000 円
1354	民事訴訟法精義	東久世通禧、自治館編輯局	978-4-7972-8959-6	59,400 円	54,000 円
1355	民事訴訟法釋義	梶原仲治	978-4-7972-8960-2	41,800 円	38,000 円
1356	人事訴訟手續法	大森洪太	978-4-7972-8961-9	40,700 円	37,000 円
1357	法學通論	牧兒馬太郎	978-4-7972-8962-6	33,000 円	30,000 円
1358	刑法原理	城數馬	978-4-7972-8963-3	63,800 円	58,000 円
1359	行政法講義・佛國裁判所構成大要・日本古代法 完	パテルノストロ、曲木如長、坪谷善四郎	978-4-7972-8964-0	36,300 円	33,000 円
1360	民事訴訟法講義〔第一分冊〕	本多康直、今村信行、深野達	978-4-7972-8965-7	46,200 円	42,000 円
1361	民事訴訟法講義〔第二分冊〕	本多康直、今村信行、深野達	978-4-7972-8966-4	61,600 円	56,000 円
1362	民事訴訟法講義〔第三分冊〕	本多康直、今村信行、深野達	978-4-7972-8967-1	36,300 円	33,000 円
1505	地方財政及税制の改革〔昭和12年初版〕	三好重夫	978-4-7972-7705-0	62,700 円	57,000 円
1506	改正 市制町村制〔昭和13年第7版〕	法曹閣	978-4-7972-7706-7	30,800 円	28,000 円
1507	市制町村制 及 関係法令〔昭和13年第5版〕	市町村雑誌社	978-4-7972-7707-4	40,700 円	37,000 円
1508	東京府市区町村便覧〔昭和14年初版〕	東京地方改良協会	978-4-7972-7708-1	26,400 円	24,000 円
1509	改正 市制町村制 附 施行細則・執務條規〔明治44年第4版〕	矢島誠進堂	978-4-7972-7709-8	33,000 円	30,000 円
1510	地方財政改革問題〔昭和14年初版〕	高砂恒三郎、山根守道	978-4-7972-7710-4	46,200 円	42,000 円
1511	市町村事務必携〔昭和4年再版〕第1分冊	大塚辰治	978-4-7972-7711-1	66,000 円	60,000 円
1512	市町村事務必携〔昭和4年再版〕第2分冊	大塚辰治	978-4-7972-7712-8	81,400 円	74,000 円
1513	市制町村制逐条示解〔昭和11年第64版〕第1分冊	五十嵐鑛三郎、松本角太郎、中村淑人	978-4-7972-7713-5	74,800 円	68,000 円
1514	市制町村制逐条示解〔昭和11年第64版〕第2分冊	五十嵐鑛三郎、松本角太郎、中村淑人	978-4-7972-7714-2	74,800 円	68,000 円
1515	新旧対照 市制町村制 及 理由〔明治44年初版〕	平田東助、荒川五郎	978-4-7972-7715-9	30,800 円	28,000 円
1516	地方制度講話〔昭和5年再版〕	安井英二	978-4-7972-7716-6	33,000 円	30,000 円
1517	郡制注釈 完〔明治30年再版〕	岩田徳義	978-4-7972-7717-3	23,100 円	21,000 円
1518	改正 府県制郡制講義〔明治32年初版〕	樋山廣業	978-4-7972-7718-0	30,800 円	28,000 円
1519	改正 府県制郡制〔大正4年 訂正21版〕	山野金蔵	978-4-7972-7719-7	24,200 円	22,000 円
1520	改正 地方制度法典〔大正12第13版〕	自治研究会	978-4-7972-7720-3	52,800 円	48,000 円
1521	改正 市制町村制 及 附属法令〔大正2年第6版〕	市町村雑誌社	978-4-7972-7721-0	33,000 円	30,000 円
1522	実例判例 市制町村制釈義〔昭和9年改訂13版〕	梶康郎	978-4-7972-7722-7	52,800 円	48,000 円
1523	訂正 市制町村制 附 理由書〔明治33年第3版〕	明昇堂	978-4-7972-7723-4	30,800 円	28,000 円
1524	逐条解釈 改正 市町村財務規程〔昭和8年第9版〕	大塚辰治	978-4-7972-7724-1	59,400 円	54,000 円
1525	市制町村制 附 理由書〔明治21年初版〕	狩谷茂太郎	978-4-7972-7725-8	22,000 円	20,000 円
1526	改正 市制町村制〔大正10年第10版〕	井上圓三	978-4-7972-7726-5	24,200 円	22,000 円
1527	正文 市制町村制 並 選挙法規 附 陪審法〔昭和2年初版〕	法曹閣	978-4-7972-7727-2	30,800 円	28,000 円
1528	再版増訂 市制町村制註釈 附 市制町村制理由[明治21年増補再版]	坪谷善四郎	978-4-7972-7728-9	44,000 円	40,000 円
1529	五版 市町村制例規〔明治36年第5版〕	野元友三郎	978-4-7972-7729-6	30,800 円	28,000 円
1530	全国市町村便覧 附 全国学校名簿〔昭和10年初版〕第1分冊	藤谷崇文館	978-4-7972-7730-2	74,800 円	68,000 円

別巻　巻数順一覧【1309 ～ 1348 巻】※網掛け巻数は、2021 年 11 月以降刊行

巻数	書　名	編・著・訳者 等	ISBN	定　価	本体価格
1309	監獄學	谷野格	978-4-7972-7459-2	38,500 円	35,000 円
1310	警察學	宮國忠吉	978-4-7972-7460-8	38,500 円	35,000 円
1311	司法警察論	高井賢三	978-4-7972-7461-5	56,100 円	51,000 円
1312	增訂不動産登記法正解	三宅德業	978-4-7972-7462-2	132,000 円	120,000 円
1313	現行不動産登記法要義	松本修平	978-4-7972-7463-9	44,000 円	40,000 円
1314	改正民事訴訟法要義 全〔第一分冊〕	早川彌三郎	978-4-7972-7464-6	56,100 円	51,000 円
1315	改正民事訴訟法要義 全〔第二分冊〕	早川彌三郎	978-4-7972-7465-3	77,000 円	70,000 円
1316	改正強制執行法要義	早川彌三郎	978-4-7972-7467-7	41,800 円	38,000 円
1317	非訟事件手續法	横田五郎、三宅德業	978-4-7972-7468-4	49,500 円	45,000 円
1318	旧制對照改正官制全書	博文館編輯局	978-4-7972-7469-1	85,800 円	78,000 円
1319	日本政体史 完	秦政治郎	978-4-7972-7470-7	35,200 円	32,000 円
1320	萬國現行憲法比較	辰巳小二郎	978-4-7972-7471-4	33,000 円	30,000 円
1321	憲法要義 全	入江魁	978-4-7972-7472-1	37,400 円	34,000 円
1322	英國衆議院先例類集 卷之一・卷之二	ハッセル	978-4-7972-7473-8	71,500 円	65,000 円
1323	英國衆議院先例類集 卷之三	ハッセル	978-4-7972-7474-5	55,000 円	50,000 円
1324	會計法精義　全	三輪一夫、松岡萬次郎、木田川奎彦、石森憲治	978-4-7972-7476-9	77,000 円	70,000 円
1325	商法汎論	添田敬一郎	978-4-7972-7477-6	41,800 円	38,000 円
1326	商業登記法 全	新井正三郎	978-4-7972-7478-3	35,200 円	32,000 円
1327	商業登記法釋義	的場繁次郎	978-4-7972-7479-0	47,300 円	43,000 円
1328	株式及期米裁判例	繁田保吉	978-4-7972-7480-6	49,500 円	45,000 円
1329	刑事訴訟法論	溝淵孝雄	978-4-7972-7481-3	41,800 円	38,000 円
1330	修正刑事訴訟法義解 全	太田政弘、小濵松次郎、緒方惟一郎、前田兼寶、小田明次	978-4-7972-7482-0	44,000 円	40,000 円
1331	法律格言・法律格言義解	H・ブルーム、林健、鶴田忞	978-4-7972-7483-7	58,300 円	53,000 円
1332	法律名家纂論	氏家寅治	978-4-7972-7484-4	35,200 円	32,000 円
1333	歐米警察見聞録	松井茂	978-4-7972-7485-1	38,500 円	35,000 円
1334	各國警察制度・各國警察制度沿革史	松井茂	978-4-7972-7486-8	39,600 円	36,000 円
1335	新舊對照刑法蒐論	岸本辰雄、岡田朝太郎、山口慶一	978-4-7972-7487-5	82,500 円	75,000 円
1336	新刑法論	松原一雄	978-4-7972-7488-2	51,700 円	47,000 円
1337	日本刑法實用 完	千阪彦四郎、尾崎忠治、箕作麟祥、西周、宮城浩藏、菅生初雄	978-4-7972-7489-9	57,200 円	52,000 円
1338	刑法實用詳解〔第一分冊〕	西園寺公望、松田正久、自治館編輯局	978-4-7972-7490-5	56,100 円	51,000 円
1339	刑法實用詳解〔第二分冊〕	西園寺公望、松田正久、自治館編輯局	978-4-7972-7491-2	62,700 円	57,000 円
1340	日本商事會社法要論	堤定次郎	978-4-7972-7493-6	61,600 円	56,000 円
1341	手形法要論	山縣有朋、堤定次郎	978-4-7972-7494-3	42,900 円	39,000 円
1342	約束手形法義解 全	梅謙次郎、加古貞太郎	978-4-7972-7495-0	34,100 円	31,000 円
1343	戸籍法 全	島田鐵吉	978-4-7972-7496-7	41,800 円	38,000 円
1344	戸籍辭典	石渡敏一、自治館編輯局	978-4-7972-7497-4	66,000 円	60,000 円
1345	戸籍法實用大全	勝海舟、梅謙次郎、自治舘編輯局	978-4-7972-7498-1	45,100 円	41,000 円
1346	戸籍法詳解〔第一分冊〕	大隈重信、自治館編輯局	978-4-7972-7499-8	62,700 円	57,000 円
1347	戸籍法詳解〔第二分冊〕	大隈重信、自治館編輯局	978-4-7972-8950-3	96,800 円	88,000 円
1348	戸籍法釋義 完	板垣不二男、岡村司	978-4-7972-8952-7	80,300 円	73,000 円

別巻　巻数順一覧【1265～1308巻】

巻数	書　名	編・著・訳者　等	ISBN	定　価	本体価格
1265	行政裁判法論	小林魁郎	978-4-7972-7386-1	41,800円	38,000円
1266	奎堂餘唾	清浦奎吾、和田鍊太、平野貞次郎	978-4-7972-7387-8	36,300円	33,000円
1267	公證人規則述義 全	箕作麟祥、小松濟治、岸本辰雄、大野太衛	978-4-7972-7388-5	39,600円	36,000円
1268	登記法公證人規則詳解 全・大日本登記法公證人規則註解 全	鶴田皓、今村長善、中野省吾、奥山政敬、河原田新	978-4-7972-7389-2	44,000円	40,000円
1269	現行警察法規 全	内務省警保局	978-4-7972-7390-8	55,000円	50,000円
1270	警察法規研究	有光金兵衛	978-4-7972-7391-5	33,000円	30,000円
1271	日本帝國憲法論	田中次郎	978-4-7972-7392-2	44,000円	40,000円
1272	國家哲論	松本重敏	978-4-7972-7393-9	49,500円	45,000円
1273	農業倉庫業法制定理由・小作調停法原義	法律新聞社	978-4-7972-7394-6	52,800円	48,000円
1274	改正刑事訴訟法精義〔第一分冊〕	法律新聞社	978-4-7972-7395-3	77,000円	70,000円
1275	改正刑事訴訟法精義〔第二分冊〕	法律新聞社	978-4-7972-7396-0	71,500円	65,000円
1276	刑法論	島田鐵吉、宮城長五郎	978-4-7972-7398-4	38,500円	35,000円
1277	特別民事訴訟論	松岡義正	978-4-7972-7399-1	55,000円	50,000円
1278	民事訴訟法釋義 上巻	樋山廣業	978-4-7972-7400-4	55,000円	50,000円
1279	民事訴訟法釋義 下巻	樋山廣業	978-4-7972-7401-1	50,600円	46,000円
1280	商法研究 完	猪股淇清	978-4-7972-7403-5	66,000円	60,000円
1281	新會社法講義	猪股淇清	978-4-7972-7404-2	60,500円	55,000円
1282	商法原理 完	神崎東藏	978-4-7972-7405-9	55,000円	50,000円
1283	實用行政法	佐々野章邦	978-4-7972-7406-6	50,600円	46,000円
1284	行政法汎論 全	小原新三	978-4-7972-7407-3	49,500円	45,000円
1285	行政法各論 全	小原新三	978-4-7972-7408-0	46,200円	42,000円
1286	帝國商法釋義〔第一分冊〕	栗本勇之助	978-4-7972-7409-7	77,000円	70,000円
1287	帝國商法釋義〔第二分冊〕	栗本勇之助	978-4-7972-7410-3	79,200円	72,000円
1288	改正日本商法講義	樋山廣業	978-4-7972-7412-7	94,600円	86,000円
1289	海損法	秋野沆	978-4-7972-7413-4	35,200円	32,000円
1290	船舶論 全	赤松梅吉	978-4-7972-7414-1	38,500円	35,000円
1291	法理學 完	石原健三	978-4-7972-7415-8	49,500円	45,000円
1292	民約論 全	J・J・ルソー、市村光恵、森口繁治	978-4-7972-7416-5	44,000円	40,000円
1293	日本警察法汎論	小原新三	978-4-7972-7417-2	35,200円	32,000円
1294	衞生行政法釈釋義 全	小原新三	978-4-7972-7418-9	82,500円	75,000円
1295	訴訟法原理 完	平島及平	978-4-7972-7443-1	50,600円	46,000円
1296	民事手続規準	山内確三郎、高橋一郎	978-4-7972-7444-8	101,200円	92,000円
1297	國際私法 完	伊藤悌治	978-4-7972-7445-5	38,500円	35,000円
1298	新舊比照 刑事訴訟法釋義 上巻	樋山廣業	978-4-7972-7446-2	33,000円	30,000円
1299	新舊比照 刑事訴訟法釋義 下巻	樋山廣業	978-4-7972-7447-9	33,000円	30,000円
1300	刑事訴訟法原理 完	上條慎藏	978-4-7972-7449-3	52,800円	48,000円
1301	國際公法 完	石川錦一郎	978-4-7972-7450-9	47,300円	43,000円
1302	國際私法	中村太郎	978-4-7972-7451-6	38,500円	35,000円
1303	登記法公證人規則註釋 完・登記法公證人規則交渉令達註釋 完	元田肇、澁谷慥爾、渡邊覺二郎	978-4-7972-7452-3	33,000円	30,000円
1304	登記提要 上編	木下哲三郎、伊東忍、緩鹿實彰	978-4-7972-7453-0	50,600円	46,000円
1305	登記提要 下編	木下哲三郎、伊東忍、緩鹿實彰	978-4-7972-7454-7	38,500円	35,000円
1306	日本會計法要論 完・選擧原理 完	阪谷芳郎、亀井英三郎	978-4-7972-7456-1	52,800円	48,000円
1307	國法學 完・憲法原理 完・主權論 完	橋爪金三郎、谷口留三郎、高槻純之助	978-4-7972-7457-8	60,500円	55,000円
1308	圀家學	南弘	978-4-7972-7458-5	38,500円	35,000円